U1016377

本书系深圳北理莫斯科大学精品教材建设工程第一批项目成果

走出心力提升之路

——大学生心理健康16讲

肖熠 著

WUHAN UNIVERSITY PRESS
武汉大学出版社

图书在版编目(CIP)数据

走出心力提升之路 : 大学生心理健康 16 讲 / 肖熠著 . -- 武汉 : 武汉大学出版社,2025.8. -- ISBN 978-7-307-24768-0

Ⅰ. G444

中国国家版本馆 CIP 数据核字第 2024RK9627 号

责任编辑:张　欣　　责任校对:鄢春梅　　版式设计:马　佳

出版发行:**武汉大学出版社**　(430072　武昌　珞珈山)

(电子邮箱:cbs22@ whu.edu.cn　网址:www.wdp. com.cn)

印刷:武汉邮科印务有限公司

开本:720×1000　1/16　印张:20.5　字数:320 千字　插页:1

版次:2025 年 8 月第 1 版　2025 年 8 月第 1 次印刷

ISBN 978-7-307-24768-0　定价:78.00 元

PREFACE 前言

本书将结合当代大学生普遍面临的心理问题，通过对 16 个主题的分析与探讨，开展心理健康教育，帮助学生培养积极心理品质，提升心理能力。

本书共 16 讲，分为四个模块。第一模块：积极转变、主动适应大学生活；第二模块：大学生常见的困扰与重点关注的问题；第三模块：提高社交能力、促进个人发展；第四模块：提升自我认知、关爱生命。具体内容如下：第一模块共三讲，分别为适应是成功的基石，珍爱生命、积极应对心理危机，健康与健康生活方式；第二模块共五讲，分别为自控力的培养，恋爱心理学，青春期心理与性心理学，双相情感障碍，焦虑与抑郁；第三模块共四讲，分别为建立和谐的人际关系，学习的奥秘，职业生涯规划，情绪与情感；第四模块共四讲，分别为健康人格的塑造，自我意识与认识自我，理解家庭学会关爱，活出生命的意义。本书各模块配有自我挑战练习及综合思考题，各章节还配有实践记录环节。

本书是深圳北理莫斯科大学“大学生心理健康教育”通识必修课教学实践的总结，也是学生心力提升之路的一种探索。

CONTENTS 目录

第一模块：积极转变、主动适应大学生活

内容简介

本模块旨在结合新生常见的适应性问题，通过分析探讨如何适应大学生活、如何应对心理危机、如何健康生活等议题和完成挑战任务，向学生普及心理健康知识，让他们学习应对心理危机的方法，积极实践，提高独立生活能力，更好地适应大学生活，为个人发展奠定基础。本模块的挑战任务为健康生活挑战。

挑战任务

健康生活挑战

请根据你的实际情况，设定你本学期的健康行动计划，该计划可包括作息、饮食、运动、卫生和社交（请确保你参与的活动安全、合法、健康）。根据你设定的健康行动计划，请完成每天 0.5 小时（每周 3.5 小时）的健康活动。例如，你可以选择每天散步 30 分钟。你也可以每月设定不同主题的健康行动，并在当月完成每天 0.5 小时（每周 3.5 小时）的健康活动。例如，你可以在 10 月份每天散步 30 分钟，11 月份每天做拉伸 30 分钟，12 月份每天进行 30 分钟的冥想训练。请通过周记，记录健康行动挑战的实施情况。

我的健康生活挑战计划

项目	挑战内容	月度计划
作息		
饮食		
运动		
卫生		
社交		

第一讲　适应是成功的基石

折枝楸叶起园瓜，赤小如珠咽井花。

洗濯烦襟酬节物，安排笑口问生涯。

——《立秋二绝》宋·范成大

注：二十四节气是我国劳动人民的伟大发明。自古以来，我国民众就顺应季节时序变化，安排生产和生活工作。这种做法，体现了古代劳动人民适应环境、改造环境的智慧。在北宋时期，民间有在立秋之日戴楸叶、食秋瓜的风俗。范成大的这首诗描绘了当时人们在立秋节气的生活场景。

教学目标

了解适应的基本定义和重要性，理解大学生常见的适应性问题及其产生的原因，提升适应能力。

关键词

适应；认知发展理论；一般适应综合征；适应障碍

＊＊＊ 开篇 ＊＊＊

案例1

物竞天择，适者生存

英国著名生物学家达尔文通过研究不同时期和地域的生物标本，提出了“物竞天择，适者生存”这一观点。他认为，生物之间存在着竞争关系。更能够适应环境中的变化，并赢得生存竞争的生物，能够存活和延续。而不能够适应的，将逐渐被大自然淘汰。物种亦然。生物界中，有许多适应环境的例子。例如，生长在南方的植物，往往叶片比生长在北方的植物更大。这是因为南方降水丰沛、气候温暖，而北方则更为干燥，且冬天十分寒冷。又例如，没有丰厚毛发保暖的蛇，在冬天会钻入泥土里冬眠，降低热量消耗，以躲避漫长寒冷而食物匮乏的冬天。等到春暖花开之时，它们又会苏醒，再次活跃起来。在人类漫长的进化过程中，我们学会了直立行走，有了质量和体积更大的大脑，能够使用工具。可以说，适应印刻在我们的生物本能里。

案例2

奈飞与百视达（Netflix vs. Blockbuster）

奈飞（Netflix）是一家流媒体（在线视频）服务的供应商。目前，它以超过22亿用户的订阅量，位居行业头部，其用户遍布全球。奈飞创立于1997年，其成长几经波折，一度几乎破产。当时，美国的家庭影视娱乐供应商巨头百视达（Blockbuster）在全美拥有超过9000家门店，号称“全美70%的民众10分钟的车程内就有一家百视达门店”。百视达的经营方式是开设线下门店，向用户租赁录像带，且逾期需要罚款。奈飞的经营方式是向用户邮寄其租赁的DVD，用户观影结束后，将DVD寄回。虽然免去了门店经营费用且其后开发了广受欢迎的线上观影业务，奈飞因市场份额小等原因仍然在亏损，很快就有

5000 万美元的债务，资金链几乎断裂。2000 年，其创始人 Reed Hastings 不得不专程前往对手百视达的总部求助，希望对方能以 5000 万美元收购奈飞，而奈飞将作为百视达的一部分，为其经营线上业务。百视达拒绝了奈飞的求助。其后，百视达内部就选择线上还是线下业务的发展路线出现了巨大矛盾，其结果是刹住了线上业务的发展脚步，采取了保守的策略，持续发展线下业务。奈飞通过主动裁员等方法熬过了资金危机，并且搭上了互联网技术发展的快车。随着网络技术的发展，用户们能够很快地下载影片，观影体验有了大幅提升。此时，百视达想回头发展线上业务已经来不及。奈飞以其观影便捷、价格低廉的优越用户体验，精准的影片推荐算法和丰富的线上内容等优势迅速占领了市场。2002 年 5 月，奈飞成功在纳斯达克上市。2010 年 9 月，百视达宣布破产。2022 年 10 月，全美仅剩一家位于俄勒冈州的百视达纪念商店。①

案例分析

无论是在自然界还是人类社会，主动适应变化、抢占先机、提升应对变化能力的个体，往往能够谋得生存和发展。如果个体一味固守原有的模式、不顺应变化，其发展脚步很可能停滞，甚至走向灭亡。

* * *　主体内容　* * *

第一节　认识适应及其重要性

一、适应的内涵

（一）适应的定义

适应的定义有很多。首先，“适应”一词描述了生物界中生物与环境相适

① 杜克·丁，刘依诺．制霸与湮灭，奈飞与百视达的“十年商战”［EB/OL］．（2024-06-10）［2024-08-28］．https：//finance. sina. cn/tech/2024-06-10/detail-inayfzca4774836. d. html?fromtech = 1&vt = 4&cid = 76524&node_id = 76524.

合的现象，这也是该词汇的来源。“物竞天择，适者生存。”从生物学的角度来说，适应就是有机体作出改变，增加其生存机会的过程。其次，“适应”一词也描述了生理和心理上的感觉适应。例如，南方人移居大雪纷飞的北方，需要在生理上适应北方的寒冷气候，也需要进行相应的心理调节。最后，“适应”一词是心理学家皮亚杰提出的专有名词，意指个体与所处环境取得平衡的动态变化过程。

综合分析上述定义，我们不难发现，适应的核心是改变和提高。改变是基础，提高是方向，而最终目的则是增加个体的竞争优势，使其在不断变化的环境中延续。从某种意义上来说，适应是我们的生物本能。

理论链接

皮亚杰的认知发展理论

（Piaget's Cognitive Development Theory）

谈论起适应，不得不提及的一位心理学家是研究发展心理学的皮亚杰。他认为，从生物学角度来说，判断一个有机体是否有智慧的标准是其能否适应环境变化。适应首先是一个动态变化的过程。这是因为环境每时每刻都可能发生变化，而个体需要在原平衡状况被环境变化打破的情况下，不断进行调整，建立新的平衡。如果有机体重新达成了个体与环境间的平衡，这被称为是一种适应的状态。例如，植物根据环境中水源和营养物质分布的变化，不断调整其根系生长的方向，以获取充足的生存资源。

◆ **适应现象的性质与特点：**

（1）环境变化是心理适应发生的必要条件。适应的发生必然意味着环境中出现了变化。个体根据环境中变化的具体情况作出反应。

（2）心理适应是一个建立动态平衡的过程。适应不是静止不变的，而是一个建立动态平衡的过程。个体的平衡状态不断被打破，并通过适应恢复平衡。

（3）同化与顺应作用构建了心理适应机制。适应是通过同化和顺应作用达成的。个体依据已有的认知结构或行为模式，吸收新经验的过程，被称为同化。同化作用的改变通常较小。个体将原有的认知结构或行为模式打破，构建新的认知结构和行为模式的过程，被称为顺应。顺应作用的改变通常较大，是质的飞跃。例如，已经会骑自行车的人，可以依据骑自行车的经验，稍作调整，学会骑摩托车。这是同化机制在发挥作用。但如果这个人要学驾驶飞机，他骑自行车的经验就派不上大用处了。他需要学习一整套新的知识，以学会驾驶飞机。这是顺应机制在发挥作用。

◆ **核心概念：**

（1）图式（schema）是指个体用于组织和加工信息的认知结构。学者认为，人类最初的图式是通过遗传获得的，并在日常生活中不断地重新塑造。

（2）同化（assimilation）是依据已有的认知结构或行为模式，吸收新经验的过程。

（3）顺应（accommodation）是个体将原有的认知结构或行为模式打破，构建新的认知结构和行为模式的过程。如图 1-1 所示。①

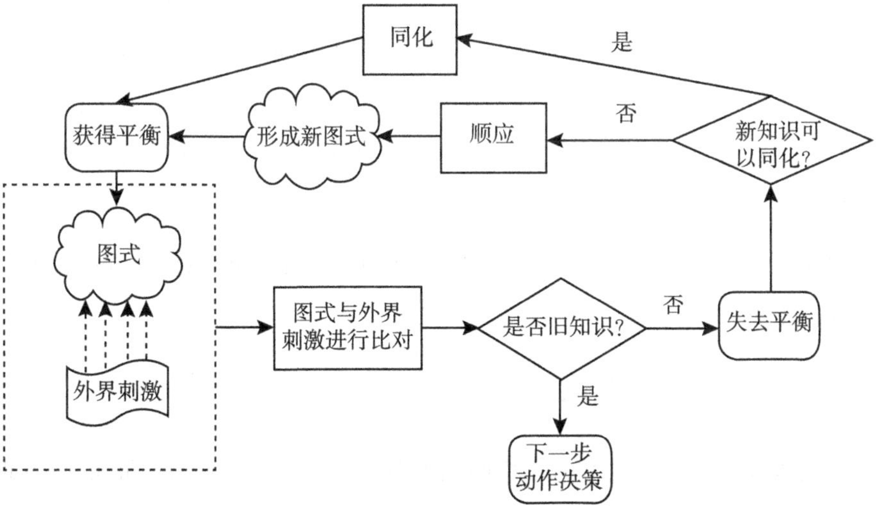

图 1-1　认知结构建构过程

① 师文浩，朱显峰，刀伟，等．皮亚杰认知发展理论对《计算机程序设计》课程教学的启示［J］．大理学院学报，2013，12（4）：69-73.

心理学家小传

让·皮亚杰是瑞士著名心理学家（Jean Piaget，1896年8月9日至1980年9月16日）。1918年，他从纳沙泰尔大学生物学专业毕业，获博士学位。其后，他致力于发展心理学研究，将生物学的研究方法与人类发展的研究主题相结合。这对后世产生了深远影响。他的认知发展阶段理论奠定了人们认识儿童认知发展的基础。

（二）主动适应与被动适应

主动适应的个体积极发挥主观能动性，对自己的行为进行调整，使自身能够充分适应环境，并努力改造不适应自身发展的环境因素，使自己能够更好地发展。

被动适应的个体被动接受环境中不利于自身的因素，压抑自身诉求。但是，被动适应不一定全然是消极、不利的。这种被动接受有时候是以退为进，为了更好地发展。例如，《周易·系辞下》有言，“尺蠖之屈，以求信也；龙蛇之蛰，以存身也”。这说的就是尺蠖这种柔软的小虫子，蜷缩成一团，是为了伸展前进；龙和蛇冬眠，是为了保命。

可见，主动适应与被动适应对个体生存和发展有着重要意义，两者相互联系、缺一不可。

（三）大学生适应的五个方面

在进入大学之后，学生们往往面临着各方面的挑战。Baker和Siryk发现，学生们存在着学习、社交、个人情绪和归属感方面的典型适应性问题。他们针对这些典型问题开发了包含67道题目的测评量表（Student Adaptation to

College Questionnaire，1989）①。湖南师范大学的研究者欧阳娟（2012）② 对该量表作了汉化，使用探索性因素分析法对量表结构进行了研究，并最终得出了36道题目的中文版，划分为五个维度：人际适应性、对大学的认可度、情绪生理适应性、学习适应性，以及总体评价。得分越高，适应程度越好。各维度测量题目如下（标注*的为反向计分题）：

1. 人际适应性（表1-1）

人际适应性是指学生对大学的社交生活的适应，如宿舍关系、社团活动、恋爱交友，等等。

表1-1

序号	题　　目	很不符合	不太符合	不能确定	有点符合	非常符合
1	我与大学室友相处得很不错（若你不住宿舍，请不回答此题）。	1	2	3	4	5
2	和大学同学在一起让我感到不自在。*	1	2	3	4	5
3	我习惯大学的集体宿舍生活（若你不住宿舍，请不回答此题）。	1	2	3	4	5
4	我感到周围的人难以相处。*	1	2	3	4	5
5	我害怕与异性同性交往。*	1	2	3	4	5
6	父母不在身边，我也能够照顾好自己。	1	2	3	4	5
7	我不敢单独上街买东西。*	1	2	3	4	5

2. 对大学的认可度（表1-2）

对大学的认可度是指学生对学校的评价，这体现了学生对与学校关系的认同和维系。

① BAKER R W，& SIRYK B. Student adaptation to college questionnaire［M］. Los Angeles，CA：Western Psychological Services，1989.

② 欧阳娟．大学新生适应性量表（SACQ）的修订与应用研究［D］．湖南师范大学，2012.

表 1-2

序号	题　　目	很不符合	不太符合	不能确定	有点符合	非常符合
1	现在我因自己上了这所大学而感到高兴。	1	2	3	4	5
2	我认为这所大学的学校风气很糟。*	1	2	3	4	5
3	我对自己上大学的决定感到满意。	1	2	3	4	5
4	我更希望自己在另一所大学读书。*	1	2	3	4	5
5	比起大学，我更愿意待在家里。*	1	2	3	4	5
6	近来，我老想着转到别的学校去。*	1	2	3	4	5
7	我喜欢这所大学的校园环境。	1	2	3	4	5
8	我认为学校的风气很差。*	1	2	3	4	5

3. 情绪生理适应性（表 1-3）

情绪生理适应性是指学生对于大学期间遇到的各类情绪生理问题能够适应及解决。

表 1-3

序号	题　　目	很不符合	不太符合	不能确定	有点符合	非常符合
1	最近我一直感到紧张或焦虑。*	1	2	3	4	5
2	最近我很郁闷。*	1	2	3	4	5
3	近来，我容易觉得累。*	1	2	3	4	5
4	最近，我不能很好地控制情绪。*	1	2	3	4	5
5	有时我的思绪容易变得一团糟。*	1	2	3	4	5
6	在应付大学里的各种压力时，我遇到了很多困难。*	1	2	3	4	5
7	最近，我睡眠质量不太好。*	1	2	3	4	5
8	最近，我常感到头疼。*	1	2	3	4	5

4. 学习适应性（表 1-4）

学习适应性是指学生对大学教学的适应。学习困难是引发学生心理危机的常见风险因素。

表 1-4

序号	题　　目	很不符合	不太符合	不能确定	有点符合	非常符合
1	在学习方面，我跟得上。	1	2	3	4	5
2	我对我的学习状况感到满意。	1	2	3	4	5
3	我有明确的学习目标。	1	2	3	4	5
4	我很喜欢自己的专业。	1	2	3	4	5
5	我对现在所学的专业不感兴趣。*	1	2	3	4	5

5. 总体评价（表 1-5）

总体评价是指学生对大学学习和生活的综合评价。

表 1-5

序号	题　　目	很不符合	不太符合	不能确定	有点符合	非常符合
1	我对大学里的课外活动感到满意。	1	2	3	4	5
2	我对大学里设置的课程数量和种类感到满意。	1	2	3	4	5
3	我对大学里的课程质量（深浅宽窄程度）感到满意。	1	2	3	4	5
4	我对我在大学里参与社会活动的程度感到满意。	1	2	3	4	5
5	我对本学期的课程安排感到满意。	1	2	3	4	5
6	我对任课教师的授课方式感到满意。	1	2	3	4	5
7	我对我在大学里的社交生活感到满意。	1	2	3	4	5
8	我对这所大学的学习、娱乐、休闲或锻炼场所感到满意。	1	2	3	4	5

注：以上摘自欧阳娟．大学新生适应性量表（SACQ）的修订与应用研究［D］．湖南师范大学，2012.

（四）大学生适应的三个阶段

课堂讨论

有学者认为，“大学生活的适应过程一般需要1~3个月，一个学期，甚至更长的时间……”你认同吗？你认为你适应大学生活需要多长时间？

讨论要求

请与你前后的同学组成四人小组，讨论上述问题，并在讨论结束后向授课老师报告你们的讨论结果。讨论时间3~5分钟。

研究者认为，大学生适应分为三个时期，分别是兴奋期、消沉期和思考定位期。

刚刚入学的学生，往往会因为对环境的新鲜好奇，以及脱离了家长管控等因素，处于兴奋、激动的状态。例如，许多新生入学后，迅速加入各类学生社团和活动，和新同学们组队郊游等。

随着时间的推移，课业量逐渐上升，新鲜感逐渐消退，不适应因素逐渐凸显。这时候，许多新生出现了低迷的情绪。有的学生是因为没有打开社交局面，缺乏朋友，感到低落。有的学生是出现了学业困难，对所学课程和专业不感兴趣。有的学生甚至想家、不适应集体生活，以至于想退学。

经历了一段时间的消沉，并尝试解决遇到的问题，大学生们逐渐进入了思考定位期。在这一时期，他们结合对个人自身的认识、对外部环境的认识，得出对个人发展规划的判断。这种判断也会随着认识的不断加深而更新。

二、适应的重要性

案例3

以华南地区某高校2022年新生心理普查结果为例，新生自述入学以来遇到的各类困扰占比由高至低排序如下：

A. 担心自己的衣饰及仪态

B. 忘性大

C. 做事必须反复检查

D. 难以作出决定

E. 容易烦恼和激动

F. 感到要赶快把事情做完

G. 同异性相处时感到害羞、不自在

H. 做事必须做得很慢以保证做得正确

I. 当别人看着自己或谈论自己时感到不自在

J. 头脑中有不必要的想法或字句盘旋

结果显示，新生普遍反映的问题有担心自己的衣饰及仪态、忘性大、做事必须反复检查等。此外，报告者发现，连续数年都有超过60%的新生担心自己的衣饰及仪态。他们认为，这一现象可能与新生初入校园、不适应新环境有关联。

案例分析

新生初来乍到，大多希望给新同学和老师留下好印象，也希望能够尽快适应学校、和大家打成一片。因此，个人仪表显得尤为重要，这也是新生普遍关心的问题。但是，一些从很远的地方来就读的同学，因为原居住地与学校所在地气候差异大，所带衣物并不适合本地气候，在着装上出现了各种问题。还有的同学没有集体生活经历，独立生活能力不佳，一直是父母为其准备衣饰，因而比较担心仪表。这显示了适应对新生的重要性，而不适应是让新生尤其困扰的问题。

（一）适应不良引发各类问题

个体如果不适应环境，轻则可能出现一般适应综合征，重则可能出现适应性障碍。

1. 一般适应综合征（General Adaptation Syndrome）

加拿大生理学家塞里将个体应对外界刺激所作出的非特异性反应变化称为“一般适应综合征”。这种变化分为三个阶段：警觉期、抵抗期或耐受期、衰竭期。

理论链接

过往的人们对疾病的认识是特异性的（specific response）。也就是说，人们认为多数疾病与病原体一一对应，是由这种特定的病原体导致的。例如，结核杆菌对应着肺炎。塞里通过对实验鼠进行高温、冷冻、电刺激等方式进行干预，却发现实验鼠均出现了类似的反应，例如血压上升、心跳加快等。由此，他提出了应激的非特异性反应学说。1936 年，他在著名的学术期刊 *Nature* 上发表了 *A Syndrome Produced by Diverse Nocuous Agents* 一文，开启了现代应激研究。

2. 适应障碍（Adjustment Disorder）

根据中华人民共和国卫生健康委办公厅颁布的《精神障碍诊疗规范（2020 年版）》，适应障碍是指因生活环境改变而产生的情绪和行为失调，这种失调往往是暂时的、不严重的。引起这种失调的事件包括亲人离世、婚姻破裂、重大疾病、失业、退学等。摘录相关诊疗规范内容如下：

适应障碍

一、临床特征与评估

（一）临床特征

适应障碍的症状包括：①焦虑和抑郁情绪：轻度的情绪低落、无望沮丧、悲伤、哭泣等，焦虑紧张，担心害怕，神经过敏，心悸气短，胃肠不适等躯体症状；②品行问题：青少年常见，打架斗殴、危险驾驶、物质滥用，往往还会出现盗窃、破坏财产或逃学逃课，可伴有焦虑和抑郁情绪；③上述症状混合存在：如焦虑、抑郁、做事依赖和矛盾性、无故发脾气、行为紊乱等。

（二）临床评估

由于应激源、负性情绪和功能失调在诊断标准中并没有明确的量化标准，目前适应障碍主要是基于临床访谈和评估。

二、诊断及鉴别诊断

（一）诊断要点

ICD-10 界定适应障碍的起病时间在应激后的 1 个月内，而 DSM-5 规定在应激生活事件后约 3 个月内出现心理和行为问题。适应障碍的诊断要点如下：

1. 有明显的生活事件为诱因。

2. 患者病前具有易感人格基础，生活事件发生前精神状态正常，既往无精神病史，但社会适应能力差。

3. 表现为适应不良的行为障碍，或有抑郁、焦虑、恐惧等情绪障碍，或躯体不适症状。

4. 社会功能受损。

5. 应激因素消除后，症状持续一般不超过 6 个月。

（二）鉴别诊断

适应障碍需要与抑郁障碍、焦虑障碍或其他应激相关障碍以及躯体疾病所致的精神障碍相鉴别。适应障碍的抑郁和焦虑情绪一般较轻，且脱离应激环境后其症状减轻或缓解。患躯体疾病后也可出现适应障碍，但与躯体疾病的严重程度不一定呈正相关，但其症状大多围绕躯体疾病的现实问题。另外从病程、发作特点可加以鉴别。

三、治疗原则与药物治疗

采用心理治疗措施，减少或脱离应激源是适应障碍的治疗原则，必要时可采用药物对症治疗。

（一）心理治疗

一般来说，适应障碍是对应激生活事件的过度反应，并损害日常功能或学习生活，最好的治疗方法是以解决问题为导向。也就是说，治疗应有助于患者认识和理解应激源背后的含义，即消除或减少潜在的应激源，减轻症状，培养应对和解决问题的技能，增强适应能力和自我管理压力的能力。

（二）药物治疗

适应障碍一般不首选药物治疗，但针对某些特定的症状，如焦虑、抑郁、失眠等，造成患者主观痛苦和社会功能损害，可酌情采用药物对症治疗，以低剂量、短疗程为宜。曲唑酮（50~150 mg/d）可有效改善睡眠、焦虑及抑郁症状。严重的抑郁情绪影响功能时可酌情考虑 SSRI 治疗。

（三）自我调节治疗

无论是离婚、失业、职业变迁还是重大疾病等，自我调节治疗都有助于提高自信，应对压力。支持小组提供一个表达并处理自己感受和经历的平台，有助于获取额外的应对方法。此外，自助手册和基于网络的自助干预也是有益的。养成健康的生活节律，保证充足的睡眠，参加有趣的娱乐和体育活动。其他治疗方法还包括写日记、肌肉和呼吸放松练习、冥想等。

四、疾病管理

初高中学生、大学新生、新兵、退休人群、重大疾病和致残性疾病人群易发生适应障碍。在小学、中学、大学均应设置心理课程，以增加人际沟通和环境的适应能力。设置新兵心理和体能性训练，教授部队的生活节律和方式。在社区设置健康讲堂，帮助退休、离岗人员建立健康的生活习惯和兴趣爱好，丰富退休生活，帮助其再社会化。

（1）根据《中国精神障碍分类与诊断标准（第三版）》（CCMD-3）的诊断标准，适应性障碍的患者：

① 有明显的生活事件作为诱因，尤其是生活环境或社会地位的改变；

② 有理由推断生活事件和患者的人格基础对导致精神障碍均起着重要的作用；

③ 以抑郁、焦虑、害怕等情感症状为主，并有适应不良的行为障碍，如退缩、不注意卫生、生活无规律，或者生理功能障碍，如睡眠不好；

④ 可出现情感性精神障碍等各种症状。

（2）根据《精神障碍诊断与统计手册（第五版）》（DSM-5）的诊断标准，适应性障碍的患者：

① 在可确定的应激源出现的 3 个月内，对应激源出现的情绪的反应或行

为的变化。

② 这些症状或行为具有显著的临床意义，具有以下1项或2项情况：

a. 即使考虑到可能影响症状严重程度和表现的外在环境和文化因素，个体显著的痛苦与应激源的严重程度或强度也是不成比例的。

b. 社交、职业或其他重要功能方面的明显损害。

③ 这种与应激相关的症状不符合其他精神障碍的诊断标准，且不仅是先前存在的某种精神障碍的加重。

④ 此症状并不代表正常的丧痛（grief and loss）。

⑤ 一旦应激源或其结果终止，这些症状不会持续超过随后的6个月。

（二）我们所处的环境对适应提出了要求

1. 自然环境

达尔文提出“适者生存”。也就是说，自然环境是不断变化发展的，而能够适应环境变化的个体才能得以生存。研究者发现，人类祖先智人的“生态可塑性”是其得以生存与发展的关键。具体来说，智人较其他进化分支，更加兼具通才与专才的特点，既能适应各种环境，又能针对某一特定环境开发出专门技能。这一特点使得人类在漫长的进化历程中逐渐战胜了其他物种，成为了万物之灵长。

2. 社会环境

20世纪以来，科学技术飞速发展，随着网络技术的进步，人类社会发展迈入新的篇章，各行业的更新升级可谓日新月异。对这一现象最具代表性的描述之一是摩尔定律。摩尔定律（Moore's Law）是由英特尔（Intel）创始人之一戈登·摩尔提出的。他推算，集成电路上可容纳的晶体管数目，约每隔两年便会增加一倍。也就是说，在控制其他变量的情况下，每隔约两年，每一美元买到的电脑性能会增加一倍。

◎ **视听推荐**

请观看ASML阿斯麦光刻对戈登·摩尔的采访视频。

第二节　大学生的常见适应性问题

案例 1

请阅读以下案例，并思考讨论问题：同学 A 存在哪些方面的适应性问题呢？

同学 A 来自哈尔滨，从小在北方生活。他的堂姐于深圳某高校毕业，获硕士学位，向他热情推荐了本校。于是他也报考，并被成功录取。同学 A 对围棋很感兴趣。上大学之前，他非常期待自己能结交志同道合，也痴迷下棋的朋友。希望结识一帮棋友，大家共同讨论，组队参加比赛。可是在班级里提了几次之后，他发现自己感兴趣的围棋话题没有人回应。原来高中的棋友们都在其他城市，而且纷纷在他们的学校顺利找到了伙伴，已经开始组织活动。同学 A 感到在本校没有爱好相同的朋友，显得格格不入。同学 A 的一位舍友喜欢打游戏，有时候睡得比较晚。这位舍友半夜洗漱会把 A 吵醒。A 同学有睡眠障碍，一直在服用药物治疗，但他感到如果反复提醒舍友，会被讨厌。他也不愿意透露自己的诊断，所以选择隐忍。另外，两位舍友平时比较安静，也不怎么和 A 交流。同学 A 还感到目前俄语学习压力比较大，大二的助教们开始上课之后，他的俄语课堂学习效率明显降低了。他想请原来的助教指导，但是学姐比较忙，没有更多的时间。同学 A 于是常常自己一个人学习到深夜，有时候晚饭也没顾上吃。好几天，同学 A 觉得情绪很低落，有时候会偷偷流眼泪，但是不敢让其他同学看到。他认为他已经成年了，应该自己处理情绪，如果告诉别人，会被看不起，而且告诉别人也没用。他觉得很失望，也经常想回家。

讨论要求

请与你前后的同学组成四人小组，讨论上述问题，并在讨论结束后向授课老师报告你们的讨论结果。讨论时间 3~5 分钟。

大学生入学后，往往在生活、学习上出现诸多适应不良，主要有以下四个方面：

一、欠缺健康规律的生活安排

我们发现，许多大学生入学后面临的第一个问题就是生活不适应。他们在个人内务、日常穿着、休闲活动安排和日常事务等问题的处理上，常常出现问题。读书以来，大多数学生习惯了由老师和家长为其安排日常生活，因而可能欠缺规划日常生活的意识，缺乏一些基本的生活常识，依赖性较强而自控力不佳。我们在新生群体中发现，不少新生离开了家长和老师的管控，开始报复性地无度娱乐。部分大一新生，竟然在宿舍通宵打游戏、打麻将，将宝贵的时间花费在了娱乐上。觉得早课太早，他们甚至整个宿舍相约翘课。这些放纵自我的行为，为其后的学习埋下了诸多隐患。

大学生面临的第二个问题是生理不适应。他们在睡眠、饮食、运动、生理疾病等方面，也常常出现问题。在一次大一上学期的心理课课堂上，学生向老师反馈，晚上睡觉时间为0:00~1:00。学生晚睡多是因为在娱乐、聊天。如果没课，他们常常睡到中午，然后起来吃中饭；如果有早课，他们可能不吃早餐，直接去上课。偌大的操场，而今看不到几个学生在运动。相反，网络游戏则吸引了大量学生。一些存在慢性疾病的同学，欠缺个人健康管理能力，且不遵医嘱治疗，造成了疾病预后不佳甚至恶化的后果。

大学生面临的第三个问题是心理不适应。他们在个人心态、情绪调节、自我认识、精神状态等方面，可能存在问题。许多大学生虽然成年了，但是未能正确认识成人的责任，心态仍不成熟。部分人甚至只希望享有成年人的“自由”，而不愿履行成年人的社会责任。他们当中有相当一部分人，说话做事主要考虑自己的感受，而非多考虑他人，由此也引发了诸多问题。而一旦出了问题，他们又欠缺积极解决问题的意愿和策略，习惯于依赖师长或索性逃避。由此，出现一系列情绪情感、自我认识问题也就不足为奇了。大学生近年来心理疾病的高发，也与上述情况有诸多联系。

大学生面临的第四个问题是处理个人财务问题的不适应。他们在生活预算、个人储蓄、预防诈骗、财务常识等方面也可能出现问题。近年来，大学生被电信诈骗的案件多有发生。一方面，部分大学生自我控制能力不强，家长在生活费使用上又未作有效限制，他们一旦获得了生活费使用的自由，便可能出现无度消费的情况。另一方面，许多大学生欠缺财务常识，对金融产品一知半解，容易上当受骗。在一次对大学生的随机访问中，我们发现许多学生对我国的个税起征点都不了解，他们中也存在高估劳动力市场薪酬待遇的现象。这些基本常识的欠缺都可能导致大学生出现财务问题。

二、缺乏社交、社交困难

（一）不合群

不合群的大学生主要有两种。第一种不合群的大学生常自诩“社恐”。他们过分担忧来自他人的评价，主观上不愿与人打交道。他们也不乐于参加集体活动，习惯于沉浸在自己的世界里，不愿改变。深入探究其“社恐”的原因，往往会发现他们有自卑和自负并存的心理。虽然他们本人不善交际，但他们其实是向往友谊的。他们是为了规避人际交往中可能再次出现的挫败、保护自己弱小的自尊心，才索性选择放弃社交。在发生矛盾后，他们的自负又使他们轻易放弃关系。可是，维持原有的习惯不加改变，只能让其继续背着“社恐”的包袱，难以结交到他们向往的朋友。另一种不合群的大学生则享受“独狼”的称号。他们并不是欠缺与人交际的技巧，而是主观上并不将身边的同学看作平等交往的对象。他们往往以自己为主，欠缺集体意识，也不愿配合学校的管理规定。在集体生活中，他们常常与人发生矛盾，甚至闹得不可开交。

（二）不善交际

不善言辞、掌握不好与人交际的分寸是许多大学生面临的问题。表达不当、不到位，往往引发人际矛盾。此外，面对他人的不合理要求，一些同学不善拒绝、不善抗争。他们在人际交往中长期压抑自己的合理诉求，最终积累了负性情绪，引发了较大的人际矛盾。例如，以自我为中心的学生可能要求由有车的舍友带其每周购买生活用品。不善拒绝的同学在与这类同学的交往中比较吃亏。他们常常采取回避对方的态度，或压抑自己的想法而满足对方的要求。久而久之，这些同学不但未通过帮助舍友拉近两人关系，反而因其心不甘情不愿的帮忙与对方更加疏远，甚至绝交。

（三）矛盾与僵局

当同学或朋友间出现了矛盾，我们要主动、及时地通过合理的途径解决。例如，舍友之间常常因作息习惯不一致发生矛盾。我们可以采取订立宿舍公约的方式，共同协商出每个人都感到合理的时间安排。对于违反公约的行为，我们也要设置相应的处理流程，及时解决问题。矛盾和僵局的出现意味着双方仍有需要协商之处。一生之中，完全不与他人出现矛盾或僵局是十分罕有的。大学生要学会化解矛盾和僵局，这也是我们的重要技能之一。

（四）恋爱问题

大学生恋爱并不罕见，罕见的是大学生能够成熟地处理恋爱中出现的问题。例如，我们发现，如果与恋人发生矛盾，一些大学生要么很快选择放弃关系，要么试图改变关系中的另一方来迎合自己。这很可能是因为他们更看重恋爱对于他们的功能性，而较少站在两人关系的角度思考问题，更勿论关注他们在这段关系中的长远责任。有的同学恋爱可能是为了缓解孤独感，有的甚至可能仅仅是为了体验恋爱。此外，亲密关系是既往人际交往模式中各种问题的放大镜。例如，有的同学在原生家庭中养成了不安全依恋模式，这种模式很可能在恋爱中被充分暴露，无论男性还是女性。因为恋爱而触发各类心理问题的现象在大学生中十分常见。我们要学会建立积极健康的关系，及时化解各类恋爱问题，并在这种良性的人际互动中疗愈自己原本可能存在的心理问题。

（五）社交媒体使用困扰

当今大学生的社交媒体使用主要有三大问题。第一，社交媒体使用成瘾。

我们通过访谈发现，部分大学生出现了微博、微信等网络社交媒体使用成瘾的现象。为了获得关注，他们花费了大量时间、精力和金钱经营自己的“网络人设”，甚至影响了个人的学习生活。第二，个人隐私泄露。部分大学生欠缺信息安全意识，在使用社交媒体时未做好个人信息保护，致使信息泄露，甚至受到了不法分子的侵害。第三，社交媒体使用不当。部分学生欠缺合规使用社交媒体的责任意识。他们在网络上公开发表不当信息，如他人隐私、谣言、涉密信息等。严重者，甚至需要承担法律责任。

三、不适应大学学习

（一）欠缺有效的学习方法

经历了高考的洗礼，大学生大多养成了一套适合自己的学习方法。但是，简单地将这些高中学习方法复制粘贴至大学学习，是不可取的。高中学习受“高考指挥棒”影响较大，而大学学习不同于高中学习，是以人才培养为目标。学生们需要转换角色，从被动的知识接收者，转为主动的知识学习者。他们需要结合个人发展规划，更主动、更有目的性地学习知识。对于需要学习第二外语的同学，更需要积极提升二外学习能力，以更有效的学习方法推进后续的专业知识学习。

（二）不喜欢现有的专业/学校

不喜欢现有的专业/学校是大学生常见的困扰，且极易引发各类心理问题。有的大学生报考时并未充分了解学校和所学专业，抱着随意的态度填报志愿。有的大学生是由父母全权代理了志愿填报，没有用负责任的态度对待学校和专业选择。有的大学生则是高考失利，无奈之下选择了并非最理想的专业和学校。而在高考之后，这些大学生中的相当一部分人也并未认真了解录取的学校和专业，没有明确未来的发展规划。其中有些同学，甚至抱着怨恨、自怨自艾的心态来到学校，长期陷在悲观、沮丧的消极情绪中。因此，他们来到学校投入专业学习后，各类心理问题频发，也就不足为奇了。

（三）考试的成绩不理想

考试是测评学生知识掌握的重要方式。有的大学生自律性不强，日常学习不扎实，导致考试成绩不理想。有的大学生则因学习方法不合适、专业知识学习难度大等原因没有考好。在与学生的接触中，我们还发现有相当一部分学生因考试焦虑等原因，导致考试成绩不理想，而成绩不理想的结果致使他们的焦虑情绪更为严重。如此恶性循环，他们长期处于忧虑挂科、担心毕不了业的状态，有的甚至在宿舍躺平、自暴自弃。我们也发现，这些学生中许多人虽然遇到学业困难，但并未真正积极地寻求解决方式。例如，他们没有主动联系任课教师请教学习方法、寻求课外辅导，或联系辅导员探索是否需要换专业。如果进行了上述各类探索，仍然未找到理想的解决方式，学生可以考虑结合个人实际及师长意见，对未来规划再做合适安排。

四、职业发展规划不清

大学生职业发展规划不清的现象，可初步归纳为五个不知道：不知道自己想从事什么职业，不知道自己适合从事什么职业，不知道各专业的就业方向，不知道行业发展前景、所需经验经历、薪资待遇等，不知道如何做职业生涯决定。

我们发现，许多大学生连最基础的职业常识都没掌握。例如，他们所知晓的职业仅为公务员、销售人员、程序员、设计师、自媒体从业者、金融从业者等。不少大学生对于本专业的就业去向并不了解。有的学生虽然知道自己想选择的职业方向（如金融从业者），但他们远未了解就业单位的不同（如国有银行、外资银行、投资银行、基金公司、证券公司等），也不了解具体工作业务的方向（如同业业务）。他们获取职业信息的渠道也相对狭窄。

此外，这些学生对自我的认知也亟待提高。他们并未深入思考过自己的性格特质、职业兴趣、技能优缺点、适合自己的职业方向等。这令他们在职业选择上存在盲目性。不少学生甚至仅仅依赖他人的建议来决定自己的职业选择。这是不负责任的态度，从某种意义上来说，也是思维懒惰的体现。还有的大学生采取了“摆烂”的态度面对学习和生活。这其中有的同学是受了不良影响，欠缺主见，随波逐流地选择了自我放纵。还有一些同学在职业选择上欠缺良好的判断力。他们中有的人没有练就职业知识和自我认识的基本功，有的则是基本的判断能力有所欠缺。

理论链接

帕森斯的“特性-因素匹配理论”
（Parsons’ Trait-and-Factor Theory）

这一理论认为，每个人都有自己独特的特性，而这种特性往往有与之相匹配的职业。职涯咨询师所需做的，就是帮助来访者作出人格特性和职业因素的合理匹配，从而定位其求职取向。帕森斯认为，职业咨询包括以下三个步骤。

（1）对个体特性的清晰了解（Clear understanding of self）：个体通过深刻的自我分析和测评，了解个人的兴趣、能力、价值观、健康状况等信息。

（2）关于工作的知识（Knowledge about the job）：个体通过广泛地接触就业市场，掌握工作的种类、要求、待遇、发展前景、就业机会等信息。

（3）匹配性分析：个体结合对自我的认识和对工作的认识，作出理性的判断，确定自己的求职取向。

心理学家小传

“职涯指导之父”（Father of Vocational Guidance）

弗兰克·帕森斯（Frank Parsons，1854—1908）是美国著名的职涯咨询专家，他提出的“特性-因素匹配理论”是职涯咨询领域的奠基理论之一。帕森斯离世后，后人整理了他的文稿，出版了的《职业的选择》（*Choosing a Vocation*），该书被誉为职涯咨询领域的经典之作。

第三节　大学生生活的适应之道

结合上述两节的内容，作为大一新生，我们应该如何更好地适应大学生活呢？一般来说，我们需要完成自我评估、了解环境、判断困难和采取应对方法四个步骤。

一、自我评估

新生应该对个人状况进行详细的评估。一般来说，新生应对以下几个方面进行评估：身体健康状况、心理健康状况、社会经济综合状况。

新生需要对个人身体健康状况有基本了解。除了借助医疗体检等手段，对个人身体健康作出判断，新生还需要对日常作息、饮食、运动等基本状况进行评估。由此，新生可掌握自己的基本身体健康状态。有慢性疾病、重大疾病史或家族病史的同学，更应有针对性地梳理个人健康状况，及时复诊和遵医嘱治疗。

接下来，新生需要对个人心理健康状况有基本掌握。新生可使用 SCL-90、UPI 等量表进行全面的自我评估。上述量表也是新生心理普查中的常用量表。有心理疾病确诊的同学，也应及时复诊和遵医嘱治疗。近年来，我国青少年抑郁障碍多发，并引发了一系列社会问题。根据教育部发布的《关于政协第十三届全国委员会第四次会议第 3839 号（教育类 344 号）提案答复的函》（教体艺提案〔2021〕452 号），抑郁症筛查将作为学生体检项目之一的重要工作予以落实。目前常见的抑郁症筛查量表有 PHQ-9（如表 1-6 所示）：

在过去的两周里，您感觉自己被以下症状所困扰的频率是？

表 1-6

	完全没有	有过几天	超过一半天数	几乎每天
对任何事情都提不起兴趣/感受不到兴趣	0	1	2	3
感觉沮丧的、忧郁的，或绝望的	0	1	2	3

续表

	完全没有	有过几天	超过一半天数	几乎每天
无法入睡，无法保持睡眠，或睡眠时间过长	0	1	2	3
感觉乏力和没有精力	0	1	2	3
没有胃口或过量进食	0	1	2	3
对自己感到不满（感觉自己是个失败者），或感觉让自己或家人失望	0	1	2	3
无法集中注意力，比如在读报或看电视时	0	1	2	3
行动或说话缓慢，以至于引起旁人注意；相反，或因为烦躁而坐立不安	0	1	2	3
认为死亡或以某种途径伤害自己是解决方式	0	1	2	3

注：量表得分 0~4 分为没有抑郁症（无需特殊干预），5~9 分可能有轻微抑郁症（不适随访，复诊时重测本量表），10~14 分可能有中度抑郁症（规划干预方案，开展心理咨询，复诊及/或药物干预），15~19 分可能有中重度抑郁症（及时开展包含药物干预及/或心理治疗的干预方案），20~27 分可能有重度抑郁症（尽快开展药物干预，如症状严重或疗效不佳，及时转介精神科医生）。题目 9 为自杀风险评估题目，测评师需对未回答“完全没有”的个体进行进一步的自杀风险评估。

资源链接

https：//www. med. cuhk. edu. hk/study/current-students/student-wellness/self-assessment/phq-9

请登录网站，查看英文版 PHQ-9 测评量表。

新生还需要对个人的社会经济状况进行评估。鉴于家庭的重要性，除了个人的相关情况，他需要对家庭收入状况、家庭教育背景，以及家庭职业状况进行综合了解和评估。此外，他还可以扩展信息圈，对亲友的综合情况进行了解。这对于他清晰定位个人的社会经济状况是非常有利的。

二、了解环境

新生需要对新的学习环境进行评估，了解所处的新环境，认清变化。他们需要了解学校的基本软硬件设施。例如，学校的教学场所、运动场所、校医院、宿舍、各类配套设施等。新生们也需要了解学校的院系和专业。例如，学校各院系专业培养方案，课程内容和安排，师资配备等。有意向继续在本校升学的同学，还需要加强对教师所从事科研方向的了解。从外地来求学的学生，需要对本地的自然地理条件、人文社会环境等方面加强了解。这样做，能够帮助新生尽快掌握新环境中较以往的不同之处，便于他们认清新的形势和变化。

三、判断困难

新生需要结合自身情况和新环境，对个人可能遇到的或已经出现的困难作出分析判断。例如，一位从来没住过校、没有集体生活经历、比较恋家的学生，从北到南地跨越了好几个省上大学，且到校后要跟陌生同学一起住宿舍，出现严重不适应、想家情绪泛滥也就不足为奇了。这位同学应尽早对自己可能出现的情绪和生活适应困难作出判断，并有针对性地加以准备和调节。此外，新生常常出现学习适应困难。一些既往自控能力就不甚理想的同学，更应早做准备。在大学，教授不会追着学生“喂知识”，学生想要学到自己想学到的知识，往往要主动出击。大学课程通常也不会排得太满，这是为了给学生留下更多自主学习和消化的时间。如果学生自控力不强，他很可能就将宝贵的时间消耗在娱乐、游戏中去了。

四、采取应对方法

（一）树立积极成长心态——“乐观”

成长心态就是一种认为人的特质能够不断发展、进步的心态。有这种心态的人，遇到困难和失败不会觉得气馁，而是有挑战欲。遇到挫折，他们不会认为自己是失败者，而是认为自己正在学习、正在进步。定型心态与成长心态相对应。有定型心态的人认为人的特质是固定的，他们会有想要证明自己的紧迫感（Dweck，2007）。拥有成长心态的人，不再用“我应该”“我必须”来苛责自己，而是乐观地鼓励自己“我期待……，我会尽力做到，但如果一时半会儿达不到，那也不是世界末日”。他们虽然可能不是一蹴而就地达成所愿，但他们会一直朝着自己理想的目标前进。而他们最终获得成功，很可能也只是时间问题了。

（二）树立目标、做好规划、解决问题——“理性”

1. 区分大目标（Goal）与小目标（Objectives）

目标有大小之分，大的目标通常是方向性的，而小目标则是策略性的。例如，有的同学在入校后，可能设立了一个社交目标：我在大学期间，要锻炼自己的社交能力，成为善于与人打交道的人。这个目标如果止步于此，很可能成为一句空话。新生需要思考如何将这个目标落实，即划分为诸多小目标。我们可以从以下几个问题出发，思考落实方案。

第一，我要如何实现这个大目标？是否需要分阶段？有量化的标准吗？

第二，我已经具备哪些条件？还欠缺什么条件？

第三，我要如何获取我所需的条件？如果设想的途径行不通了，我该怎么办？

例如，针对第一个问题，这位同学可以将这一大目标分为三个阶段，按照大一、大二至大三，以及大四，这三个时间段进行划分。每个阶段可有针对性地设立不同的量化标准。大一可设定参与校园活动、结交新朋友的小目标，并通过场次数和人数来量化。大二至大三可设定参与校外赛事、社会实践的小目标，并通过场次数和实践时长来量化。到了大四，则可设定岗位实习、结交业内人士的小目标，并通过实习单位的行业排名、实习时长、实习表现得分和结交业内人士的数量和质量来量化。针对第二个问题，这位同学可结合上述对自我的评估和对环境的了解，进行分析判断，确定自己已具备的条件和欠缺的条件。例如，一位同学已加入某学生社团，拥有结交新朋友的平台，他欠缺的是合适的契机。为此，他可以根据社团性质主动创造结识新朋友的契机。他可以积极策划组织活动，并参与活动。这样，他既可以与团队工作人员加强联系，还有机会与活动参与者互动。针对第三个问题，这位同学则可依据自己所需的条件进行具体规划。例如，他在加入社团之初，就可选择活动部或策划部，这样更便于他为后来的安排创造契机。如果原先设想的社团活动途径行不通了，他还可以通过组织班级活动或参与其他社团活动的方式实现他的计划。

在实施计划的过程中，我们还要注意及时调整目标并树立问题解决导向的意识。有的同学虽善于规划，但欠缺灵活性，因而在面对新的变化之时未能及时作调整，导致全局失败。这无疑是非常可惜的。环境是处于不断的变化之中的，我们要学会随机应变。

2. 学会自我调控情绪——“自助”

情绪调控是我们面对工作生活中诸多挑战的必备技能，而大学阶段是我们学习发展这一技能的极佳时机。为了更好地自我调控情绪，我们不妨对自己进行以下几个方面的提问。

第一，有什么事情会引发你的情绪波动？

第二，做什么事情可以转移你的注意力，让你的情绪好转？

第三，有什么地方可以帮助你放松？

第四，这些调控方式和地点的效果如何？哪些是你的最优选？

通过回答上述问题，我们可以有效地梳理引发情绪问题的“扳机点”（triggers）以及目前应对情绪问题的有效方式。此外，我们还需要积极开拓和掌握各类放松技术。

◎ 视听推荐

请观看国家心理健康和精神卫生防治中心发布的《情绪管理的方法与技能》视频。讲座主持人姚文倩，讲座嘉宾宋振韶、肖雪。

3. 建立社会支持系统——“借力”

荀子曰：“君子生非异也，善假于物也。”说的就是君子之所以能高出一般人，不是因为天赋异禀，而是因为他善于借助他人的力量。当我们仅凭个人能力无法解决问题时，我们更需要积极向他人求助，例如亲友、师长、同学等等。耶鲁大学提莫西·德怀特曾就18世纪初期美洲人民借助语言与英国互通的优势，大量引入英文书籍作出如下评价：

“几乎每一种类型、每一种题材的书都已经有人为我们写就。在这方面我们是得天独厚的，因为我们和大英帝国的人说着同一种语言，而且大多数时候能与他们和平相处。和他们之间的贸易关系长期为我们带来大量的书籍，艺术类、科学类以及文学类的书籍，这些书大大地满足了我们的需要。”①

可见，善于借助他人力量，广为古今中外的有识人士乐道。有时，我们不仅要敢于提要求，还要善于提要求。例如，一位俄语学习困难的同学，不仅可以敢于向授课老师提出补习的要求，还可以就了解到的其他同学学习情况，向学校相关部门提出开设统一补习班的要求。这不仅能造福和他同样需要帮扶的同学，完善学校的培养模式，也能给他提供更好的学习氛围，使他本人受益。

此外，我们有时也需要联系专门机构，以接受专业的心理支持，如校内心理咨询服务，校外心理援助热线等。

☞ 课后思考

如果你是案例1中的同学A，或你认识同学A，你会怎么自助，或帮助他呢？

【挑战任务进程记录】

欢迎加入本学期的健康生活挑战！本挑战旨在督促你实践健康生活知识，帮助你养成健康生活习惯，增进身心健康。请撰写周记，记录你的健康生活挑战计划的实施情况。

---

① 布尔斯廷．美国人：殖民地历程［M］．纽约：文泰奇出版社，1958：315.

祝各位有个愉快的挑战之旅！

第二讲　珍爱生命、积极应对心理危机

寒露惊秋晚，朝看菊渐黄。
千家风扫叶，万里雁随阳。
化蛤悲群鸟，收田畏早霜。
因知松柏志，冬夏色苍苍。

——《咏廿四气诗 寒露九月节》唐·元稹

注：寒露节气标志着秋天即将过去，天气向寒冷过渡。唐朝时期寒露时节，民间有赏枫叶、吃芝麻的风俗，部分地区还有酿菊花酒的习俗。元稹的这首诗描绘了寒露时节菊有黄花、秋风萧瑟、北雁南飞、万物走向凋敝而松柏坚韧长青的秋景。

教学目标

了解心理危机的基本定义和重要性，理解心理危机的产生原因，学会识别及应对心理危机。

关键词

心理危机；应激；生物心理社会模式

＊＊＊　开篇　＊＊＊

央视公益广告《中国速度》通过一系列具体事例和数据，展现了我国在突发公共卫生事件时展现出的高效应对能力：

在一小时内，武汉天河机场完成了二十余吨医用物资的装卸交付工作。

仅用一天时间，就生产了1500多万个口罩，以满足疫情防控需求。

六天内，五十多支医疗队伍、超过六千名医护人员集结湖北，支援前线。

九天内推出了17款快速检测试剂盒，加速了病毒检测进程。

十天时间里，七千多人共同努力，建成了火神山医院，展示了惊人的建设速度。

另一则央视公益广告《礼物》则通过孩子的视角，展现了他们的父母将关爱和力量传递给他人的故事。

而今，我们虽然告别了每日戴口罩的生活，但是不可掉以轻心，仍需要做好必要的防护。自然灾害、重大公共卫生事件、个人突发状况等压力事件都会给人们的心理健康带来负面影响，引发心理危机。

＊＊＊　主体内容　＊＊＊

第一节　珍 爱 生 命

一、生命来之不易

人们常说，每个生命的到来都是奇迹中的奇迹。我们每个人降生到世界上来的概率到底是多少？这可能是许多同学都好奇的问题。有的同学可能开始计算了，“我的父母需要在他们25岁那年遇到，顺利恋爱结婚，并且要在某年某月某日某时生出的小宝宝才是我”。还有的同学可能想得更远，“如果要计算我出生的概率，不仅要计算我父母相遇相知的概率，是不是也得算上我爷爷奶奶和外公外婆的？”

知识链接

你存在于这个世界的概率是多少呢？

加州大学圣地亚哥分校的 Ali Binazir 博士给出了一个答案：$10^{2,685,000}$分之一。这个天文数字是否惊人？首先，Binazir 通过估算父母 15 至 40 岁之间能够遇到的异性人数和该年龄段总异性人数，计算出他们成功遇到对方的概率约为 20000 分之一。其次，Binazir 估算出他们经历了交谈、约会、建立长期关系直至决定生儿育女的概率约为 2000 分之一。再次，我们每个人的出生需要父母特定的精子与卵子成功结合（否则生出的不是我们），这一概率约为 4×10^{17}分之一。然后，Binazir 估算出了父母之上每代人直至距今三百万年的原始人类产生后代，且后代能存活到生育年龄的概率，约为 10^{45000}分之一。最后，我们计算上这些祖先都由特定的精子与卵子成功结合的概率，由此得出这一天文数字也就不足为奇了。

拓展阅读：

https：//happinessengineering. com/miraculous-you-on-the-probability-of-being-born/

二、父母养育不易

“谁言寸草心，报得三春晖。”这是《游子吟》中对母爱的赞颂。父母将我们养育成人不易。从呱呱坠地的婴儿成长到大学生，父母为此投入了大量心血。小时候，父母不知有多少次深夜带我们看急诊。待我们上学了，除了家庭生计，父母又要为我们的学业、发展操心。虽然现在上了大学，离家千里，父母仍在给我们提供力所能及的支持和帮助。所以说，父母养育我们成人，实属不易。

三、生命不可再生

人的生命只有一次，人死不能复生。虽然古往今来，许多人尝试获得永生，但他们终究失败了。时光不可逆转，我们每个人都无法回到年少，去重新过一遍曾经的时光。生命的不可再生性提醒我们，要珍惜时间，要珍惜我们身边的人事物，不虚度时光，也不辜负和世界的这一场相遇。我们每个人，都应尽力地将时间投入真正有意义和价值的事业中，造福社会，为广大人民创造价值。借用饶毅教授在2016年北京大学毕业典礼上的演讲词，我们要“做自己尊重的人”。

第二节 认识心理危机

一、心理危机的定义

根据现代危机干预之父 Caplan（1964，p. 18）① 对心理危机定义的描述，心理危机是指个体面临突如其来的重大刺激（如事故、疾病、灾害等），致使个体出现心理失衡、生活失序的状况。这种刺激（应激原，stressor）给日常生活带来了重大阻碍，是个体无法回避及使用惯常的方法有效应对的。也有人称心理危机为严重的应激反应。应激（stress）是指个体为了自我保护，对有威胁的情境或事件所作出的反应。例如，疫情期间，人们为了健康安全，纷纷戴上口罩、保持社交距离。

一般来说，确定危机需要符合以下三项标准②：

（1）存在具有重大心理影响的事件。

（2）引起急性情绪扰乱或认知、躯体和行为等方面的改变，但又不符合

① CAPLAN G. Principles of preventive psychiatry [M]. New York: Basic Books, 1964.

② 樊富珉，徐凯．危机干预的技术规范与示范［M］//张亚林，曹玉萍．心理咨询与心理治疗技术操作规范．第八章．北京：科学出版社，2014（3）：219.

任何精神疾病的诊断。

(3) 当事人用平常解决问题的手段暂不能应付或应付无效。

心理危机不是一种疾病，而是一种情感危机的反应。

此外，还有一项标准也值得同学们关注——时间。根据美国精神医学会《精神障碍诊断与统计手册第五版》① 中对急性应激障碍的诊断标准，在暴露在重大刺激之后，各类症状（如出现无法控制的情境闪回、负性心境、睡眠障碍、过度警觉、社交回避等）至少要持续三天。也就是说，在出现危机事件之后，如果个体的各类症状如持续了三天及以上，这就需要我们引起关注了，有可能需要进一步获得医疗关注。如持续长达一个月，个体罹患创伤后应激障碍的风险将大大上升。心理危机则是个体在特殊事件状态下的一种正常的反应，我们每个人都可能因为突然出现的重大刺激产生这种反应，这是暂时的。

二、常见的心理危机现象

那么，处于心理危机状态的个体可能出现什么反应呢？也就是说，有哪些现象可能预示个体出现了心理危机呢？主要有言语、生理、情绪、认知和行为等方面的反应。

1. 言语方面：个体可能口头表示“想结束”“想死”“不想活了”“撑不下去了”“没有意义”“没救了”、威胁伤害自己或他人、言语混乱、词不达意等。

2. 生理方面：个体可能出现心跳及呼吸频率骤变，大量出汗，严重的身体疼痛，头晕恶心、血压升高，身体疲惫、精神萎靡，体重急剧变化等。

3. 情绪方面：在暂时性的震惊之后，个体出现持续性的混乱、害怕、恐惧、沮丧、麻木、怀疑、悲伤、绝望、无助、羞愧、易怒、平静不下来等。

4. 认知方面：个体的问题解决能力与应对机制受到严重打击，如注意力

① American Psychiatric Association. Diagnostic and Statistical Manual of Mental Disorders-5th Edition [M]. Washington, DC: American Psychiatric Publishing, 2013: 280-289.

无法集中、危机情景反复闪现、持续性地内疚自责、丧失安全感、强迫性思考、失去信心、认为自己坚持不下去、无法摆脱痛苦等。

5. 行为方面：个体出现持续性的社交性退缩、独来独往、逃避、食欲骤变、睡眠骤减或增加、不注意个人卫生、无故哭泣、坐立不安、酒精和药物使用量严重增加、过度警戒等，严重者可能出现伤害自己或他人的行为。还有的个体会出现“交代后事”的行为，例如赠送物品、告别、感谢、道歉等。①

此外，个体还可能出现反常现象，如生活习惯或情绪状态突然变化。例如，一位长期抑郁、状态萎靡的同学，突然有一天显得特别开心、阳光乐观，这可能不是他突然痊愈了，而是他作了决定，要在某时刻结束自己的生命，从这种长期抑郁的状态中解脱。此外，不协调现象在自杀自伤个体中也十分常见。例如，一位在南方炎热夏季身着长袖的同学，可能不是感冒或感到空调房太冷，而是为了掩盖衣袖之下，手腕上的条条刀痕。

其实，每位同学都对身边人，尤其是熟悉的人的情绪状态有所感知。我们的一句小小的问候，一句关切的追问，一次上报，也许就能拯救一个宝贵的生命。这不仅需要我们有着对心理危机现象的基本了解，更重要的，是我们对待身边每一个人的关切之心。

三、与自杀相关的高危因素

与自杀相关的高危因素有多种分类方式。在此，我们为大家介绍两种理论视角下的分类方式。第一，美国疾病控制与预防中心（2022）采用了生态系统理论的视角，将与自杀相关的高危因素分为个体、关系、社区以及社会因素②。

① 樊富珉，徐凯．危机干预的技术规范与示范［M］//张亚林，曹玉萍．心理咨询与心理治疗技术操作规范．第八章．北京：科学出版社，2014（3）：219.

② Suicide prevention：Risk and protective factors［EB/OL］. Center for Disease Control and Prevention.［2024-08-28］. https：//www. cdc. gov/suicide/factors/index. html.

个体因素：自杀史、抑郁等精神障碍史、严重的疾病如慢性疼痛、司法问题、就业或经济问题、冲动或攻击性倾向、物质滥用、现存或曾经的负性童年经历、无望感、暴力行为的受害者或施暴者。

关系因素：霸凌史、家人或重要他人自杀史、分手、人际矛盾或暴力性关系、社交隔离。

社区因素：医疗资源匮乏、社区自杀多发、难以融入当地文化、社区暴力、创伤史、歧视。

社会因素：对求助行为及精神障碍的污名化、致命物品易于获取、社交媒体对自杀的不良引导

季建林和赵静波（2007）采用了生物-心理-社会模型理论的视角，将自杀的高危因素分为心理、生理与生活以及社会因素①。

心理因素：包含病态人格、不良的自我意识状况、内倾性的心理控制源、负性应对与防御方式、抑郁性的认知偏差和自动思维、对自杀的肯定态度。

生物与生活因素：不良的生活质量、重大生活事件和应激刺激、负性家庭氛围和教养方式等。

社会因素：恶劣的社会文化环境、严重的人际冲突、压力因素

知识链接

自杀的“遗传”和“传染”

我们常常观察到这样的现象：有自杀史的家族，在后代中又会出现自杀现象；而当一个个体自杀身亡后，他身边的人或知悉了他自杀信息的人，有可能也会选择自杀。这些现象和自杀的遗传效应、环境效应和传染效应有关。

① 季建林，赵静波．自杀预防与危机干预［M］. 上海：华东师范大学出版社，2007：40-50.

（1）遗传效应：

家族中自杀已遂者可能患有精神分裂症和酒精中毒等精神疾病，而这些疾病可能在代际间传递；自杀还可能存在独立的遗传因素①②。

（2）环境效应：

亲属中存在自杀者的，他的成长环境中可能存在各种风险因素③④。

（3）传染效应：

自杀存在着“传染性”和“聚集性”，互联网对青少年自杀带来直接影响⑤。

前几年，在网上流传的“蓝鲸挑战”引起了广泛讨论。这一“游戏”的内容就是要求参与者从初级的自伤行为，逐步升级，直至最终完成自杀行为。互联网虽然给我们的生活带来了便利，但网络信息良莠不齐，甚至存在一些不法和性质恶劣的信息。一些思想意识尚不成熟、欠缺判断能力的青少年，受到了这些信息的影响，加之生活中存在压力事件，出现极端行为也就不足为奇了。为此，多国对媒体中自杀事件的报道有着严格的管理规定。世界卫生组织也对媒体工作者如何负责任地报道自杀提出了指导意见⑥。

负责任的报道：

① 刘婉婷，况利，艾明，等．大学生自杀行为相关因素比较分析［J］．中华流行病学杂志，2010，31（5）：517-520.

② BRENT D A，MANN J J. Family genetic studies，suicide，and suicidal behavior［J］. American Journal of Medical Genetics Part C：Seminars in Medical Genetics，2005，133C（1）：13-24.

③ TIDEMALM D et al. Familial clustering of suicide risk：a total population study of 11.4 million individuals［J］. Psychological medicine，2011，41（12）：2527-2534.

④ BRENT D A，MELHEM N. Familial transmission of suicidal behavior［J］. Psychiatric Clinics of North America，2008，31（2）：157-177.

⑤ BECKER K，SCHMIDT M H. When kids seek help on-line：chat rooms and suicide［J］. Journal of the American Academy of Child and Adolescent Psychiatry，2005，43（3）：246-247.

⑥ World Health Organization. Preventing suicide：a resource for media professionals：update 2017. Geneva：World Health Organization，2017.（WHO/MSD/MER/17.5）. Licence：CC BY-NC-SA 3.0 IGO

提供可以到哪里寻求帮助的准确信息

教育公众有关自杀和自杀预防的事实，不传播流言

报道如何应对生活中的压力或者自杀想法，和如何获得帮助

当报道名人自杀的时候要特别小心

当采访居丧亲友时要小心

认识到媒体从业人员自己可能会受到自杀报道的影响

不要将有关自杀的报道放在显著位置，也不要一直重复这类报道

不要使用将自杀敏感化或者将自杀正常化的语言，或者将自杀视为解决问题的建设性方法

不要清楚地描述自杀所使用的方法

不要提供有关自杀地点/位置的详细信息

不要使用耸人听闻的标题

不要使用照片，未经剪辑的视频录像或者电子媒体链接

知识链接

“走饭”的故事

2012年3月18日，一则微博引起了网友的关注。微博用户“走饭”发布消息，自述将实施自杀。网友们迅速报警，而警方经过定位，很快找到了“走饭”。但是，令人无比痛心和遗憾的是，我们没能救回她。“走饭”虽然离开了我们，但故事线仍在延续。时间来到了2013年。一位中国科学院心理所的研究者朱廷劭博士注意到了一个现象，大量有着类似抑郁状态甚至自杀倾向的微博用户在“走饭”的告别微博下留言。他们不约而同地将“走饭”的告别微博当成了倾诉内心情绪的树洞。朱博士还发现，微博上有许多类似的带有自杀意念的留言。通过使用AI机器人巡视网络留言树洞，朱博士团队成功识别有自杀风险的人群，并向他们发送了关心鼓励和求助资源的信息，如心理救援电话、心理自测和自我调节的链接等。这项工作，至今已成功挽救了许多处于

自杀边缘的人的生命。

◎ 视听推荐

请观看一席系列讲座节目发布的朱廷劭博士《自杀在线预防》公益讲座。

四、心理危机的分类

心理危机分为三类：发展性危机、境遇性危机和存在性危机①。

1. 发展性危机：是指在人成长和发展过程中，经历了一些正常的、自然产生的变化或转变（如毕业、怀孕）所导致的心理危机。

2. 境遇性危机：是指个体遭遇突如其来的重大刺激性事件所导致的心理危机。例如，自然灾害、事故、暴力、入室盗窃等。

3. 存在性危机：是指个体在经历了重大变故后，对人生意义、价值和理想信念等重大存在性议题的想法发生剧变，由此导致的心理危机。例如，因为本人或亲人罹患绝症，导致对人生的目的和意义悲观的看法；婚姻破灭后，对爱情和婚姻产生了质疑和悲观预期。

案例讨论

请阅读以下案例，并思考讨论问题：张同学出现了什么类型的心理危机呢？

张同学是家中独生子，北方人，一直在父母身边生活。他高中毕业后，独自从北方来到南方读大学。因为看好学校的区位优势和发展前景，张同学的父母为他选择了这所学校，而他本人对学校其实不甚了解。来到学校后，张同学迅速出现了水土不服的症状，如肠胃不适、睡眠困难等。他自述在这座陌生的城市读一所陌生的大学，没有任何亲友，让他感到十分孤独。因为生活习惯不

---

① BRAMMER L M, MCDONALD G. The helping relationship: Process and skills-7th Edition [M]. Massachusetts: Allyn and Bacon, 1998: 103.

一致，他和宿舍同学相处得也比较一般。他对所学的专业不太感兴趣，入学后对未来感到迷茫，有后悔想退学复读的念头。他感到身边的同学都逐渐有了学习和未来的规划，他已经落后许多。由于缺乏自我管理生活的经历，自控力也不佳，他入学以来经常出问题。例如，经常熬夜打游戏导致上课迟到，或是容易忘带个人物品。最近张同学的一门课程就要小测了。因为学得不扎实，他在考前情绪崩溃，在宿舍中大哭，不愿意去教室参加考试。

讨论要求

请与你前后的同学组成四人小组，讨论上述问题，并在讨论结束后向授课老师报告你们的讨论结果。讨论时间 3~5 分钟。

第三节　心理危机的生物、心理及社会因素

美国罗切斯特大学医学院的恩格尔教授（1913—1999）在《科学》杂志上发表 *The Need for a New Medical Model：A Challenge for Biomedicine* 首次提出了生物-心理-社会模式，取代了传统的生物医学模式。这一理论认为，人是由生物、心理和社会因素共同构成，这三种因素共同制约着人的健康和疾病。

一、生物因素

（一）应激的神经内分泌反应

生物因素是应激反应的生理基础。当人受到刺激时，会出现一系列神经内分泌反应，并由此引发身体机能和代谢的改变。应激时，最重要的两种神经内分泌反应是蓝斑-交感-肾上腺髓质系统和下丘脑-垂体-肾上腺皮质系统的强烈兴奋。

1. 蓝斑-交感-肾上腺髓质系统（locus ceruleus-sympathetic-adrenal medulla system；LSAM）

当出现紧急情况时，大脑的蓝斑、交感神经被激活，促使肾上腺髓质分泌大量的儿茶酚胺。儿茶酚胺是一种激素，主要包含去甲肾上腺素、肾上腺素和多巴胺。其效果是人的心率增快、血压升高；改善组织供血分布、保证心脑和骨骼肌血液供应；气管扩张、摄氧量增加；糖原脂肪分解加快、血糖增高，为身体大量供能。

上述作用，促使我们的机体在受到外界刺激时紧急动员，转换为“唤起状态”。这使人在紧急状态能够应对突发状况。但是，这种状态延续时间久了，也有可能带来不良影响，如心血管应激性损伤、身体大量耗能等。我们在生活中也可以观察到这样的现象。在紧急事件或重大刺激过后，我们会感到非常疲惫。这是因为我们应激时，消耗了大量能量。

2. 下丘脑-垂体-肾上腺皮质系统（hypothalamus-pituitary-adrenal cortex system；HPAC）

应激时，下丘脑的促肾上腺皮质激素释放激素分泌增多。促肾上腺皮质激素释放激素是激活这一系统的关键。这一激素对调控人在应激时的情绪反应起着重要作用。促肾上腺皮质激素释放激素分泌适量时，人感到兴奋、愉快。但如果分泌过量，人会产生焦虑、抑郁、厌食等不良反应。促肾上腺皮质激素释放激素，顾名思义，能够促进垂体分泌促肾上腺皮质激素，进而使肾上腺皮质分泌糖皮质激素增多。糖皮质激素是一种机体对抗有害刺激的重要激素。这种激素能够使血糖升高，为身体供能。它能发挥允许作用，如使儿茶酚胺能够发挥作用。此外，还能够稳定溶酶体膜、减轻组织损伤，抑制炎症反应等。HPAC 适度兴奋有助于维持良好的学习能力和良好的情绪。HPAC 过度兴奋可出现焦虑、厌食、抑郁等。

（二）杏仁核（amygdala）：大脑的“恐惧中心”

杏仁核在恐惧情绪的控制中起着极其重要的作用。脑损伤的研究发现，双侧杏仁核受损的病人对恐惧和愤怒声音识别有困难。

我们先来看看左下角这张大脑截面图。杏仁核位于大脑颞叶，在大脑内侧面的最深处，与扣带回、海马回、丘脑等组织，共同构成了大脑的边缘系统。杏仁核不仅是大脑的恐惧中心，在恐惧情绪的控制中起着重要的作用，在消极情感、知觉中也起着极其重要的作用。一般来说，人都有杏仁核。在极其罕见的情况下，人可能因为基因病，杏仁核发育不完全，甚至逐渐萎缩消失。

知识链接

不懂得害怕，是好事吗？

我们常常羡慕勇敢无畏的人，佩服他们能够一往无前地完成诸多壮举。胆小畏缩则往往是人们所不认可的。可是，不懂得害怕，真的是好事吗？

让我们来试想一个漆黑的冬夜，下着雨，时间已是凌晨。此时街道空无一人，我们赶着回家。我们跟着导航走到街口，发现导航指向了一条黑黢黢、没有路灯的捷径，黑暗中仿佛还有莫名的声音传过来。当然，我们也可以选择走有路灯的大路，只不过要绕点路。此时，我们应该选择导航根据最省时路线指引的捷径，还是有路灯的大路呢？相信很多人都毫不犹豫地选择大路。但如果一个人不能识别危险信号（如无人、黑暗、奇怪的声音），不懂得害怕，他很可能会作出令常人难以置信的选择，奔向吉凶未卜的道路。恐惧情绪虽然令人不快，但其效果是提醒我们规避风险，保护我们免于受伤害。

研究者曾发现一位没有杏仁核的患者。她因患有类脂质蛋白沉积症（Urbach-Wiethe 病），双侧杏仁核在成长过程中逐渐萎缩，最终彻底消失了。这位患者和研究者预料的一样，她难以识别危险信号、不懂得害怕，并因此屡次陷入险境。虽然她比常人乐观，但她陷入了诸多本可以规避掉的危险。可见，恐惧情绪并不是我们的敌人，且能在关键时刻发挥重要的警示作用。

我们接下来看看右下角这张图。图中所示为两个人的大脑 fMRI 扫描图。左边是一位攀岩运动员，而右边则来自知名攀岩运动家 Alex Honnold。研究者让两位被试观看了相同的大量引发恐惧情绪的图片，并用 fMRI 扫描他们的大脑，由此得出了这张扫描图。研究者们发现，左边这位运动员大脑的杏仁核区域被明显激活了，而 Alex 大脑该区域则没什么反应。

这一研究结果暗示我们，尽管都有杏仁核，但面对同样的刺激，每个人的反应是不一样的，甚至差异巨大。人可能因为先天的生理调节或后天因素（如经验、阅历），导致杏仁核反应不一样。

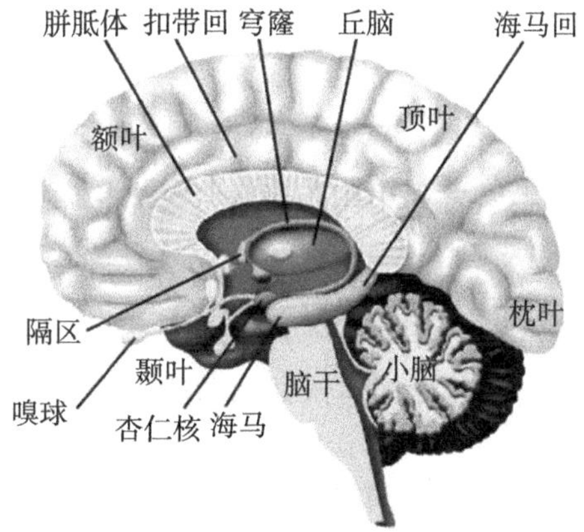

图 1-2　大脑截面图①

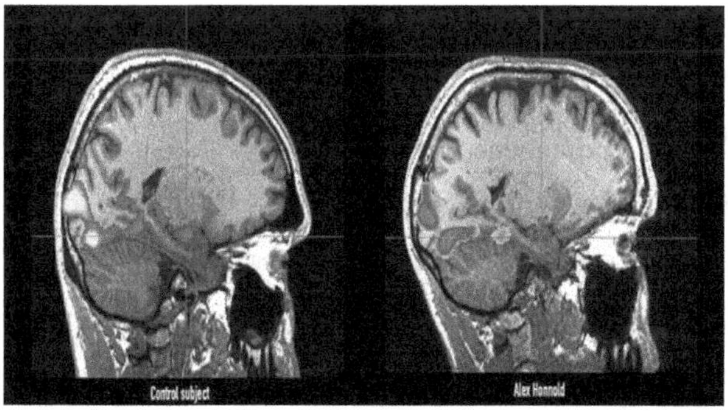

图 1-3　Alex Honnold 和控制组的 fMRI 扫描图

来源：nautil. us

① 杨扬．杏仁核：大脑的“恐惧中心”．中科院之声．［EB/OL］．（2017-01-19）［2024-08-28］．https：//zhuanlan. zhihu. com/p/24952507.

知识链接

“徒手攀岩”

2017年6月3日，知名攀岩运动家Alex Honnold徒手攀登上了美国优胜美地国家公园3000英尺高的酋长岩。此举全程由摄像团队录制，后期制作成了纪录片《徒手攀岩》（Free Solo）。

◎ 视听推荐

请观看纪录片《徒手攀岩》中国版预告片。

二、心理因素

心理危机的心理因素主要体现在认知和情绪的交互作用。

（一）认知会影响人的情绪和行为

首先，人的认知会影响情绪和行为①②③。其中比较有代表性的理论是Albert Ellis的情绪的ABC理论（The A-B-C Theory）④。这一理论认为，触发事件发生后，人有意识或无意识地受到个人信念或想法的影响，产生情绪和行为后果。触发事件的英文为Activating events，即为A；想法的英文为Beliefs，即为B；后果的英文为Consequence，即为C。这就是A-B-C理论的来源。

例如，一位新生对本校另一位同学有好感，有结交之意。于是，他向对方抛出橄榄枝，主动接近对方。但他遗憾地发现，对方对他皱眉（A）。由此，

① BECK A T. Cognitive therapy and the emotional disorders [M]. New York: New American Library, 1976.

② ELLIS A. Reason and emotion in psychotherapy [M]. New Jersey: Lyle Stuart, 1962: 1-442.

③ LAZARUS R S. Cognitive and personality factors underlying threat and coping [J]. Social stress, 1970, 10 (3): 143-164.

④ ELLIS A. Reason and emotion in psychotherapy [M]. New Jersey: Lyle Stuart, 1962: 1-442.

他认为“她不认可我的行为并且讨厌我，而我必须被认可，不然我就是个没价值的人”（B）。其结果是，这位新生感到情绪低落，并从此疏远了对方（C）。由这个例子可见，直接引发情绪和行为后果的（A），不是触发事件（A），而是人们对事件的想法（B）。

（二）情绪对认知和行为产生影响

其次，人的情绪反过来也会对认知和行为产生影响①②③。其中比较有代表性的理论是 Fredrickson 提出的情绪的拓展-建设理论（The Broaden-and-Build Theory of Positive Emotions）。这一理论认为，积极情绪能扩展个体的认知和行动范围，拓宽个体瞬间的知觉、思维和活动序列，帮助个体建设持久的个人资源，如身体的灵活性、创造力、社会支持和心理弹性。消极的情绪缩窄认知范围。例如，快乐使人产生玩耍的冲动，使人在玩耍过程中建立和他人的联系、提升创造力。兴趣使人产生探索的冲动，并使人学习新知识和经验。

Fredickson 还通过诸多实验，验证了她的理论。在此，我们介绍她所做的两个实验结论。

实验 1：与观看了引发消极情绪（恐惧、愤怒）和中性情绪短片的参与者相比，观看了引发积极情绪（愉快、满足）短片的参与者，在观影结束后列举出了更多的想要做的事情④。

实验 2：与观看了引发消极情绪（悲伤）和中性情绪短片的参与者相比，观看了引发积极情绪（愉快、满足）短片的参与者，心血管指标从紧张状态

---

① FREDRICKSON B L. The role of positive emotions in positive psychology: The broaden-and-build theory of positive emotions [J]. American psychologist, 2001, 56 (3): 218.

② ZAJONC R B. Feeling and thinking: Preferences need no inferences [J]. American psychologist, 1980, 35 (2): 151.

③ GABLE P A, HARMON-JONES E. Approach-motivated positive affect reduces breadth of attention [J]. Psychological science, 2008, 19 (5): 476-482.

④ FREDRICKSON B L. The role of positive emotions in positive psychology: The broaden-and-build theory of positive emotions [J]. American psychologist, 2001, 56 (3): 218.

中恢复得更快①。

上述实验结果显示，情绪能影响人的情绪和行为。积极的情绪对人有促进作用，且能够缓解不良状态。

三、社会环境因素

这一因素比较有代表性的理论是生态系统理论（Ecological Systems Theory）②③。这一理论认为，个体嵌套于相互影响的一系列环境系统之中，这些系统和个体相互作用并影响着个体发展。

◎ **视听推荐**

请观看国家心理健康和精神卫生防治中心发布的《提高心理健康素养 培育积极社会心态》视频。讲座主持人姚文倩，讲座嘉宾陈祉妍、吴曼琴。

第四节　积极应对心理危机之道

一、树立正确的认识

心理危机是因重大刺激而产生的心理失衡状态，是严重的应激反应。有的学者认为，它是人在特殊事件状态下的正常反应（如清华大学樊富珉教授）。在特殊事件状态下，每个人都可能因为受到严重的刺激而产生心理危机。

危机是危险的，因为它可能导致个体严重的病态，甚至出现伤害自己和他人的行为。危机也是一种机会，因为它带来的痛苦和压力会迫使人们寻求帮

① FREDRICKSON B L et al.（2000）. The undoing effect of positive emotions [J]. Motivation and emotion, 2000, 24 (4): 237-258.

② BRONFENBRENNER U. The ecology of human development: Experiments by nature and design [M]. Cambridge, MA: Harvard University Press, 1979.

③ BRONFENBRENNER U. The bioecological model from a life course perspective: Reflections of a participant observer [G] //MOEN P, ELDER JR G H, LUSCHER K. Examining lives in context: Perspectives on the ecology of human development, 1995: 599-618.

助。危机是解决过去回避、没有暴露或者忽视的问题的时机。

例如，单位交给员工一项非常有挑战性的工作，而且工作完成不好会有失业的风险。虽然这给员工带来了很大的压力，但通过完成这项工作，员工可以提升个人能力和得到晋升。

二、采用切合实际的科学方法自我调节

（一）保持充足的休息、营养和运动

我们可以通过休息、补充营养和适度运动，来自我调节。研究显示，18～25 岁的成年人需要至少 7～9 小时睡眠。在重大刺激后，我们要通过各种方式休息放松，让自己的身体机能得到恢复。而欠缺睡眠，则可能对我们的情绪调节和认知功能带来不利影响。此外，我们也要为应激后消耗了大量能量的身体补充营养。有的食物还具有情绪调节的功效，我们可结合实际适当补充。

色氨酸是血清素的前体物质，血清素可以改善情绪。肉类、坚果及蛋白质丰富的食物都富含色氨酸，如：南瓜子、豆制品、猪肉、牛肉、鱼类、奶类。

多不饱和脂肪酸是一种必需脂肪酸，可以改善情绪，主要来源于鱼类，如马哈鱼、金枪鱼、鲱鱼等。南瓜子、核桃、芝麻、葵瓜子等也富含多不饱和脂肪酸及色氨酸。

碳水化合物有助于提高血清素水平，建议选择像全麦面包、糙米、燕麦片等复合碳水化合物含量高的食物。

维生素 B6、维生素 B12、叶酸、烟酸、镁、锌的缺乏会降低血清素水平，建议多吃绿色蔬菜及富含镁、锌的矿物质的食物如紫菜、谷类、豆类、牡蛎、动物肝脏、瘦肉等。

加工类食品会增加抑郁症的危险。应限制摄入加工食品、膨化食品等。①

① 北京安定医院．抑郁障碍出院健康处方［EB/OL］.［2024-08-28］. https://www.bjad.com.cn/Html/News/Articles/918.html.

研究显示，运动对身体有诸多益处：能够即时提升大脑中神经递质的水平（e.g. 血清素）；使海马体中产生新的细胞，增强长期记忆能力；使前额皮层更加强壮，提升注意力。一般来说，我们一周需要至少三次有氧运动，每次要达到30分钟。可完成的项目有慢跑、健身、快走、骑单车等。身体素质不那么好的同学，也可以通过日常活动来达到锻炼目的，如打扫卫生、洗碗、散步等。运动过程中，要有针对性地进行训练，循序渐进，避免运动损伤。

（二）常见的扭曲认知及其调整

扭曲的认知往往引发负面情绪和消极行为，我们需要积极调整。常见的扭曲认知有极端化，灾难化，以偏概全，放大缺憾、小看优点，自我责难，读心，选择性概括，悲观预期和乱贴标签等。大学生中比较常见是极端化、灾难化、以偏概全和悲观预期的扭曲认知。

极端化是一种非黑即白的扭曲认知，中间毫无过度。例如，“我要是期末考试没得满分，我就是失败的”。须知，这种认知会给我们带来巨大的心理压力，反而影响发挥。

灾难化是一种将小问题无限放大的扭曲认知。例如，“我面试的时候说错了一个词，面试官肯定觉得我没有能力，不想录取我，我会找不到工作露宿街头了”。这种认知可能导致我们悲观沮丧，消极对待求职，长此以往，甚至真的将我们引入“露宿街头”的境况了。例如，“我的数学不好，我是个一无是处的人”。一个人的综合评价应包含诸多方面，除了学习，还有生活、工作、家庭等。这位同学仅仅是数学不好，但否定了其他所有方面。这不利于我们形成正确的自我评价，也不利于我们解决所面临的问题。悲观预期是指毫无根据地把事情往坏处想。例如，一位同学成绩不错，为此次考试作了充分准备，平时也能跟上课程内容，其余境况也一概正常，但他偏要认为自己会挂科。如再加上灾难化的扭曲认知，这位同学在宿舍里崩溃大哭，不敢去参加考试，也不足为怪吧。

调整扭曲认知的方法有很多，在此介绍以下几种：挑战极端化的言论、再归因、去灾难化、标注扭曲的认知、明确某种想法或行为的好处和坏处，以及认知预演。

极端化的言论往往非黑即白，毫无中间过渡的。再归因是指认识事件时，要通盘考虑问题，不能片面地解读。例如，一位同学期末考试没考好，片面地解读为自己学习能力的问题，忽视了他考前受到了不良影响、考试准备时间不充裕等客观因素。这种认识会令他陷入了对自己的过度责难，打击自信心，且不利于他后续做好环境和时间准备，更好地应对考试。去灾难化是指我们在思考事物的发展和结果时要客观，不要往绝处想。例如，在上文例子中，那位面试者应客观看待自己的口误，既不过分责难自己，但也引起重视，后续与人交流过程中，可适当放慢语速。至于这份工作是否能够拿到录取，他也以平常心对待，理解招聘涉及各种因素。如未录取，也吸取经验教训，积极地寻找新工作。

（三）积极调节情绪、缓解压力

我们还要学会通过多种方式积极调节情绪。例如，我们可以通过哭泣、倾诉、运动等方式宣泄情绪；通过积极的心理暗示、放松训练、音乐、冥想、阅读等平衡情绪。此外，我们要避免消极的调节方式，如逃避、拖延、滥用物质、暴力等。我们也可以使用放松训练、音乐与情绪地图等方式协助自己调节。

◎ 视听推荐

请观看北京卫视养生堂疫情防控特别节目《专家教您五个步骤对抗焦虑》。主讲人杨甫德。

请查看 Alan S. Cowen 博士开设的音乐与情绪地图。你可根据聚类标识所显示的音乐类型（如 Joy 愉快的），引发指定情绪。

此外，我们也可以通过适合自己的环境调节情绪。例如，湖边、山林、大海，等等，都可以是我们放松的场所。

三、充分利用社会资源帮助自己调节

除了自我调节，我们还要学会借助他人的力量帮助自己调节。例如，我们可以进一步了解所在社区的资源，如物资配送、心理支持、法律服务等，借此解决我们的实际困难。此外，我们还应积极寻求社会支持，加强和亲人、朋友、社区的联系。一次和亲友的视频通话，可能就能帮我们消解心中的惶恐不安，有效地缓解不良情绪。最后，我们也要及时寻求专业援助。除了学校的心理中心，各省市也有心理危机服务的公益机构和科研院所，我们可以联系这些机构，获取所需的服务。

资源链接

国家卫生健康委员会：http：//www. nhc. gov. cn/

北京心理危机研究与干预中心：http：//www. crisis. org. cn/

北京市心理援助热线

800-810-1117（座机用户拨打）

010-8295-1332（手机用户拨打）

深圳市精神卫生中心 400-995-995-9

深圳市龙岗区精神卫生中心 0755-28924061

香港大学防止自杀研究中心：https：//csrp. hku. hk/

美国物质滥用和精神健康服务管理局（SAMHSA）：https：//www. samhsa. gov/childrens-awareness-day/event/resources-suicide-prevention

美国自杀预防资源中心：https：//www. sprc. org/

世界卫生组织：https：//www. who. int/mental_health/suicide-prevention/zh/

【挑战任务进程记录】

亲爱的挑战者：

欢迎加入本学期的健康生活挑战！本挑战旨在督促你实践健康生活知识，帮助你养成健康生活习惯，增进身心健康。请撰写周记，记录你的健康生活挑战计划的实施情况。

祝各位有个愉快的挑战之旅！

第三讲　健康与健康生活方式

善养性者，则治未病之病，是其义也。

——《备急千金要方》唐·孙思邈

注：治未病是中国传统医学的重要观点。治未病是指在疾病产生之前或萌芽状态之时，就通过合理、规律的生活习惯等健康生活方式，预防各类疾病的发生发展。这种预防比治疗更重要的观点也与现代医学理念不谋而合。

教学目标

了解健康的基本定义和重要性，理解大学生常见的健康与健康生活问题及其产生的原因，提升生活能力。

关键词

健康；健康生活；生命体征；物质使用障碍

＊＊＊ 开篇 ＊＊＊

案例

2019 年，台湾演员 G 某在录制综艺节目过程中晕倒，紧急抢救后医治无效身亡。

他的离世引起了轩然大波，许多人对于这位正值壮年，身体状况良好的男演员的猝死感到震惊。北京大学运动医学研究所朱敬先医生指出，先天性心血管疾病、心脏畸形等有心脏病的患者，以及没有心脏病但参加挑战身体符合极限的运动的群体会因为运动过量导致心源性猝死。人体夜晚比白天生理活动水平低，高强度运动很有可能损伤身体。

绝大部分心源性猝死患者在猝死前有预警症状，如胸痛、胸闷，晕厥、心悸等。年轻并不意味着对心源性猝死免疫。相反，年轻人中常见的熬夜、不运动、过量饮酒等不健康生活方式是心源性猝死的高风险因素。

2021 年，一位年仅 26 岁的女演员 X 某因为心梗，抢救无效离世。她的母亲在微博上痛苦地表示难以接受这一事实，没有把之前看到过的心梗猝死的新闻放在心上。一时之间，有关年轻人猝死的讨论沸沸扬扬。

2022 年，某知名企业高管 D 某因突发疾病去世，享年 53 岁。有报道显示，这位高管是一位长跑爱好者，国庆期间跑步里程超过 28 千米。

案例分析

无论性别、年龄、身体状况，不合理的生活方式都会对身体带来不利影响，甚至危及生命。大学生也应关注自己的健康状况，学会判断重要身体指标的变化，提升健康生活能力，更好地预防疾病。

* * * 主体内容 * * *

第一节　认识健康与健康生活方式

一、健康的内涵

（一）古代对健康的定义

健康这一概念自古有之。在中国的传统典籍中就有对健康的描述。

《易经》有言，“天行健，君子以自强不息。”这是指天的运行十分强健，君子应当效法天，不断进取。“健”取强健之意。这体现了我国传统文化中对拼搏进取精神的推崇。

《尚书·洪范》中记载了周武王与箕子对话，他们探讨了生而为人，有五种福分：“一曰寿，二曰富，三曰康宁，四曰攸好德，五曰考终命。”其中，“寿”指“长寿”，也就是身体健康。“富”是指物质条件丰富，“康宁”是指心情愉快，“攸好德”是指德行高尚，“考终命”是指终其天命。也就是说，一个人如果能够身体健康长寿、物质条件丰盈、心情愉快、品德高尚并终其天命，那么，他的一生是很有福气的。这体现了我国传统文化鼓励个人全面发展，从各个方面自我提升和修炼。

“健”意为身体强壮，“康”代表心情愉快、人际关系和谐。清代时期，“健康”取代了“康健”的用法，得到了广泛应用。民国时期起，“健康”常表示身体健康，而今，这一词的应用范围还在扩大。例如，我们常形容某一行业发展健康。

英文中健康对应的词语为 health。根据韦氏词典（*Merriam-Webster Dictionary*），英文中“health”一词，最早出现于 12 世纪之前，意指身、心灵的安全、完美、结实。

理论链接

四体液说

古希腊医师希波克拉底认为，健康是血液、黏液、黑胆汁和黄胆汁四种体液的平衡状态。如果这一平衡被打破，人会患上各类疾病。希波克拉底对四种体液的分类，衍生出了心理学中非常重要的气质类型学说——四体液说。

这一学说认为，人的气质分为四种类型：多血质、黏液质、胆汁质和抑郁质。多血质由血液衍生而来。这种类型的人开朗热情、思维敏捷，但容易见异思迁。黏液质由黏液衍生而来。这种类型的人情绪平稳、外柔内刚，但主动性较差。胆汁质的人真诚朴实，但容易马虎冲动。抑郁质的人心思细腻、情感丰富，但容易胆小。

希波克拉底（前460年—前370年）是古希腊伯里克利时代的医师，他的学说大大推进了医学脱离巫术，成为独立的学科。他也被后人尊称之为“医学之父”。

（二）世界卫生组织关于健康的定义和标准

1948年，《世界卫生组织宪章》提出：“健康不仅是指机体没有疾病或虚弱，而且是身体、心理和社会适应的完满状态。”以下为《宪章》对健康定义的具体标准。

（1）有充沛的精力，能从容不迫地进行日常生活和担负繁重的工作，而且不感到过分紧张和疲劳。

（2）处事乐观，态度积极，乐于承担责任，事无大小，不挑剔。

（3）善于休息，睡眠好。

（4）应变能力强，能适应外界环境的各种变化。

（5）对一般性感冒和传染病具有抵抗力。

（6）体重适当，体形匀称，站立时头、肩、臂位置协调。

（7）眼睛明亮，反应敏锐，眼睑不发炎。

（8）牙齿清洁，无空洞，无痛感，齿龈颜色正常，无出血现象。

（9）头发有光泽，无头屑。

（10）肌肉、皮肤富有弹性，走路轻松。

可见，人们对健康的理解是从身体机能的健康，逐步转变为包含一个人心理和社会关系总体状态的健康。

（三）心理健康的标准

1946 年，国际心理卫生大会提出了心理健康的四项标准：

（1）身体、智力、情绪十分协调。

（2）适应环境，人际关系中能彼此谦让。

（3）有幸福感。

（4）在职业工作中，能充分发挥自己的能力，有着有效率的生活。

其中，人的主观幸福感是一项非常重要的心理健康标准。我们常观察到一些大学生虽然家境良好、成绩优秀、人际关系和谐、身体健康，但仍然感受不到幸福，甚至饱受无意义感折磨。也就是说，心理健康的个体要能够正确评估和认识自己，具备体验幸福感的能力。

二、亚健康的内涵

现实生活中，我们也许会遇到这样的状况：身体并未出现疾病，但疲惫不堪，即使休息也难以恢复。这形容的是一种“亚健康”的状态。2006 年，中华中医药学会《亚健康中医临床指南》提出，“亚健康是指人体处于健康和疾病之间的一种状态”。

亚健康的具体标准如下：

（1）持续 3 个月以上反复出现的不适应状态或适应能力显著减退，但能维持正常工作；

（2）无重大器官器质性疾病及精神心理疾病；

（3）尽管具有明确的非重大器官器质性疾病或心理疾病诊断，但无须用药维持，且与目前不适状态或适应能力的减退无因果联系。

亚健康的定义虽然看似简单，但提出了一个重要的理念，即健康是一种谱系状态。也就是说，健康并不是类别变量，我们不能简单将人分为健康和不健康。完全健康和完全不健康的人是少数，人在不同时间不同情境下处于健康谱系中的某一点。这提醒我们，要时常监测和维持自己的健康状态。

三、健康生活方式的内涵

根据钟南山院士的建议，我们要做好疾病预防，积极采用健康生活方式，做到合理膳食、适量运动、戒烟限酒、心理平衡和保护绿色环境。鉴于病毒传染性极强，我们更需要做好防护，并积极通过各种方式提升免疫力。

◎ **视听推荐**

请观看钟南山院士关于新冠疫情后的健康世界讲座视频。

四、生命体征

（一）四大生命体征

1. 脉搏和心率

正常成年人安静时的心率为 60～100 次/分；婴幼儿较成年人心率快，常在每分钟 100 次以上。成年人每分钟心率在 100～160 次/分，称为窦性心律过速；心率在 160～220 次/分，称为阵发性心律过速；心率在 40～60 次/分，成为窦性心律过缓。

2. 呼吸

正常人的呼吸频率约为 16～18 次/分。如果呼吸>24 次/分或小于 10 次/分，表示可能存在严重的呼吸系统、循环系统和神经系统的疾病。

3. 血压

人体血压正常范围是收缩压（高压）为 90～130mmHg，舒张压（低压）

为60～80mmHg。当收缩压≥130mmHg或（和）舒张压≥80mmHg时，则为高血压。

4. 体温

正常腋下体温为35.8～37.3℃。39.1～41℃为高热，41℃以上为超高热。持续高热和超高热可引起永久性脑损伤，甚至死亡。当体温低于35℃时称体温不升或体温过低。主要表现为皮肤苍白冰冷，心搏呼吸减慢、血压降低、尿量减少、意识障碍，甚至昏迷、死亡。

（二）如何应对生命体征出现异常？

1. 心率异常

当个体出现心率异常，应及时观察异常情况，检查具体指标并根据要求开展急救。

2. 呼吸异常

如个体出现严重呼吸异常，应立即拨打急救电话。身边人如果会心肺复苏，应立即开展施救。

3. 血压异常

如个体出现血压异常，应注意休息，清淡饮食，严重异常的个体应及时就诊。

4. 体温异常

如个体出现普通感冒发热，可不急于降温，不急于服用解热药。因新冠病毒感染所致的发热，个体应遵医嘱治疗。因细菌性感染等所致的发热，应及时前往医院就诊。此外，在寒冷的冬季，个体如出现失温，应及早就医，避免出现生命危险。

课堂讨论

健康生活方式真的那么重要吗？

讨论要求

请与你前后的同学组成四人小组，讨论上述问题，并在讨论结束后向授课教师报告你们的讨论结果。讨论时间为3~5分钟。

通过分析1980—2014年间超过7.8万女性和1984—2014年间超过4万男性的长程数据，哈佛大学公共卫生学院的研究者们发现，拥有健康饮食、适度运动、健康体重（BMI在18.5到24.9之间）、不吸烟及饮酒适量等五项健康生活习惯的人，比没有这些习惯的人显著地长寿：女性长寿14年，男性长寿12年（如果他们在50岁时有这些习惯）。没有任何一项健康生活习惯的人更有可能早早死于癌症或心血管疾病。

◎ **资源推荐**

请阅读哈佛大学医学院发布的文章 *Healthy Lifestyle*：5 *Keys to A Longer life*。

也就是说，我们日常所说的健康生活习惯并不是无足轻重的，相反，对我们的身体健康会产生重大影响。

第二节　常见的不良生活方式

一、不良饮食习惯

研究显示，全球1/5的死亡（相当于1100万人死亡）与不良饮食有关，因为不良饮食会导致人们患上一系列慢性疾病①。这项跟踪了195个国家从1990年至2017年间15种饮食因素消费趋势的研究发现，与食用反式脂肪、含糖饮料、高含量红肉和加工肉类等食物相比，食用全谷物、水果、坚果和种子等食物量过低导致的死亡人数更多。研究人员表示，这项研究不是关于肥胖，而是关于“低质量”的饮食损害心脏和导致癌症。也就是说，我们不仅要注意减少“垃圾食品”，还要关注营养食品的摄入量，摄入充足、均衡的膳食。

① AFSHIN A et al. Health effects of dietary risks in 195 countries, 1990-2017: A systematic analysis for the global burden of disease study 2017 [J]. The Lancet, 2019, 393: 1958-1972.

二、不良卫生习惯

（一）个人卫生

大学生应注意个人清洁卫生。一些大学生个人卫生习惯不佳，长期不注意个人清洁，甚至出现身体异味也毫不在意。这不仅对个人身体健康有严重损害，也对其环境中的他人造成了不良影响。良好的个人卫生习惯，是需要家庭教育、学校教育和自我教育培养的。有的大学生在家中并未承担多少家务，有依赖思想，有的甚至家中卫生状况也不佳。其学校教育多强调成绩，并未关注学生良好生活习惯的培养。他们自身出于懒惰、不在意等原因，也不加强相关知识的学习。这致使他们进入大学后，个人卫生方面出现严重的问题。有新闻报道显示，有的大学生因长期不注意个人卫生，其床褥甚至长出了真菌，室友协助其整理时不慎被真菌严重感染，需输液治疗。

（二）环境卫生

大学生要注意宿舍的环境卫生。除了宿舍内的个人空间，大学生也要注意公共区域的卫生保护。例如，公共厨房、储物间、卫生间等。有的大学生因为不是个人空间，就觉得可以随意污染。这也是不可取的。共同维护一个健康、卫生的公共环境，是所有同学的职责，也是对所有同学健康安全的有力保护。

大学生也要保护校园的环境卫生。我们注意到有的同学在图书馆、教学楼等处随意丢弃垃圾。一场期末考试后，废弃的草稿纸、纸巾等仍被塞在课桌内，或丢在地上。尤其是学生活动过后，各种使用过的物品不做好清洁保养和归置。这些都是不可取的。

此外，我们也需要注意校园外的环境卫生保护。寒暑假等节假日期间，大学生常出游。我们常看到景区里有人随意丢弃垃圾。这不仅污染了美丽的自然环境，还可能要耗费清洁工人巨大的代价去清理。

◎ 视听推荐

请观看四川省环境保护宣传教育服务中心发布的环保公益广告《爬山侠》。

三、不良适应性行为

（一）欠缺社会支持

欠缺社会支持，也容易引发一系列生活和工作问题。根据 House（1981）的研究，社会支持包括情感支持（Emotional），工具性支持（Instrumental），信息性支持（Informational）和评价性支持（Appraisal）①。情感支持是指他人给予的关心、爱护等。例如，当一位同学生病了，他的朋友主动联系他，关心关注他的身体情况，提醒他保重身体。工具性支持是指提供具体事务的协助。例如，当一位同学需要搬家换寝室，他的舍友帮他搬东西。信息系支持是指提供解决问题的信息。例如，当一位同学需要看诊，他的朋友给他推荐医院和医生。评价性支持是指帮助对方进行自我评估。例如，当一位同学遇到了科研困难，他的导师与其分享了个人经历，协助其判断困难的症结和解决之道。

（二）消极应对方式

研究者认为，消极应对方式主要有自责、幻想、退避和合理化。其中，退避是大学生常见的消极应对方式。例如，一位高数期中考试不合格的同学，未选择积极复习、查漏补缺、备战期末，而是选择逃避不面对，反而缺更多的高数课和作业。这种做法只能造成其期末成绩也不理想。

第三节 健康生活议题

一、饮食与营养

（一）饮食与健康的关系

合理饮食是健康的基础。我们不仅要注意健康规律饮食，还需要摄入充足的

---

① HOUSE J S. Work Stress and Social Support [M]. Reading, Mass: Addison-Wesley, 1981: 1-156.

七大营养素：蛋白质、碳水化合物、脂肪、维生素、矿物质、水和膳食纤维。

（二）注意膳食平衡

在膳食规划中，我们可以使用基础代谢率（Basal Metabolic Rate，BMR）这一工具。基础代谢率是指人在静息状态下所消耗的热量，也就是维持基本生存所需消耗的能量。我们可通过年龄、性别、身高、体重等指标计算出基础代谢率，并依据此信息科学规划每天的热量摄入。

资源链接

https：//www. cdctj. com. cn/system/2023/08/03/030116481. shtml

请登录网站，查看基础代谢率计算公式。

此外，我们可使用“60-15-25”最佳热量来源比例原则来规划热量摄入：60%碳水，15%蛋白质，25%脂肪。

（三）标准体重

我们可使用身体质量指数（Body Mass Index，BMI）（见表 1-7）计算个人体重是否符合标准。

表 1-7

BMI	体重状态
低于 18. 4	体重过低
18. 5~23. 9	正常或健康体重
24~27. 9	体重过高
28 及以上	肥胖

此外，我们可以使用标准体重计算公式计算个人体重是否符合标准。＊女生减 2. 5kg

标准体重（kg）= 身高（cm）−100（适用于 165cm 以下者）

标准体重（kg）= 身高（cm）−105（适用于165~175cm者）

标准体重（kg）= 身高（cm）−110（适用于176cm以上者）

理论链接

近年来，各种减肥食谱、减肥餐等层出不绝。宾夕法尼亚州立大学的研究者发现，人们每餐进食的总体积相似。因此，减小单位体积食物的热量，有助于减肥。这一类型的食谱以热量低，体积大的食物为主，例如水果、蔬菜、全麦、脱脂乳类和瘦肉。

体积指数食谱示例①

早餐

菜肉馅煎蛋饼配部分脱脂马苏里拉奶酪和蔬菜

1 杯哈密瓜

1 杯蜜瓜

250 克低脂 1% 牛奶

午餐

秋收南瓜汤

开面烤牛肉三明治

1/2 杯无糖巧克力布丁

1 个小柑橘

晚餐

新鲜水果菠菜沙拉

酸奶莳萝酱水煮三文鱼

炖煮西蓝花

1/2 杯煮熟的糙米

① CASTANEDA R. Volumetrics Diet Recipes [EB/OL].（2024-01-03）[2024-08-28]. https：//health. usnews. com/best-diet/volumetrics-diet/recipe.

零食

250 克低脂草莓酸奶

二、运动与健康

（一）运动负荷的掌握

如本讲开头所述，我们在运动时要结合自己的身体状况，控制好运动负荷。主要有以下四个方面：

首先，我们要注意控制运动练习强度，尽量控制心率在 120～150 次/分钟。其次，我们要注意控制运动练习密度，一次锻炼中实际练习时间与总时间比要适宜，过高的练习密度可能会对身体有不利影响。再次，我们要把握好运动持续时间，完成一次练习的持续时间不宜过长或过短。一般来说，30～60 分钟为宜。最后，我们要掌握运动练习数量，即一次体育锻炼中所完成的总次数、总距离或者总重量。例如，健身跑 3 千米左右，每周锻炼次数 3～5 次。

（二）运动处方

运动处方是通过规划个人的运动习惯，达成健康指标的做法，通常采用 FITT 模式，即规划运动的频率、强度、时间和种类。运动处方常由物理治疗师或康复治疗师开具，常被用于运动员伤后复健或其他慢性疾病患者康复的配合治疗。

运动处方示例

A 同学是本校 2020 级的新生，他今年 18 岁，BMI 27，且患有 2 型糖尿病。A 同学告诉你，他没有其他身体疾病，希望通过运动的方式减轻体重，并调节血糖。他可如此规划他的运动处方。

频率：每周 3～4 天

强度：中等强度（显著增加呼吸、排汗和心率的体力活动）到较高强度

(急剧增加呼吸、排汗和心率的体力活动)

时间：中等强度运动45分钟/天，较高强度15分钟/天，累积运动时间每天60分钟。

项目：跑步、球类运动、游泳及肌肉练习等。

三、远离物质使用障碍

(一) 物质使用障碍的诊断标准

1. 个体可能摄入物质比原先意图的量更大或时间更长。

2. 个体可能表达一种持久地减少或有节制地使用物质的欲望，并可能报告减少或中断使用的多种努力的失败。

3. 个体可能花费大量时间以获得物质、使用物质或从其效应中恢复过来。

4. 在一些重度物质使用障碍的案例中，个体的几乎所有日常活动都围绕着物质。表现为强烈欲望或迫切要求对毒品的渴求。

5. 反复的物质使用可能导致不能履行在工作、学习或家庭中主要角色的义务。

6. 尽管物质的效应引起或加重持久的或反复的社会或人际交往问题，个体可能仍然继续使用物质。

7. 因为物质使用而放弃或者减少重要的社交、职业或娱乐活动。

8. 在对躯体有害的情况下，反复使用物质。

9. 尽管认识到使用物质可能引起或加重持久的或反复的生理或心理问题，但个体仍然继续使用物质。

10. 耐受：需要显著增加物质的剂量以达到预期的效应，或使用通常剂量的物质会显著降低效应。

11. 戒断：长期大量使用物质的个体，当其血液或组织中的物质浓度降低时，发生的一种综合征。

（二）控制成瘾

1. 同伴支持

国外常见的同伴支持小组有嗜酒者互戒协会（Alcoholics Anonymous；AA）和SMART康复（SMART Recovery）。前者采用了12个步骤，后者则借鉴了认知行为疗法。

知识链接

嗜酒者互戒协会（Alcoholics Anonymous；AA）

AA是1935年成立于美国的自助戒酒组织。团体成员通过彼此分享戒酒过程中的经验、力量和希望，互相帮助，达成康复。该组织不限性别、年龄、宗教或教育背景，对会员的唯一要求是要有解决酗酒问题的愿望。

该团体指导成员改变行为的具体步骤称为12步骤（12 steps）。这些步骤是一系列精神准则。当AA成员依照这些准则生活时，他们能够克制饮酒的欲望，增强康复的力量。此外，AA还有12条传统（12 traditions），指导AA小组的活动。以下为12步骤中译文。

第一步：我们承认，在对付酒精上，我们自己已经无能为力，它使我们的生活变得一塌糊涂。

第二步：我自己开始认识到，有一种超越我们自身的力量，它能够使我们恢复理智。

第三步：下定决心，将我们的愿望和生活托付给我们所信奉的“上苍”照管。

第四步：做一次彻底和勇敢的自我品德上的检讨。

第五步：向“上苍”、向自己、向他人承认自己错误的实质。

第六步：做好让“上苍”除掉我们性格中一切弱点的准备。

第七步：请求"上苍"除掉我们的缺点。

第八步：列出曾经受到我们伤害人的姓名，自觉向每一个人承认错误。

第九步：在不伤害他们的前提下，尽可能向曾经受到我们伤害的人士当面认错。

第十步：不断地检讨自己，只要做错了事，就立即承认。

第十一步：透过默祷和反省，增强与我们所认识的"上苍"进行的交流，为的是理解他们对我们的教导，并获得遵照他们的教导去做的力量。

第十二步：在实行这些步骤并获得思想上的觉醒后，设法将这一信息传达给其他嗜酒成瘾者，并在一切日常事务中贯彻这些原则。①

◎ 资源推荐

请阅读 Alcoholics Anonymous 官方网站发布的 *Twelve Steps and Twelve Traditions*。

2. 行为改变的跨理论模型

行为改变的跨理论模型是行为干预和改变领域非常重要的模型。该模型由 Prochaska 和 DiClemente 提出。这一理论认为，人的行为改变需要经历六个阶段：前预期阶段（precontemplation）、预期阶段（contemplation）、准备阶段（preparation）、行动阶段（action）、维持阶段（maintenance）和复发阶段（relapse）。

这一理论的优点是，它将复发划为行为改变的一部分。在成瘾患者的康复过程中，复发是非常常见的现象。许多人被复发严重打击了自信心，甚至一蹶不振不再坚持康复计划。例如，一位坚持戒酒了 3 个月的嗜酒者，因为一次朋友聚会，没能控制住自己而过量饮酒，随即破罐子破摔不再坚持戒酒计划。这无疑是非常可惜的。通过将复发纳入行为改变的一个环节，我们能

① 郭崧，李冰．AA 与戒酒的十二个步骤——访美国嗜酒者互诫协会札记［J］．中国药物依赖性杂志，2003（1）：63-67.

够帮助成瘾者更合理地认识复发，建立持久战的理念，并帮助他们通过不断地自我控制，最终达成完全戒断的目标。这也适用于其他需要改变既有行为的个人。

【挑战任务进程记录】

亲爱的挑战者：

欢迎加入本学期的健康生活挑战！本挑战旨在督促你实践健康生活知识，帮助你养成健康生活习惯，增进身心健康。请撰写周记，记录你的健康生活挑战计划的实施情况。

祝各位有个愉快的挑战之旅！

健康生活挑战总结

亲爱的挑战者，历时一个学期的健康生活挑战终于要落下帷幕了。你是否发现坚持生活方式并不那么容易？本学期的健康挑战计划，你完成情况如何？有哪些事情阻碍了你坚持这个计划？你采取了什么策略减少这些阻碍？这些策略的效果如何？

写作疗法（Writing Therapy）：写作疗法是心理咨询中的一种重要的治疗手段。这种疗法是通过写作者撰写个人经历，重新梳理事件，从新的角度认识事件，是一个“重建叙事”的过程，并由此获得生活的控制感。

第二模块：大学生常见的困扰与重点关注的问题

内容简介

本模块旨在结合大学生学习和生活实际，通过分析探讨如何培养自控力，如何建立良好的恋爱关系，如何应对焦虑和抑郁、双相情感障碍等常见精神障碍，向学生普及心理健康知识，让他们学习应对大学生常见困扰及重点关注的问题的方法，提高独立解决问题能力，更好地自我发展。本模块的挑战任务为自我管理挑战。

挑战任务

自我管理挑战

请根据你的实际情况，确定一项你非常希望改变的不良习惯（如习惯性熬夜），并设定你本学期的自我管理挑战计划。该计划可包括目标、阶段化目标、可能遇到问题、应对策略和可获得的社会支持（请确保你参与的活动安全、合法、健康）。例如，你的目标是戒除习惯性熬夜。你的阶段化目标可以是在第一个阶段达成每周有 2 天晚上 11 点前睡觉，第二阶段达成每周有 4 天晚上 11 点前睡觉，第三阶段达成每周有 6 天及以上晚上 11 点前睡觉。请通过周记，记录自我管理挑战的实施情况。

第四讲　自控力的培养

夫君子之行，静以修身，俭以养德，非淡泊无以明志，非宁静无以致远。

——《诫子书》三国·诸葛亮

诸葛亮在《诫子书》中劝勉儿子修身养性，提高道德修养。提醒他要淡泊宁静，唯此可以明确志向，达成远大目标。静、俭、淡泊、宁静，这无一不体现着对自我的克制和管控。由此可见，自控力对我们修养个人品性、达成目标具有重要的意义。

教学目标

了解自控力的基本定义和重要性，理解大学生常见的失控问题及其产生的原因，学会提升自控能力的方法。

关键词

自控力；前额叶皮质；道德许可效应；棉花糖实验

＊＊＊ 开篇 ＊＊＊

案例

2024 年全国两会上，代表提出了大学生防沉迷机制提议，旨在通过延长网络游戏管控人群年龄等措施，限制大学生的游戏时间，帮助其健康成长。截至 2023 年 12 月，我国网民中 29 岁以下群体占比 32.2%，大学生网络游戏成瘾患病率超过 15%。网络游戏成为大学生生活中的一大问题，影响学业和日常生活。综合专家意见，解决大学生网络沉迷问题不应仅依赖外部管制，更重要的是提升学生的自我约束能力和内在主动性①。

无独有偶，2023 年南方周末新闻显示，过度加工的食物在全球泛滥，并且具有成瘾性，可能导致癌症、肥胖和心脏病风险的增加。过度加工的食物包括可乐、面包、蛋糕、薯片、比萨、饼干、糖果、汉堡、方便面、冰激凌、辣条等。巴西研究人员发现，过度加工的食品可能损害大脑功能。英国帝国理工学院的研究人员发现，大量摄入过度加工的食物或会增加个体患癌及因癌症死亡的风险。全球有 14%的成年人和 12%的儿童对过度加工食物上瘾，还有 1/7 的成年人和 1/8 的儿童可能会对过度加工食品上瘾②。

此外，在第 37 个“6・26”国际禁毒日来临之际，最高人民法院于 2024 年 6 月 25 日举行新闻发布会，通报人民法院去年以来禁毒工作基本情况，介绍惩治涉麻精药品等成瘾性物质犯罪举措成效，并发布 10 件相关典型案例。通过发布这些典型案例，法院不仅向社会宣告了打击毒品犯罪的坚定立场，也为公众提供了认识毒品危害、增强自我保护意识的机会。此举彰显了法律对涉及毒品的极端犯罪行为的惩罚力度，同时呼吁全社会共同参与禁毒斗争，保护

---

① 羊城晚报．大学生防沉迷机制 能否成为成长助推器？［EB/OL］．（2024-04-03）［2024-09-01］．https：//news. cctv. com/2024/04/03/ARTIrApXL3v4syeLNSbnKvZi240403. shtml.

② 南方周末．过度加工食物可能成瘾并严重影响健康［EB/OL］．（2023-11-05）［2024-09-01］．https：//static. nfapp. southcn. com/content/202311/05/c8267957. html.

青少年远离毒品威胁①。

案例分析

生活中充斥着诱惑我们失控的事物。如果个体欠缺自我控制能力，他很可能无法完成既定目标，甚至陷入成瘾。严重者，可能涉嫌违法犯罪。

* * * 主体内容 * * *

第一节　认识自控力

一、自控力的内涵

（一）自控力的定义

自控力是指个人依靠自身的主观能动性，按照社会要求及自我选择的信念、目标，有意识、有目的地抵制外界诱惑，对自己的思想、情绪和行为进行控制、管理的能力。也有人说，自控力是为了实现远期目标，延迟满足，抵抗短期诱惑的能力。

自控力好比人的情绪、欲望和行为的闸门。在生活中，我们常常可以观察到这样的现象。有自控力的人，各方面的表现都很好，学习生活都高度自律。例如，学校里某位成绩优秀的同学，宿舍内务也非常整洁，待人接物也非常妥帖，连运动习惯都很规律，学习工作效率非常高。而我们也会观察到这样的现象，有的同学不大自律，作业常常拖到截止日期前才写，考试临时抱佛脚，个人物品到处堆放，时不时地就出岔子，学习效率低。

① 最高人民法院新闻局．“毒”必严、涉“瘾”必惩、涉“未”必重！最高法发布10件典型案例［EB/OL］．（2024-06-25）［2024-09-01］．https：//www．court．gov．cn/zixun/xiangqing/435861．html．

研究者认为，人脑中的意志力是三种力量作用的结果：“我不要”的力量，“我要做”的力量，“我想要”的力量。“我不要”的力量是抵制诱惑的力量，如，我不要喝奶茶/可乐。“我要做”的力量是完成具体任务的力量，如，我要完成这篇论文。“我想要”的力量是具有未来指向的，如，我想要考上深圳北理莫斯科大学。

当人自控力不足时，有诸多表现。例如，无法长时间做同一件事情，注意力不集中，精神状态起伏，容易受外界影响，情绪波动，甚至短时记忆出现问题。

（二）自控力的生理基础

说起自控力，我们不得不提到一个重要的大脑结构——前额叶皮质（prefrontal lobe）。前额叶皮质是自控力的重要生物基础。如果人的前额皮质受损，他的自制力会受到严重影响。

知识链接

“盖奇的故事——失去前额叶皮质的人”

菲尼亚斯·盖奇原本是美国大西部铁路公司的一位爆破工人工头，1848年9月13日，正是173年前的今天，当时他们一行工人正在拉特兰郡的铁路段执行巨石爆破任务。19世纪的火车经常会被山崖滚落的石块侵扰，那时没有方便的大型起重设备，因此搬离巨石的办法通常是用火药将其炸碎，再由铁路工人清理掉小石块。

9月13日的下午四点半左右，天已经擦黑，盖奇和他的工友正琢磨把剩下的任务完成后去哪里放松一下，大家聊得嘻嘻哈哈不亦乐乎。面对最后一块巨石，盖奇一边拿着铁棍夯实孔洞中的炸药，一面回头和工友谈笑，说到最开心的时候，盖奇甚至用下巴顶住了铁棍，而万万没想到的是，上一道工序的工友，居然忘记在放好火药后盖上防炸沙土。

在火药和铁棍几次重击之后，真正可怕的事情发生了，一声巨响，火星点燃了铁棍下的火药，这根长达1.1米，直径3.2厘米，重达6千克的铁棍居然从盖奇的下巴处瞬间炸飞，直接贯穿了盖奇的眼球，接着在他前侧头颅穿破了一个大窟窿，余势未消飞出 25 米！

所有人都认定他必然死了，然而让人意想不到的是，两分钟后，无比坚强的盖奇居然恢复了意识。人们赶忙把他送到了附近的医院，在反复昏迷和清醒之后，盖奇竟然在三周后惊人地能够再次站立起来！并且在大脑如此重创之下，能够进行基本的交流，这超出了所有人的意料。

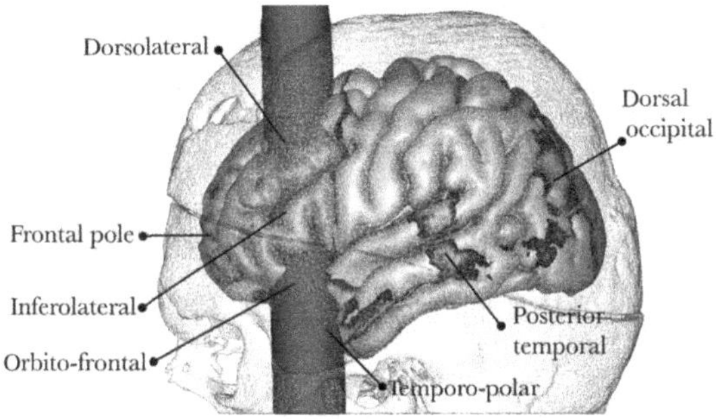

图 2-1　菲尼斯·盖奇大脑受伤状况的复原图 | M Thiebaut de Schotten et al./Cereb Cortex（2015）

幸运的盖奇慢慢康复，还在智利谋得了一份驿站马车夫的新工作，一切看似十分顺利，如有天助。但这只是外人的看法，对于盖奇周围的亲朋好友来说，真正的梦魇才刚刚开始。事故发生后的盖奇，彻彻底底变成了另一个盖奇，原本友善温和的他变得前所未有的躁郁、寡欢、易怒，可以说现在的盖奇就像一个完全不听话的熊孩子。

同时盖奇还时不时地爆发癫痫症状，在事故后的 12 年，盖奇最终死于重度癫痫。虽然盖奇结束了他的不幸遭遇，他为神经学、脑科学、精神学等学科积累的宝贵素材，却流传至今。人类第一次意识到，大脑与性格的直接关系，使人的“肉体”和“灵魂”联系在一起。而脑部的一个关键位置，就是我们的大脑前额叶，也就是在盖奇的事故中，导致他性格巨变的位置。①

① 罗晓峰．一根直径三厘米的铁棍，穿过了他的脑袋［EB/OL］．科普中国．（2021-09-14）［2024-08-28］．https：//www.kepuchina.cn/article/articleinfo?business_type=100&classify=0&ar_id=76445.

前额叶皮质区域受损的病人，智力、记忆力等认知能力能够得到恢复，但他们的情绪情感及社会行为将受到严重影响。他们的选择常常是短视的，而非为长远打算。

（三）引发失控的心理因素

除了生理因素，生活中也有许多引发失控的心理因素。

1. 道德许可效应

道德许可效应是一种从道德判断上让人感到合情合理的效应。也就是说，个体会感到做某件事情是道德上许可的。比较有代表性的道德许可效应有以下三种情况。

第一，把进步当放松的借口，其心理机制是“我取得了一些自控成就，我应该奖励自己”。例如，某位同学坚持了三个月没有吃甜食了，自感应该奖励自己喝杯奶茶。

第二，向明天赊账，其心理机制是“我今天可以放纵，因为从明天开始我就要自控了”。例如，某位同学宽慰自己可以喝一杯奶茶，因为从明天开始就会戒掉奶茶了。

第三，光环效应，其心理机制是“让我感到高尚的和使我放纵的东西同时出现，我看不出不好”。例如，参观将高热量的芝士牛排和番茄、生菜、果蔬汁摆在一起端上台。这样顾客不会感到热量超标，反而因配菜感到这是健康的一餐。又比如，奶茶店宣传其销售的奶茶是用“全天然”“脱脂”“零添加”牛奶制作的，消费者可能因此忽略奶茶中的高糖分。

2. 负性情绪

负性情绪是致使人失控的风险因素。主要有以下两种。

第一，把放纵当放松，其心理机制是“我最近压力很大，我需要放松一下”。例如，期中考试后，熬夜学习了许多天的同学为了休息放松，未选择早早睡觉，而是自感“最近我的学习压力太大了，好不容易考完了，我要通宵游戏”。

第二，破罐子破摔，其心理机制是“我真差劲，不过既然我已经破坏自控计划了，那又如何，还不如痛快享受”。例如，坚持戒游戏的同学偶然间复玩了，于是干脆玩个痛快，“我怎么又打游戏到2点了，不过既然没控制住，不如痛快玩到天亮吧”。

3. 讽刺性反弹效应

有时候，我们越想放下一些事物反而越放不下，这被称为讽刺性反弹效应，即刻意控制反而想得更多。有的人失恋了，很长时间走不出来，反复控制自己不去回忆过去，这样反而想得更多。

（四）引发失控的环境“陷阱”

有时候，尽管我们已经尽力调整自己的身心状况，但我们所处的环境中也存在着诸多充满诱惑力的陷阱，让我们难以挣脱。以下仅举两例。

1. 科技公司的“陷阱”——屏瘾（Screen Addiction）

纽约大学社会心理学家 Adam Atler 在其《欲罢不能：刷屏时代如何摆脱行为上瘾》一书中分析了科技公司是如何使人们刷屏上瘾的。其一，科技公司设置了人为目标。例如，社交媒体网站设置了点赞数和关注数，这使得用户着迷于获得点赞和关注，由此维持活跃用户。其二，技术进步造就了无间断媒体。例如，视频网站会自动播放下一个视频，社交媒体网站可以无止境地下拉。

2. 食品公司的“陷阱”——食物成瘾（Food Addiction）

普利策奖获得者、调查记者 Michael Moss 在《盐糖脂》一书中报告说：“一个美国人平均每年摄入33磅奶酪、70磅糖，8500克盐，是建议摄入量的两倍。这些物质并非来自餐桌上的调料瓶，而是年销量高达一万亿美元的加工食品的贡献。”他的书揭示了食品公司为了吸引更多的消费者，提高了糖、盐、脂在加工食品中的含量，使其风味更佳。此外，不少食品公司还通过宣传广告，吸引消费者购买。

◎ 视听推荐

请观看肯德基创意广告 *KFChill-Finger Lickin' Good Vibes*。

人脑中的自控力受生理、心理和环境因素共同制约。如果想要完成自控力任务，我们需要仔细分析这三个方面所带来的影响。

【评估练习】

请结合本节内容，从生理、心理和环境因素三个方面，综合评估自己在具体一项自控力任务上的自控力。

我的自控力任务：________________________________

1. 生理因素（我的身体健康状况，药物服用情况，及其他可能对大脑生理水平造成影响的生理状况）

____

____

____

____

____

2. 心理因素（我的心理健康状况，受道德许可效应、负性情绪、讽刺性反弹效应等心理因素影响的情况）

____

____

____

____

____

3. 环境因素（我的环境中的风险因素，如所处环境中该事物的可得性、致瘾性等情况）

____

____

____

____

____

第二节　自控力的重要性

一、充足的自控力是成功的重要条件

我们常听到一个观点，自控力是成功的重要条件。这种说法可不是空穴来风。20 世纪 60 年代，斯坦福大学的一批研究者通过实验验证了这一点。这个实验被称为棉花糖实验（Marshmallow Experiment），也是心理学中非常经典的一则实验。实验对象是几岁的儿童。其实验过程大同小异：研究者给实验对象发一个小零食（如棉花糖、小饼干），并告诉实验对象，他可以立刻吃掉这个零食，但如果他能够忍耐不吃零食，等待 15 分钟，其后，研究者将再给他一个小零食。这样，他可以一次性吃两个。研究者通过这种方式测试实验对象的自控力，并对他们进行长程追踪。

◎ 视听推荐

请观看棉花糖实验视频。

课堂讨论

观看了该实验，你有什么感想？你是否也遇到过“棉花糖时刻”？你是如何应对的呢？

讨论要求

请与你前后的同学组成四人小组，讨论上述问题，并在讨论结束后向授课教师报告你们的讨论结果。讨论时间 3~5 分钟。

其后，多位研究者重复了这项研究，并得出了类似的结论。其中，比较著名的是但尼丁研究（*Dunedin Multidisciplinary Health and Development Study*）。这项研究从 1972 年起，至今仍然在持续。研究者们追踪了 50 余年参与者，收集了他们的身体，心理和社会行为数据。其中，自控力也是他们研究的重要变量。大量研究显示，自控力是一个非常理想的特质，它与学业成就，财务稳定，社会成就以及健康生活显著相关①②③④。Duckworth 和 Seligman（2005）发现，八年级学生样本中，自控力比 IQ 更能预测学生的学业成就⑤。

二、自控力是有限的

自控力的力量模型是由 Baumeister 等人（1994）提出的。这一理论认为，自控力是一种有限的资源。对自控力的消耗可能使人们处于一种自我损耗（ego depletion）的状态，令他们不能再在后续任务中很好地自控⑥。

根据该理论，人的自控力像肌肉一样有极限。从事一项自我控制任务后，自我控制资源未必达到完全耗尽的程度，但这种耗损会使得个体自发性地保留剩余的自我控制资源。此外，人的自控力像肌肉一样可以通过训练增强。经常在某个领域进行自我控制训练，能够显著增强个体在其他领域的自我控制表现。我们在生活中，也常常能见到这样的实例。

例如，学生在全神贯注地完成一项学习任务之后，往往需要进行休息和调整，才能再次开展另一项任务。此外，我们也发现，有良好的生活习惯，能够管理好个人生活的大学生，往往在学习任务中展现的自控力也不错。这提醒我们，如果想要培养自己在工作学习中的自控力，也可以从塑造良好的日常生活习惯开始。

---

① DUCKWORTH A L, & SELIGMAN M E. Self-discipline outdoes IQ in predicting academic performance of adolescents [J]. Psychological Science, 2005, 16 (12): 939-944.

② DUCKWORTH A L et al. Self-controlled children stay leaner in the transition to adolescence [J]. Appetite, 2010, 54 (2): 304-308.

③ MPFFITT T E et al. A gradient of childhood self-control predicts health, wealth, and public safety [J]. Proceedings of the National Academy of Sciences, 2011, 108 (7): 2693-2698.

④ TANGNEY J P, BAUMEISTER R F, BOONE A L. High self-control predicts good adjustment, less pathology, better grades, and interpersonal success [J/OL]. Journal of Personality, 2004, 72 (2): 271-324. doi: 10.1111/j.0022-3506.2004.00263.x

⑤ DUCKWORTH A L, & SELIGMAN M E. Self-discipline outdoes IQ in predicting academic performance of adolescents [J]. Psychological science, 2005, 16 (12): 939-944.

⑥ BAUMEISTER R F, HEATHERTON T F, TICE D M. Losing control: How and why people fail at self-regulation [M]. San Diego, CA: Academic Press, 1994.

三、大脑中的自控力陷阱

研究显示，成瘾与大脑中犒赏系统分泌的多巴胺有关。多巴胺是一种神经递质，它使人兴奋、愉悦。为了维持多巴胺带来的愉悦感，人乐此不疲地追求成瘾物质/行为。一旦戒断成瘾物质/行为，多巴胺的分泌减少，人将出现戒断反应。例如，失恋的人不断追忆过去，甚至反复试图复合，也可能与多巴胺分泌机制有关。这是因为恋爱时人体大量分泌多巴胺，给他带来的愉快感如此之强，一旦失去，强烈的反差促使他不断再去重新获得这段恋爱关系。

第三节　如何培养自控力

一、增强意志力

诸多学者就自控力的培养进行了研究和探讨。其中，比较有代表性的作品是斯坦福大学凯利·麦格尼格尔所著的《自控力》。依托该书开设的课程亦广受学生欢迎。

1. 增强自我意识

研究者发现，想要增强意志力，首要的是增强自我意识。也就是说，我们要对自己的状况有清晰的觉察。人在无意识的情况下倾向于选择最简单的事情。例如，我们会无所事事地发呆、放空、玩手机。所以想要培养自控力，就得增强自我意识。研究者建议我们记录一天内所做的决定，并在当天结束时，回想和分析这些决定，判断哪些对自己有利，哪些不利于自控力的培养。

2. 观察意志力波动

其次，我们需要掌握意志力在不同时间段的状况。我们需要知道意志力在什么情况下最强和最弱。例如，有的人上午意志力较强，能够高效完成高强度的工作和学习任务，傍晚则意志力薄弱，无法完成自控力任务。有的人饥饿状态下更能集中注意力，吃饱了会犯困；有的人则需要吃饱了才能工作学习。我们可借此更科学地规划自己的工作安排。

3. 5分钟大脑冥想训练

第一步：静坐在椅子上，双脚平放在地上，或者盘腿坐在垫子上。

第二步：闭上眼睛，注意你的呼吸，吸气时在脑海中默念“吸”，呼气时默念“呼”。

第三步：脑海中不再默念“呼、吸”，试着专注于呼吸本身，感受呼吸。比如，感受空气从鼻子和嘴巴进入和呼出的感觉，感觉到吸气时胸腹部的扩张和吸气时胸腹部的收缩。(做的过程中，如果你发现自己走神了，就重新将注意力集中到呼吸上。)

4. 呼吸自控练习

将呼吸频率降低到每分钟4~6次，也就是每次呼吸用10~15秒的时间。放慢呼吸能激活前额皮质、提高心率变异度，有助于你的身心从压力状态调整到自控力状态。这样训练几分钟后，你就会感到平静、有控制感，能够克制欲望、迎接挑战。(记住：不要憋气，憋气只会让你更紧张)

5. 5分钟绿色锻炼

我们鼓励同学们多参加户外活动，在大自然中放松身心。例如，我们可以做呼吸冥想练习、散步、做拉伸运动等都可以。

6. 放松训练

躺下来，选择任何一个你觉得舒服的姿势，闭上眼睛，做几次深呼吸，感觉你的腹部有起伏。如果你觉得身体某处很紧张，你可以有意识地挤压或收缩肌肉，然后就不要再去管它了。比如：如果你发现手掌和手指很紧张，那么就攥一下拳头，然后张开手掌；如果你发现前额和下巴很紧张，那么就挤挤眼、皱皱眉，然后张大嘴巴，放松整个面部。保持这种状态5~10分钟，试着享受这种除了呼吸什么都不用想的状态。如果你担心会睡着，那就先设定好闹钟。

7. 意志力饮食方案

大多数心理学家和营养学家推荐低血糖饮食，因为它能让你的血糖稳定。低血糖食品包括：瘦肉蛋白、坚果和豆类、粗纤维谷类和麦片、大多数的水果和蔬菜。①

二、积极应对失控

除了提升我们的自控力储备，我们还要学会应对失控。这样，即使我们面对容易引发失控的境况，也能有效地调整自己。

（一）应对道德许可效应

我们可以采取以下三种方法，应对前述的三种常见道德许可效应状况。

第一，对于把进步当放松的借口的心理，我们要认识到放松不是进步的目的。例如，我们可以提醒自己“我想要更健康的身体，所以我戒掉奶茶，以减少热量摄入，而不是为了三个月后奖励自己喝奶茶”。

第二，对于向明天赊账的心理，我们要认识到明天建立在今天的基础上。今天和明天并不是孤立的，而是相互联系的。我们可以提醒自己“我以往每天都喝奶茶，从今天开始，我要分阶段减少自己喝奶茶的量。”

第三，对于光环效应，我们要打破光环，认清现实。我们需要参照自控目标涉及的最具体的量化标准，判断当前选择是否和自控目标相符，并就此作出相应调适。例如，我们可以提醒自己：“这杯奶茶的热量是500大卡，无论怎么宣传，还是会让我今天的热量摄入超标，我不要喝。”

（二）纾解负性情绪

我们可以采取以下两种方法，应对前述的两种常见负性情绪。

第一，对于把放纵当放松的心理，我们要选取真正能够舒缓压力的方式。

---

① 凯利·麦格尼格尔．自控力［M］．北京：文化发展出版社，2013.

例如，我们可以进行体育运动、阅读、与亲朋相处、创意爱好、听音乐、户外散步、瑜伽、艺术鉴赏、冥想等。

第二，对于破罐子破摔的心理，我们要减少自责、原谅自己。例如，我们可以劝慰自己：“我只是个凡人，一时没有完成自控任务很正常，接下来我继续完成就好。我现在所做的努力都会让我更靠近我的目标。”

（三）降伏讽刺性反弹效应

我们可以采取以下三种方法，应对讽刺性反弹效应。

第一，我们要坦然直面，而非回避忽略。当我们还不能放下时，不妨坦然直面自己的状况，不必刻意回避或忽略。我们要认识到，失去对我们来说重要的人或事物，会有舍不得、想挽回的心理是自然反应，不必逃避。

第二，我们要学着接受自我，而非抑制渴望。我们要学会接受自己目前放不下的状态，并坦然承认可能需要一段时间走出来。当我们出现对挽回的渴望时，也不必刻意去压抑。

第三，我们要控制行动。例如不少失恋的人会忍不住联系对方，并由此陷入反复求复合的深渊。在此，我们需要判断清楚这段关系是否真的健康、真的值得挽回，还是舍不得的心理在作怪。许多人在分手前，关系已经处于非常不健康的状态，例如付出严重不对等、背叛，甚至暴力。如果只是舍不得的心理在作怪，我们要提醒自己控制住行动，不要再去联系对方、减少和对方的接触，让自己能够早日走出失恋带来的影响。

☞ 课后思考

延迟满足才会让人拥有真正的幸福吗？

【挑战任务进程记录】

亲爱的挑战者：

欢迎加入本学期的自我管理挑战！本挑战旨在督促你实践自控知识，帮助你培养自控能力，改变不良习惯，增进身心健康。请撰写周记，记录你的自我管理挑战计划的实施情况。

祝各位有个愉快的挑战之旅！

第五讲　恋爱心理学

纤云弄巧，飞星传恨，银汉迢迢暗度。
金风玉露一相逢，便胜却人间无数。
柔情似水，佳期如梦，忍顾鹊桥归路。
两情若是久长时，又岂在朝朝暮暮。

——《鹊桥仙·纤云弄巧》宋·秦观

秦观的这首词描述了牛郎织女七夕相会的情境。尽管两人天各一方，即使相聚也很快要分离，但他们之间的情谊超过了那些朝夕相对却貌合神离的伴侣。秦观借此赞颂了真挚的爱情。这种感情能够跨越时间和空间的限制，不会被分离冲淡。

教学目标

了解爱情的基本定义和重要性，理解大学生常见的恋爱问题及其产生的原因，学习提升恋爱能力的方法。

关键词

爱情；爱情三角理论；爱的进化学说；依恋理论；社会交换理论

案例

https：//m. weibo. cn/status/4479446935664911

请登录网站，观看《爱情的样子》视频。

课堂讨论

观看了上述视频，你有什么感想？你相信爱情吗？你认为爱情是什么样子的？

讨论要求

请与你前后的同学组成四人小组，讨论上述问题，并在讨论结束后向授课老师报告你们的讨论结果。讨论时间 3~5 分钟。

第一节 认识爱情

一、“像极了爱情”？——判断真正爱情之道

（一）名家谈爱情

爱情是一个永恒的话题。不少名家都谈论过爱情。苏格拉底说，爱情是爱一切的善，是一种动人的欲望。英国哲学家休谟说，爱情是人的自然本性，是美貌、肉欲、好感三种情感的结合。德裔美国心理学家弗洛姆说，爱是我们对所爱者生命与成长的主动关切，没有这种关切就没有爱。美国心理学家卡尔罗杰斯说，爱是深深的理解和接受。

总的来说，爱情是人类自然存在的一种崇高的情感。

（二）斯滕伯格的爱情三角理论

斯滕伯格（1988）提出爱情存在三种基本的构成成分，分别是动机成分、情感成分和认知成分。动机成分是激情，是一种渴望与对方结合的状态，出现

怦然心动等生理反应①。情感成分是亲密，是一种情绪上的归属感和亲近感，依恋对方的心理状态。认知成分是承诺，是认识上对维系这段关系的意愿与决定。

根据三种成分的不同组合，斯滕伯格画出了爱情三角（图 2-2）。只有激情，而无亲密和承诺的，称之为迷恋之爱。只有亲密而无激情和承诺的，称之为喜欢之爱。只有承诺，而无亲密和激情的，称之为空洞之爱。有亲密和激情，欠缺承诺的，称之为浪漫之爱。有亲密和承诺，欠缺激情的，称之为伙伴之爱。有激情和承诺，而无亲密的，称之为愚昧之爱。斯滕伯格认为，完美的爱情是激情、亲密和承诺三者相结合。

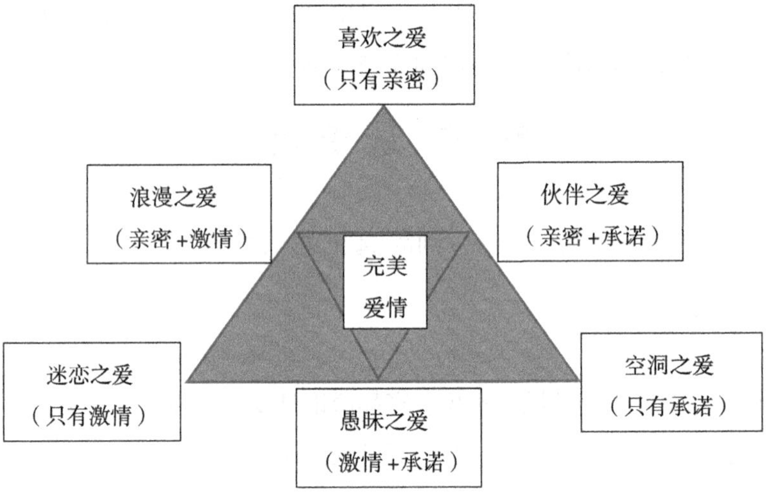

图 2-2

钱钟书曾在《赠予杨季康》一文中说，杨绛绝无仅有地结合了各不相容的三者：妻子、情人、朋友。妻子对应着承诺，情人对应着激情，朋友则对应着亲密。可见，完美爱情并不是不存在的。

① STERNBERG R J, STERNBERG K. The new psychology of love [M]. Cambridge, United Kingdom: Cambridge University Press, 2019: 184-199.

课堂讨论

斯滕伯格的理论，你同意吗？

讨论要求

请与你前后的同学组成四人小组，讨论上述问题，并在讨论结束后向授课老师报告你们的讨论结果。讨论时间3~5分钟。

（三）弗洛姆的爱的要素

弗洛姆在其著作《爱的艺术》一书中提出，真正的爱包括四种要素：关心、责任、尊重、了解①。

关心是指对所爱之人生命和成长的积极关心。关心对方，就要关注对方的需求，设身处地地为对方着想。责任是一种自愿的行为，是对所爱之人表达或没表达的需要的反应。担负“责任”意味着能够并准备“反应”。在成年人的爱中，责任主要指对精神需求的关怀。例如，你的伴侣没有安全感，因为你不回信息生气了。这时候，你需要意识到对方需要你及时回信息，且对方传达出一种精神需求，即获得持续稳定的关注，那么你就要做到。尊重是指对所爱之人成长和发展应该顺应其自身规律和意愿。尊重意味着没有剥削，让对方按照个人意愿去成长和发展，不是把对方当工具人。爱一个人不是为了满足私心，是不拔苗助长。不了解一个人，你爱一个人几乎是空谈了。了解再次是指对对方本质的了解。我们对所爱之人的关心不是对其展现的表面现象的关心，而是对其本质的关切。例如，你的所爱之人沉默不语。你不会直接判断他是个冷漠的人，而是认识到他是个内心敏感多疑的痛苦之人。他习惯自我调节情绪。那么，你要做的是陪伴对方，帮助他纾解情绪，鼓励他正确表达。这就是了解的魅力。

在弗洛姆看来，成熟的爱和不成熟的爱大相径庭。他列举了如下对比。

① 弗洛姆．爱的艺术［M］．上海：上海译文出版社，2008：29-36.

表 2-1

成熟的爱	不成熟的爱
我因爱人而被爱。	我因被爱而爱人。
我爱你，所以我需要你。	我需要你，所以我爱你。
主动关怀所爱的人，使之充分发展。	不鼓励所爱的人自由发展。
对所爱的人有很高的责任感。	没有责任感。
尊重对方的独立个性，鼓励其充分发展。	希望对方改变个性，以符合自己。
对对方的了解超越了对自己的关怀。	了解对方主要是便于控制对方。

（四）虚幻的爱

有的爱情看上去像是爱情，但其实不是。其中，比较典型是盲目崇拜之爱和伤感之爱。

盲目崇拜之爱是把所爱之人当作至善至美者，当作一切爱、一切光明、一切极大幸福的化身。觉得对方毫无缺点。伤感之爱则是只在想入非非中体验爱情。

◎ **视听推荐**

请观看访谈节目《豫见后来——“追星女孩”杨丽娟》的视频。

小结：真正的爱情是人类自然存在的、崇高的情感，兼具动机、情感和认知成分，蕴含着对对方生命的关切，是一种成熟的、现实的社会关系。

二、心动的信号——他/她喜欢你的表现

在爱情刚开始的时候，我们难免需要通过各种方式传达喜欢的信号。主要有两种方式非言语表现和言语表现。

（一）非言语表现

非言语表现包括开放式肢体语言、亲近、肢体接触、眼神。例如，喜欢你的人会不自觉地用正面对着你，而不会用肩膀或者背对着你；会自然地走近你，而不会拉开距离；会和你有肢体接触，如拍拍肩膀、碰碰胳膊；对方看向

你的眼神也是温暖柔和，含有情义的。

（二）言语表现

言语表现包括幽默感、自我表现、夸赞和关注。例如，喜欢你的人为了博得你的喜欢，会用幽默轻松的方式和你沟通；会在言谈举止中不自觉地自我表现，以获得你的认可和关注；会忍不住夸赞你，甚至是有些尬夸，这是想让你感受到他对你的欣赏和喜欢；会关注你讲话的内容，回应你，或把话题的中心集中于你的身上。

互动时间

36 questions fall in love

2015 年，大学教授 Mandy Len Catron 于纽约时报发表了一篇专栏文章，其主题是她通过与人就 36 道特定题目进行交流，两人陷入爱河并建立了恋爱关系。该作者这样做的缘起是偶然读到一篇研究论文，结论是亲密关系可以通过 36 道特定的题目建立。很显然，这位作者抱着将信将疑的态度自己进行了实验，但结果出乎意料地成功。她把她的这段独特的经历写成了文章，于纽约时报发表。这篇文章随即引起了轩然大波，许多人效仿她的做法，或将他们的恋爱故事分享给 Mandy。以下，是她使用的 36 道“神奇的”题目①②。

1. Given the choice of anyone in the world, whom would you want as a dinner guest?

1. 给你一个任意的机会，你会选择和谁共进晚餐？

---

① 弗洛姆．爱的艺术［M］．上海：上海译文出版社，2008：2-108.

② 中国日报双语新闻．相亲必胜秘籍：36 个让陌生人坠入爱河的问题（‘Fall in love with anyone’）［EB/OL］．（2015-01-20）［2024-08-28］．https：//mp. weixin. qq. com/s? __biz = MzU1NTcxODQ0OQ = = &mid = 2247543098&idx = 3&sn = 713a405676f25e7d2b156d46f4779c06&chksm = fbd26b64cca5e272f586c63e213091ab167fd55714b28bd98902b953089600f00d0c3f7059ae&scene = 27.

2. Would you like to be famous? In what way?

2. 你想要成名吗？以什么方式？

3. Before making a telephone call, do you ever rehearse what you are going to say? Why?

3. 打电话前，你会事先排演吗？为什么？

4. What would constitute a “perfect” day for you?

4. 你心中一个完美的日子是怎样的？

5. When did you last sing to yourself? To someone else?

5. 你上次对着自己唱歌是什么时候？对着别人呢？

6. If you were able to live to the age of 90 and retain either the mind or body of a 30-year-old for the last 60 years of your life, which would you want?

6. 如果你可以活到 90 岁，而且 30 岁以后身心都保持在不再变老，那这 60 年你想要怎么度过？

7. Do you have a secret hunch about how you will die?

7. 关于怎么死去，你有没有过神秘的预感？

8. Name three things you and your partner appear to have in common.

8. 举出你和你对面这位的 3 个共同点。

9. For what in your life do you feel most grateful?

9. 你人生中最感激的是什么？

10. If you could change anything about the way you were raised, what would it be?

10. 如果可以改变你的成长过程，你想要改变什么？

11. Take four minutes and tell your partner your life story in as much detail as possible.

11. 你只有 4 分钟时间，但请在这 4 分钟内尽量详细地对你的搭档讲述你的人生故事。

12. If you could wake up tomorrow having gained any one quality or ability, what would it be?

12. 如果你明天醒来时能得到一种新的能力或品质，你想要的是什么？

13. If a crystal ball could tell you the truth about yourself, your life, the future or anything else, what would you want to know?

13. 如果水晶球可以告诉你关于你自己、你的未来、你的人生等一切事情，你想要知道什么？

14. Is there something that you've dreamed of doing for a long time? Why haven't you done it?

14. 有没有什么是你梦寐以求的？但为什么没有做？

15. What is the greatest accomplishment of your life?

15. 你人生中最大的成就是什么？

16. What do you value most in a friendship?

16. 友谊中你最珍视的是什么？

17. What is your most treasured memory?

17. 你最珍贵的回忆是什么？

18. What is your most terrible memory?

18. 你最糟糕的记忆是什么？

19. If you knew that in one year you would die suddenly, would you change anything about the way you are now living? Why?

19. 如果你知道你只有一年可以活了，你会改变你的生活方式吗？为什么？

20. What does friendship mean to you?

20. 对于你，友谊意味着什么？

21. What roles do love and affection play in your life?

21. 爱与喜欢在你的人生中分别扮演什么角色？

22. Alternate sharing something you consider a positive characteristic of your partner. Share a total of five items.

22. 轮流分享你认为恋人应该具有的好品质，总共分享5个。

23. How close and warm is your family? Do you feel your childhood was happier

than most other people's?

23. 你的家庭亲密、温暖吗？你觉得你的童年是不是比其他人更幸福一些？

24. How do you feel about your relationship with your mother?

24. 你与母亲的关系怎样？

25. Make three true "we" statements each. For instance, "We are both in this room feeling..."

25. 用"我们"做主语造3个肯定句。比如"我们都在这间屋子里……"

26. Complete this sentence: "I wish I had someone with whom I could share ..."

26. 补全这个句子："我希望有人可以与我分享……"

27. If you were going to become a close friend with your partner, please share what would be important for him or her to know.

27. 如果你要和对面那位成为好朋友，他或者她最应该知道的事情是什么？请与他或者她分享。

28. Tell your partner what you like about them; be very honest this time, saying things that you might not say to someone you've just met.

28. 告诉你对面那位，你喜欢他（她）什么？必须非常诚实，说一些你可能不会和第一次见面的人说的话。

29. Share with your partner an embarrassing moment in your life.

29. 分享一件你人生中的囧事。

30. When did you last cry in front of another person? By yourself?

30. 你上一次当着他人的面哭是什么时候？还是独自一人呢？

31. Tell your partner something that you like about them already.

31. 告诉对面那位，你已经开始喜欢他身上的一些东西。

32. What, if anything, is too serious to be joked about?

32. 有什么事情是不能随便开玩笑的？

33. If you were to die this evening with no opportunity to communicate with

anyone, what would you most regret not having told someone? Why haven't you told them yet?

33. 如果你今夜就会死去，而且没有机会和任何人说，你最遗憾的没有说出口的话是？为什么你还没有告诉他们？

34. Your house, containing everything you own, catches fire. After saving your loved ones and pets, you have time to safely make a final dash to save any one item. What would it be? Why?

34. 你的家着火了，而且你所有的东西都在里面。在救出你的爱人和宠物以后，你还有机会安全救出一样东西。你会救什么？为什么？

35. Of all the people in your family, whose death would you find most disturbing? Why?

35. 你的家庭中谁死去会最让你困扰？为什么？

36. Share a personal problem and ask your partner's advice on how he or she might handle it. Also, ask your partner to reflect back to you how you seem to be feeling about the problem you have chosen.

36. 分享一个你的私人困扰，并向你对面那位请求解决建议，请他（她）以自己的方式来解决。然后，再询问他（她）对于这个问题的个人感受。

第二节 爱情的产生

一、爱情源自生理冲动

（一）爱的进化学说

20年前，生物人类学家 Helen Fisher 发现浪漫的爱情存在于其中的147个。哈佛大学医学院的 Richard Schwartz 教授认为，这一现象使我们有充分的理由怀疑，浪漫的爱情是由生物本能所保持的。爱的进化学说就是持这一观点比较有代表性的理论。

这一理论认为（Buss，2018），爱情是人类进化过程中为了物种延续而产生的机制①。男女的配偶观与他们在孕育后代过程中发挥的作用有关系。在怀胎过程中，男性的作用主要是间接的。例如，提供食物、水、保护、金钱等。这些作用并不随着男性年龄的增长而减少。女性的作用则是直接的，其生育能力随着年龄的增长而减少。所以，男性更倾向于选择外貌姣好且年轻的对象，女性更看重勤奋、上进心、有能力等特质，并愿意选择年长的男性。男性更容易一见钟情，更多女性不同意“有性无爱”。此外，妒符合进化学说对爱的预测。男性对出轨更愤怒，女性对移情别恋更愤怒。这是因为男性更看重后代是否属于自己，如果威胁到了这一点，男性会异常愤怒。

随着时间的推移和社会发展，爱的进化学说已不能完全解释现代爱情。这一学说只是解释了一些传统的爱情现象。

（二）爱与大脑

我们常说，陷入爱情，也就是 fall in love。这说的是爱情有让人无法自控的魔力，爱情让人上头。那么，爱情与大脑的关系如何呢？

1. 犒赏系统

陷入爱情的时候，大脑中的犒赏回路被激活。心跳加速，掌心出汗，脸红，感到焦虑和冲动。皮质醇含量升高，血清素含量急剧下降，陷入“疯狂的爱情”。多巴胺含量上升，维持犒赏系统的运转。恋爱初期，杏仁核暂时失活，这让人识别不了危险信号。

大脑犒赏系统被激活带来的影响如此之强，使爱情的愉悦体验几乎可以和饮酒相提并论了。所以我们说，为爱成瘾，也不是完全没有科学依据。

---

① BUSS D M. The evolution of love in humans [G] //The new psychology of love. Cambridge, United Kingdom: Cambridge University Press, 2018: 42-63.

知识链接

Fisher 等人（2005）使用 fMRI 扫描了恋爱中的人的大脑，给参与者看了他们爱人的照片以及熟人的照片（见图 2-3）。Fisher 等人发现，大脑半球深部的腹侧背盖区和尾状核，在参与者看到爱人照片时被明显激活了，而看熟人的照片则没有这种效果。他们由此推断，浪漫的爱情存在于这两个区域①。此后的研究者，也得出了类似的结论。

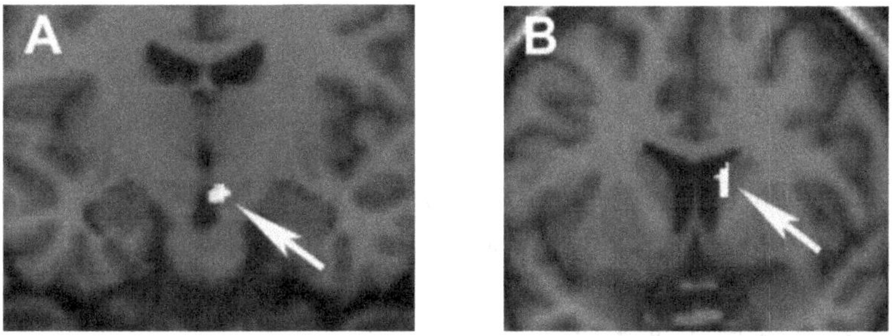

A：右腹侧背盖区　　B：右尾状核；Fisher et al.，2005

图 2-3

2. 依恋系统

长期的恋爱关系中的人，大脑中与依恋相关的区域被激活，如中缝背核（dorsal Raphe nucleus）。他们的大脑会释放出更多的催产素（Oxytocin），给人带来满足、平静、安全的感受。血管升压素（Vasopressin）的分泌增多，而这种激素与长期的、一夫一妻关系息息相关。

3. 外貌的吸引力

虽说萝卜青菜各有所爱，中外审美也有一定差异性，但总的来说，人的审美标准，是有一些共性的。例如，人们普遍认为，左右脸更加对称是好看的，如果极为不对称，人们更可能认为是丑的。不同性别也有美的标准。人们倾向

① FISHER H, ARON A, BROWN L L. Romantic love: an fMRI study of a neural mechanism for mate choice [J]. Journal of Comparative Neurology, 2005, 493 (1): 58-62.

于认为眼睛大而圆，嘴巴小巧红润的女性是好看的；眼神深邃，鼻梁高挺，颧骨宽的男性是英俊的。

然而，具备美貌的人，不一定就恋爱顺利、婚姻幸福。美国女影星伊丽莎白·泰勒，一生结婚八次，离婚七次。他们有时甚至比外貌普通的人，有着更为波折的感情经历。

课堂讨论

有人认为，"谈恋爱归根结底还是得看脸"。你认同吗？你认为你对另一半外貌的重视程度如何呢？

讨论要求

请与你前后的同学组成四人小组，讨论上述问题，并在讨论结束后向授课老师报告你们的讨论结果。讨论时间 3~5 分钟。

二、爱情源自心理需求

（一）爱情的依恋理论

这一理论（Shaver & Hazan，1987）是由亲子依恋理论衍生而来①。该理论认为，成人的爱情关系是一种依恋过程，即伴侣建立爱情连结的过程，就如婴儿在幼年时期与双亲建立依恋情感连结的过程一般。爱情的依恋模式分为三种：安全型、逃避型和焦虑矛盾型。

安全型的恋人在亲密关系里感到舒适，感觉接近他人是一件相对容易的事情。他是包容、谅解、易相处，尊重爱人的，不论你需要个人空间还是亲近时，他都可以给你。

逃避型的恋人在接近他人时感觉不自在，很难信任、依靠他人。他在内心也许觉得自己是有价值的，但通过保持距离让自己免受可能的伤害。他比较冷

① SHAVER, P., & HAZAN, C. Being lonely, falling in love [J]. Journal of Social Behavior and Personality, 1987, 2 (2): 105.

漠，不知道该怎样去爱。

焦虑矛盾型的恋人觉得自己不值得人爱，又非常需要人爱。他总是很矛盾或担心。常常缩在自己的世界里，逃避亲密关系。有的人则过度依赖亲密关系，期待通过亲密关系来维持自我，令对方感到窒息。例如，一天给对方发几百条信息，随时需要在伴侣面前刷存在感。

无论是逃避型还是矛盾焦虑型，我们要认识到，这是可以改变的。首先要自省，并认识到自己的依恋类型以及给伴侣带来的不利影响。其次，我们要多向安全型的恋人学习，学会放下不必要的担忧和焦虑。最后，我们要及时向对方承认自己做得不妥之处，邀请对方提供反馈意见，协助自己改变。

（二）自我扩张理论

这一理论（Aron & Aron，1986）认为，人类具有寻求自我扩张的动机，而自我扩张的一种方式就是通过关系将他人纳入自我①。自我扩张动机指人们具有扩张潜在效能感，提升能力以实现目标的动机。将他人纳入自我指处于关系中的人们，会通过将他人的资源、观念和认同等纳入自我来实现自我扩张。亲密关系是自我扩张重要的实现途径。根据贾凤翔、石伟（2012）的文献综述，将他人纳入自我的形式如图 2-4②。

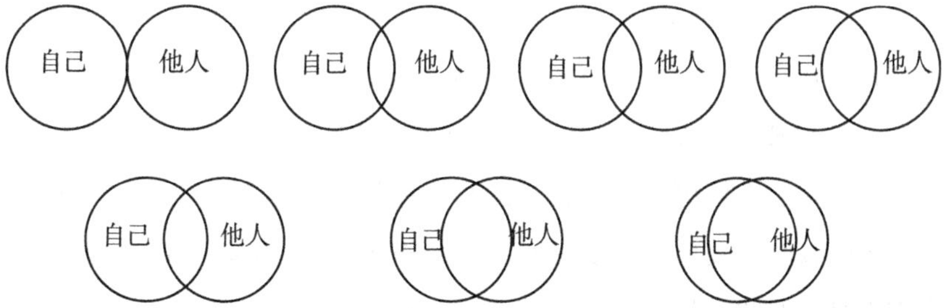

图 2-4　将他们纳入自我量表（Aron，Aron，& Smollan，1992）

① ARON A，ARON E N. Love and the expansion of self：Understanding attraction and satisfaction［M］. New York：Hemisphere，1986.

② 贾凤翔，石伟．自我扩张模型的研究述评［J］. 心理科学进展，2012，20（1）：140-141.

崔剑海（2013）的研究结果显示，自我扩张速度并非一成不变，快速自我扩张发生在关系发展的6个月到3年之间，不到6个月或者超过3年是自我扩张的减退阶段①。

知识链接

我们实现自我扩张的对象是什么样的人？是和我们相似的人吗？②

Aron，Steele，Kashdan 和 Perez（2006）通过实验验证了“发展关系的可能性会削弱相似性对最初吸引力的作用”这个假设。该研究的参与者为77名（57名女性，20名男性）大学生，他们首先完成一份性格调查问卷，并列出至少五项主要兴趣，一周后每个参与者都会收到一份单独为其准备的报告——关于“其他班级的某个相同性别的人”。其中一半的参与者被告知经过科学分析“你最有可能与这个人和睦相处”，即关系发展可能性高的情境；而另一半的参与者被告知“你与这个人配对完全是一个随机的过程”，即关系发展不确定的情境。在每种情境下，一半的参与者被告知“其他班级的某个人”的兴趣与己相似，而另一半则被告知兴趣完全不同。最后要求参与者“想象那个人的样子，并回答以下问题”。其中的两个关键问题是：“你认为你有多喜欢这个人?”，“你认为你有多喜欢和这个人在实验中合作?”结果发现，在关系发展可能性高的情境中，男性参与者喜欢与其兴趣相似的目标对象的程度显著下降，而更喜欢与其兴趣不同的目标对象。在关系发展不确定的情境中则出现了相似——吸引效应，人们更喜欢与自己的兴趣相似的目标对象。除了最初的吸引力之外，不相似性对关系满意度也有一定的作用。如 Amodio 和 Showers（2005）在研究中发现，彼此不相似的情侣的关系满意度更高。

---

① 崔剑海．自我扩张与调节定向对亲密关系影响的研究［D］．西南大学，2013.

② 贾凤翔，石伟．自我扩张模型的研究述评［J］．心理科学进展，2012，20（1）：140-141.

（三）社会交换理论

根据社会交换理论（Blau，1964），个体将通过付出得到他人的回报，以满足自己的诉求。这种付出常伴有“未指定的义务”，即他人的回报并没有像经济交换一般有明确规定①。

从这一理论的视角来看，爱情双方的互动也是一种社会交换。个体付出爱、时间、金钱等成本，以期获得对方的积极反馈。如果双方的付出失衡，回报并不如预期，则可能出现矛盾，甚至导致关系破裂。而一段给双方都带来理想回报的感情，则更有可能维持。虽然这看起来有点冷冰冰的，不像我们向往的无条件的爱，但互相真心喜爱的对象，在交换过程中的体验是温暖舒适的。他们的交换是自发的、快乐的、满足的。他们通过互动满足对方的情感需求，获得爱情的亲密体验。

三、爱情源自社会构建

（一）社会所定义的受欢迎的特质

随着社会经济发展，国民的择偶标准也发生了一系列变化。许小玲（2004）认为，中华人民共和国成立至今，择偶标准的发展的道路从家庭成分、政治出身占主导变为文化与经济并重，再到经济压倒一切，现如今则是多元结构②。

（二）恋爱环境

随着社会经济发展，人们对于恋爱的态度也发生了巨大的转变，恋爱环境与以往大相径庭。

---

① BLAU P M. Exchange and power in social life [M]. New York: John Wiley & Sons, 1964.

② 许小玲. 从择偶观的变迁看择偶标准的时代性——论中国女性建国至今 50 多年的配偶选择 [J]. 武汉理工大学学报（社会科学版），2004（5）：631-635.

互动时间

2017 年 12 月 27 日至 2018 年 1 月 31 日，团中央在全国范围内开展了《怎样让青年更幸福》青年群体婚恋观调查活动。本调查以“19～35 岁”人群为主，最终获得有效样本 3082 份。依据此调查，“青年之声”发布了《当代青年群体婚恋观调查报告》①。

小测试：

1. 男女青年们在择偶时最看重的三项标准各是什么？

（1）人品

（2）相貌

（3）职业

（4）性格

（5）能力

（6）学历

（7）地域

（8）家庭背景

（9）健康

（10）收入

答案：男生最看重人品（84. 97%）、性格（71. 22%）、相貌（50. 15%）；女生最看重人品（89. 65%）、性格（59. 39%）、能力（54. 89%）。

2. 没有遇到理想的结婚对象，不愿将就的青年有多少？

（1）30%

（2）40%

（3）50%

（4）60%

（5）70%

---

① 共青团中央. 当代青年群体婚恋观调查报告［EB/OL］.（2018-05-22）［2024-09-02］. https：//mp. weixin. qq. com/s/OZI9_LDoUdIxJgVXQBqMRA.

（6）80%

答案：70%。

3. 遇到喜欢的人，分别有____男生和____女生会主动追求?

（1）30%

（2）40%

（3）50%

（4）60%

（5）70%

（6）80%

答案：男性 70%；女性 30%。

主动争取（男性：73.64%；女性：36.52%）；不主动但有所暗示（男性：21.22%；女性：48.75%）；不表达选择暗恋（男：5.14%；女：14.73%）。

4. 男女青年们单身的三大原因分别是?

（1）生活圈子太小

（2）工作太忙

（3）不主动，不知如何与异性相处

（4）房价过高，物价上涨过快

（5）择偶条件过高

（6）感情曾经受创

（7）单身主义

（8）父母影响

答案：生活圈子太小；工作太忙；不主动，不知如何与异性相处。

第三节　恋爱中的三大心理现象

一、“情人眼里出西施”

一旦你陷入对某人的爱，那个人会给你一种完美无缺的错觉，你可能会看不出对方的任何缺点，这是爱情的“晕轮效应”。有的人甚至会产生自卑心理，觉得对方太优秀了，配不上他。还有的人甚至会迷失自我，一切以对方为转移。但是，人无完人，你爱上的人，总会有缺点。所以，当激情退去，你开始看到对方的缺点，也不要过于意外。我们要知道自己在感情中看重什么，不能接受什么。我们要全面地了解我们的伴侣，而不是想当然地以为对方是某种样子的人。我们也要与对方在日常生活中好好磨合，我们也都在关系中不断成长。经过双方的磨合和个人成长，我们都有可能成为彼此适合的真正的“西施”。

知识链接

晕轮效应

晕轮效应是指因为个体一部分的优点而美化其全部。这是一种以偏概全的错误认知。例如，你爱上了一个外貌非常漂亮的人，你可能会错误地判断对方一定也是正直、善良且有能力的。

二、“有了软肋也有了铠甲”

爱情有时候让我们觉得有了软肋。这是指爱给人带来弱点。例如，我们会在恋爱中出现排他、嫉妒等心理。又例如，恋爱激活了我们大脑中的犒赏系统，一旦失恋，我们会感到如同戒除成瘾般难熬。

此外，爱情有时候也会让我们感到有了铠甲。这是指爱给我们提供保护。爱有振奋作用，能够提升自我效能感、自信心。爱得越深的人，就越是会努力进取，这是为了在爱的人面前展现自己的价值，以得到对方的喜爱。从某种意义上来说，付出对于他是快乐的。此外，爱能帮助我们战胜孤独。有人说，“人最深切的需要就是克服分离，从而使他从孤独的囚牢中解脱出来”。可见，爱情并不是一句空话。它能够对我们的生活和心理状态产生实质的促进作用。无怪乎有人说，真正的浪漫主义者不是空想浪漫，而是落实浪漫。

三、“喜新厌旧或从一而终”

恋爱过程中会出现喜新厌旧的现象。研究者认为，这与恋爱中的生化反应有关系。爱情的构成成分（欲望、吸引和依恋）分别由不同的激素发挥作用。欲望的产生离不开睾酮和雌激素的作用；情感的愉悦吸引则由多巴胺、血清素等决定；情感双方依恋、共同生活的现象则离不开催产素、血管升压素等①。需要注意的是，我们大脑中在热恋阶段产生激情欲望的化学物质，会随着时间推移慢慢减少，这将引起感情的淡化。但是，我们的身体也会自动产生让人感到平静、安全、依恋的化学物质，又将使伴侣愿意长久地维系关系。

Rusbult（1980，1983）提出了承诺的投资模型（The Investment Model of Commitment）阐释承诺性关系②③。他认为，关系的满意度、替代者的质量和投入共同制约了承诺。一般来说，对关系的满意度越高，替代者质量越差，投入越多，一个人在关系中承诺的程度就越深。而在一段承诺性较强的关系中，个人更有可能通过行为和认知维系双方的关系。例如，他会主动拒绝诱惑，为对方妥协，他甚至会在主观意识上贬低其他的追求者。

第四节　五大恋爱策略

一、建立独立自我

（一）学会爱自己

想要建立独立的自我，首先要学会自爱。爱自己不是一句空话。我们要建

① FISHER H. Lust, attraction, and attachment in mammalian reproduction [J]. Human Nature, 1998, 9 (1): 23-52.

② RUSBULT C E. Commitment and satisfaction in romantic associations: A test of the investment model [J]. Journal of experimental social psychology, 1980, 16 (2): 172-186.

③ RUSBULT C E. A longitudinal test of the investment model: The development (and deterioration) of satisfaction and commitment in heterosexual involvements [J]. Journal of personality and social psychology, 1983, 45 (1): 101-117.

立正确的自我认知。要明白自己是什么样的人，需要的是什么，适合自己的是什么，不能接受的是什么，在感情中可能会有哪些优势和劣势。其次，我们要学会说“不”。一个不知道拒绝的人，是无法真正地建立自我和他人的边界的。人的感情是一种宝贵的资源。感情上受到伤害，恢复起来不是那么容易的。我们要学会拒绝，及时止损，保护我们的感情资源。最后，我们要对自己负责。我们要把自己的生活、工作和学习安排好，不要因为恋爱荒废了自己生活、工作和学业。此外，我们也要对感情负责，把对方当成自己的一部分一样来爱护，真心待人，保护对方，爱人如己。

（二）学会独立

除了学会爱自己，我们也要学会独立。我们要做安全型的恋人。也就是说，我们在亲密关系里感到舒适，感觉接近他人是一件相对容易的事情。我们对待另一半的态度是包容、谅解、易相处、尊重的，不论对方需要个人空间还是亲近，都可以提供。我们还要认识到，爱是两个独立个体之间产生的情感。如果不能独立，他的爱可能不能称之为爱，而是依赖，甚至是依附。难怪有人说，相遇是为了能够成为独立的人，相爱是两个独立的人选择在一起。

二、积极应对摩擦

（一）正确认识和处理差异和冲突

研究者通过访谈长久的伴侣，发现决定关系长久的秘诀，是我们能否和伴侣学会和问题一起生活。我们要认识到，每段关系都可能存在问题，要学会应对这些问题，互相磨合。此外，我们还要警惕过高的消极阈值。研究者发现，憋着不表达负面情绪的伴侣分开的风险更高。这样的伴侣，一旦发生矛盾，可能就直接崩盘。最后，我们要学会积极沟通，接受伴侣的影响，进行对话，学会自我平复。

（二）警惕恋爱中的不良沟通方式

传说中的“天启四骑士”代表着战争、饥荒等危险境况。类似地，亲密关系中的“天启四骑士”是伴侣关系很快要崩溃的危险信号。这四骑士指责、防御性、轻视、拒绝沟通①。其中，防御性是指用防备心态看待问题，以保护自己免受攻击。

（三）学会化解僵局

有的时候，我们可能因为矛盾与伴侣陷入了僵局，双方甚至断了联系。为了化解僵局，我们首先要表达对伴侣个性最基本的认可和接受。其次，我们要和伴侣对话，讨论对方隐藏在行为和想法之下的梦想。例如，有的人追求完美，甚至让伴侣感到难以忍受。但是，如果我们认真倾听对方的经历，我们可能发现他从小就目睹家庭遇到了许多突如其来的波折，打乱原本平顺的生活。因此，他渴望未来能有个平稳的家庭，他希望通过将生活中大大小小的事情都做到完美来达成这个愿望。

三、加强亲密度

（一）了解你的伴侣

我们可以通过了解伴侣，加强双方的亲密程度。很多时候，我们因为不了解对方，而产生了诸多误解，并因此伤害了感情。而通过了解对方，我们更能理解对方的一些行为和情绪反应，并用更为恰当的方式与之相处。

知识链接

爱情地图

爱情地图是由 Gottman 和 Silver（2015）设计的伴侣互动游戏。其主旨是通过 20 道题目的测试，得出对对方的了解程度，并借此机会加深对对方的了解。

---

① GOTTMAN J, SILVER N. The seven principles for making marriage work: A practical guide from the country's foremost relationship expert [M]. New York: Harmony Books, 2015.

计分："是"—1分；"否"—0分。

1. 能说出伴侣挚友的名字。
2. 知道伴侣目前面临的压力。
3. 能说出最近让伴侣觉得恼火的人的名字。
4. 能道出伴侣的某些人生梦想。
5. 非常了解伴侣的宗教信仰和想法。
6. 能道出伴侣基本的人生哲学。
7. 能列出一份伴侣最不喜欢的亲戚的名单。
8. 知道伴侣最喜欢的音乐。
9. 能列出伴侣最喜欢的三部电影。
10. 伴侣了解你目前的压力。
11. 知道伴侣生命中三个最特别的时刻。
12. 能道出伴侣小时候遇到的最紧张的事情。
13. 能列出伴侣生命中主要的志向与期望。
14. 知道伴侣目前主要的烦恼。
15. 伴侣知道谁是你的朋友。
16. 如果伴侣彩票中奖，你知道他想要做什么。
17. 能详细道出第一次遇到伴侣时的印象。
18. 会定期询问伴侣的世界中正在发生的一些事。
19. 觉得伴侣很了解自己。
20. 伴侣了解你的希望与志向。

有对象的同学，不妨使用这些题目互相测试一番。得分越高，则代表你对伴侣的了解程度越深。如果你发现还有一些题目的答案你毫无头绪，请借此机会好好和伴侣聊聊吧！

（二）给予对方爱和赞美（"皮格马利翁效应"）

希腊神话中的雕塑家皮格马利翁爱上了他创作的大理石雕少女，不断向神明祈求，最终出现了神迹，石雕少女变成了人类。人们用皮格马利翁效应形容赞美和期待能够创造奇迹。我们在和伴侣相处时也一样。请想一想你的伴侣让你喜欢和仰慕的特质，并向他们积极表达。

（三）靠近彼此，而非回避

我们可以通过言语和非言语方式，让伴侣知道你想和他有情感联结。当伴侣表达情感联结需求时，我们也要积极回应对方。表达情感链接的方式有很多。例如，想要引起伴侣注意（打游戏的时候你的对象过来坐在旁边），想跟你说话（直接问你有没有空，想和你聊天），给你发信息（可能是发和你们共同爱好有关的事物），或直接表达心情不好了希望得到安慰等等。这种时候，消极回应十分伤害你们的感情。例如，不搭理，否定伴侣的情绪，或是不耐烦地说“别烦我”“没兴趣”。

（四）创造共同的意义

我们还可以通过共同完成一些事情，共同决策，实现共同的目标来加强亲密度。例如，我们可以共同完成一个工作项目，一起实现某项事业，一起践行某种理念，等等。这样，我们通过具体事件，增加良性互动，获得相辅相成的体验。

四、恋爱与安全

（一）网恋

现如今，交友软件已然十分常见，但网恋引发的各类社会问题时有发生。网络信息鱼龙混杂，我们在网上交友时，要注意分辨伪装。有的犯罪分子伪造了个人信息，并通过网络交友等方式进行诈骗。此外，我们要注意保护个人隐私。2021 年，中国青年网面向全国 2868 名大学生的问卷调查结果显示，超过 80%的受访者担心朋友圈泄露隐私。最后，网恋奔现也需做好安全保护。有的大学生通过网上交友，轻信了对方，前往对方的城市奔现，甚至出现生命安全事件。例如，我们要选择在白天公共场所和对方见面，一旦感觉不对劲，要及时撤离现场。

（二）秘密的爱

有的时候，我们可能会陷入地下恋等秘密恋情。但是，我们要注意，这种恋爱关系也是极具风险性的。第一，容易受欺骗。由于不公开，只有双方知道，可能存在欺瞒，“被小三”等情况。也可能对方又去和其他人接触，并不是如同对方说的那样的一对一的恋爱关系。第二，缺乏社会支持和承认。例如，双方如果吵架了，身边不知情的朋友不能给予你支持，你要独自排遣。双方在众人面前都维持“单身”的身份，可能还要在大家面前故意保持距离。有的地下情可能是不为社会所接受的，如婚外恋等。第三，缺乏明确的预期。地下恋的未来不明朗，双方可能都不知道关系的走向。第四，彼此关爱受限。双方不能够大大方法地表达对对方的关爱，要时常克制自己。尤其有些时候非常需要对方表达，但处处受限。例如，一方生病了或家里出事了，另一方为了不让别人知道恋情，得遮遮掩掩地提供照顾和关爱。第五，额外的非和平分手的风险。比起正式交往的公开恋情，地下情有着种种额外的非和平分手的风险。这是因为在恋爱过程中，双方不仅并没有享受到公开恋爱的种种“特权”，还忍受了上述的委屈。有的时候，可能还会带来刑事法律的风险。

（三）恋爱中的肢体和情绪暴力

电视剧《不要和陌生人说话》可谓是一代人认识家暴的经典之作。女主角虽然最终摆脱了家暴，但她所经受的暴行可谓令人发指。社会学家风笑天在对第三期中国妇女社会地位调查数据（$n = 22025$）的研究分析中发现，24.9%的女性和22.8%的男性都曾在婚姻中（至少一次）遭受过不同形式的暴力①。除了肢体暴力，还有各类情绪暴力，如羞辱、威胁控制、忽视。2021年发布的第四期中国妇女社会地位调查数据（$n = 30000$ 显示），在婚姻生活中

① 全国妇联和国家统计局．第三期中国妇女社会地位调查全国主要数据报告［R/OL］.（2019-10-23）［2024-08-29］. https://www.wsic.ac.cn/uploadfile/2019/1023/20191023691202.pdf.

遭受过配偶身体和精神暴力的女性比例为8.6%，较2010年下降了5.2个百分点①。

无论是遇到了肢体还是情绪暴力，我们应积极采取措施应对。首先，我们要确认安全，有需要及时报警或寻求信赖的亲友帮助。其次，我们可以拨打妇女维权热线（12338），向所在区县、乡镇（街道）、村（社区）妇联组织求助。最后，我们还可以选择接受心理咨询，获取反家暴公益组织的支持（如中国白丝带志愿者网）。

五、调适失恋

（一）正确认识失恋

失恋并不可怕，可怕的是不会调适失恋。婚恋专家张怡筠博士提出，判断恋爱是否成功的标准有两点：是否更了解自己？是否提升了爱的能力？这可能让人感到惊讶。怎么成功的恋爱不是两人在一起走到最后呢？张博士也是想提醒大家，恋爱的结果固然重要，但我们在恋爱过程中经历的成长也很重要。虽然我们分手了，但是我们从关系中得到了宝贵的经验。我们要带着这些经验，期待下一个恋人，我们可以做得更好。

（二）拒绝的艺术

有时候，我们需要拒绝别人的示好。我们要注意策略，要讲方法，不要伤害对方的自尊心。比如，我们要注意时机，不要在深夜对方情绪低落的时候拒绝。我们可以用委婉的语言说明原因，不要逃避责任，也不要拖泥带水。

（三）倾诉和宣泄

失恋的痛苦常常让人难以承受，我们可以找至交好友或是亲人倾诉内心的

---

① 中国妇女报．(2022)．第四期中国妇女社会地位调查主要数据情况［R/OL］．(2021-12-27)［2024-08-29］．http：//www.bjwomen.gov.cn/fnw_2nd_web/static/articles/catalog_14/article_ff8080817dd8361c017df9a572710302/ff8080817dd8361c017df9a572710302.html.

压抑，以释放负面情绪。

（四）换位思考

有时候，我们还要尝试从对方的角度思考，而不是一味地从自己的角度思考问题。通过反思分手的原因，我们也许更能理解和尊重对方的选择。

（五）移情

此外，我们也可以通过转移注意力改善不良情绪。我们可以多和好友同学交流，多接近大自然，专注学业工作自我提升，借此获得内心的平静。

【课后作业】虽然我失恋了，但是……

请同学们在纸上写下5条对你来说失恋可能带来的好处。例如：

虽然我失恋了，但是我明白了我需要的是什么。

虽然我失恋了，但是我学会了怎么和恋人相处。

虽然我失恋了，但是我有了更多时间和朋友、家人相处，我们的关系更亲密了。

【挑战任务进程记录】

亲爱的挑战者：

这一周的完成情况如何？是否遇到了困难？如果有，你采取了什么策略解决呢？请继续撰写周记，记录你的自我管理挑战计划的实施情况。

____

____

____

____

____

____

____

____

第六讲　青春期心理与性心理学

红藕香残玉簟秋，轻解罗裳，独上兰舟。
云中谁寄锦书来？雁字回时，月满西楼。
花自飘零水自流。一种相思，两处闲愁。
此情无计可消除，才下眉头，却上心头。

——《一剪梅·红藕香残玉簟秋》宋·李清照

教学目标

了解性与性心理，掌握性生理与性保健知识，了解常见的性心理障碍，学会调适方法。

关键词

性；性生理；性心理；性心理障碍

＊＊＊ 开篇 ＊＊＊

古人云，食色，性也。也就是说，追求生理诉求是人的本性。而性教育的缺失，近年来在青少年当中已造成了诸多严重的后果。最高人民检察院发布的《未成年人检察工作白皮书（2022）》显示：未成年人犯罪，尤其是未成年人性犯罪的比例上升；性侵未成年人案件也显著上升①。传统文化中对性的规避和性耻感，造成长期以来人们“谈性色变”，家长甚至避讳谈论相关话题。而随着互联网的发展，尤其是疫情几年来青少年因为网课，上网时间大幅上升。网络上一些错误的、不良的性信息充斥其中，很可能对青少年带来不良影响。这些社会现象提示我们，对青少年进行性教育刻不容缓。

课堂讨论

你以往接触过什么类型的性教育？你的评价如何？你希望获得些什么性教育知识呢？

讨论要求

请与你前后的同学组成四人小组，讨论上述问题，并在讨论结束后向授课老师报告你们的讨论结果。讨论时间 3～5 分钟。

＊＊＊ 主体内容 ＊＊＊

第一节　认识性与性心理

一、性的定义

在字典中，性与生殖、性欲有关。人有七情六欲，这是人的生理本能，十

① 最高人民检察院．未成年人检察工作白皮书（2022）［R/OL］.（2023-06-01）［2024-08-29］. https：//www. spp. gov. cn/spp/xwfbh/wsfbt/202306/t20230601_615967. shtml#1.

分正常。有的人认为，性意味着繁衍、意味着传宗接代，有着社会文化属性。有的人更看重情感的交流，认为爱情是性的先决条件。有的人则认为性是生理冲动，来源于人的动物本能。

根据世界卫生组织的定义（2006，2010），性是："……人一生中的一个核心方面包括性、性别认同和角色、性取向、性欲、愉悦、亲密和生殖。性是通过思想、幻想、欲望、信仰、态度、价值观、行为、实践、角色和关系来体验和表达的。虽然性行为可以包括所有这些维度，但并非所有维度都获得体验或表达。性行为受到生物、心理、社会、经济、政治、文化、法律、历史、宗教和精神因素相互作用的影响。"性健康是："……与性行为相关的身体、情感、精神和社会健康的状态；它不仅限于没有疾病、功能障碍或虚弱。性健康需要对性行为和性关系采取积极和尊重的态度，并有可能在没有胁迫、歧视和暴力的情况下获得愉快和安全的性体验。为了获得和保持性健康，所有人的性权利都必须得到尊重、保护和实现。"①②

我国于2021年修订的《中华人民共和国未成年人保护法》首次将性教育纳入法律要求的范畴，强调"学校、幼儿园应当对未成年人开展适合其年龄的性教育，提高未成年人防范性侵害、性骚扰的自我保护意识和能力"。③ 家长和老师往往羞于和孩子谈论性，这个话题在多国文化中都存在着禁忌意味。但是，现实生活中许多涉及性侵犯未成年人的不幸案例已提示我们，性教育和相应的保护已刻不容缓。

延伸阅读

《如何认识性教育　我们怎样开口谈"性"?》，https：//news. cctv. com/

① World Health Organization. Defining sexual health：report of a technical consultation on sexual health [R/OL]. (n. d.). [2024-08-29]. https：//www. who. int/zh/health-topics/sexual-health#tab=tab_2.

② World Health Organization. Measuring sexual health：conceptual and practical considerations and related indicators [EB/OL]. (2010-10-12) [2024-08-29]. https：//iris. who. int/bitstream/handle/10665/70434/who_rhr_10. 12_eng. pdf.

③ 全国人民代表大会常务委员会. 中华人民共和国未成年人保护法 [Z]. 北京：中国法制出版社，2021.

2021/06/05/ARTIemAHiRPcchuuYwUrgk47210605.shtml。

二、性心理的定义

性心理是指建立性生理的基础上，由此引发的有关性欲、性爱、性行为的心理探索历程。专门研究性心理的学问被称为性心理学，其研究对象包括性意识、性感情、性知识、性经验、性观念等。西方的性心理学研究始于1886年克拉夫特·埃宾（Krafft Ebing）所著的《性心理病》，霭理士（Havelock Ellis）所著的七卷《性心理学研究》及弗洛伊德所著的《性学三论》。这些研究以医学、精神病学探索为基础，因而具有较系统和深入的探索。在历史上，中国性心理的研究多偏向实践经验的总结和描述，在系统性上有所欠缺。此外，中西方一致地在性心理学研究上存在一定程度的保守态度。

三、性与社会

（一）人类的生殖崇拜

人类曾经历了生殖崇拜的历程。研究者认为，在远古时代，由于人类普遍生产力低下，对自然的认识有很大的局限性，且寿命短暂，有天然的繁衍危机，由此产生了对鬼神的敬畏和对生殖能力的崇拜，且两者常常合二为一。例如，印度的生殖神“兽主”、风暴之神鲁陀罗，古希腊的生殖神普里阿普斯，古希腊、古罗马的“神之母”朱诺。在中国，女娲和伏羲被古人奉为生殖神进行崇拜，历史文物中有很多人首蛇身交尾的伏羲、女娲画像。

其中，最出名的是20世纪60年代在新疆出土的《伏羲女娲图》。在少数民族区域，生殖崇拜也十分常见，并通过器皿、绘画、仪式等方式体现。例如，海南黎族在陶罐上绘制大量如同蛙卵一般的黑色斑点，显示了对蛙类强大生殖能力的崇拜；云南纳西族先民举行“阿术库”“伙本”等仪式，以达成多生育的目的；广西壮族有新年挑“春情水”、捡鹅卵石，新婚女性“浴新水”等习惯，均与促进婚嫁、祈求生育有关。还有的学者认为，随着人类社会的发展，生殖崇拜也由诸多建筑设计中出来。例如，埃及的金字塔、法国的埃菲尔铁塔等。

知识链接

伏羲女娲图①

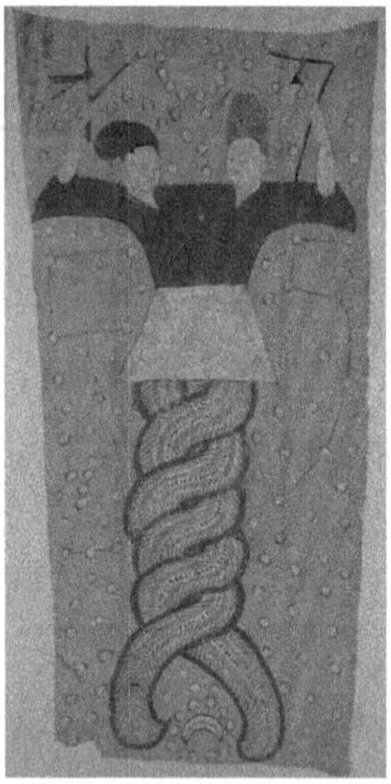

伏羲女娲像页，唐，绢本，设色，纵左 222.5 厘米，右 231 厘米，横上 115 厘米，下 94 厘米。

此图上彩画人首蛇身男女二人，均着窄衫小袖绛红色胡装，二人腰相连，共着一条白裙。男居左，无须，头戴笼冠，张左手执矩，矩上有墨斗（已被腐蚀）。女居在右，束高髻，张右手执规。男女上身相拥，中间两臂相连，下尾盘曲相交四节成螺旋状。两人头上有圆轮，周画圆圈以象征日；尾下有下弯月牙一，周画圆圈以象征月。画面四周面遍布大小相等的圆圈，部分以线相连象征星辰。

吐鲁番高昌国至唐西州国时期的墓葬出土了许多伏羲、女娲绢画，画面形式大致相似：人首蛇身，交尾相拥，伏羲持矩，女娲持规。绢画上方有日，下方有月，周围布满丝缕相连的星辰。整幅绢画上宽下窄，与棺形相似，常覆盖于棺上，也有盖于尸上或置于尸旁者，还有张挂或用木钉固定于墓顶的情况。

故宫博物院所藏的伏羲女娲绢画系 1963 年 4 月出土于新疆吐鲁番阿斯塔那古墓，1963 年 12 月由新疆博物馆拨交故宫博物院。据阿斯塔那古墓考古报告中所示，同期出土的此类绢画共有数十件。在墓室中一般都是画面朝下，用木钉钉在墓顶上。一般认为伏羲所执矩象征地，女娲所执规象征天，用以配合画面上的日月星辰，为墓室营造一个小宇宙。

① 故宫博物院．伏羲女娲像页［EB/OL］．［2024-08-29］．https：//www. dpm. org. cn/collection/paint/230797. html.

（二）性的压抑与解放

有的学者认为，历史上，在许多文化中，性的表达是被压抑的。例如，宋代程朱理学强调“存天理，灭人欲”。在欧洲，教会将色欲视作“七宗罪”之一，一度认为控制欲望才能得到救赎。耶稣之母未婚而怀孕，以青春圣洁的形象出现在宗教经典中。

知识链接

西斯廷圣母

中世纪的欧洲，政教合一的封建体制下，教会通过宣扬控制欲望，以达成其统治目的。1123 年召开的拉特朗第一届大公会议和 1139 年召开的拉特朗第二届大公会议均颁布了禁止神职人员结婚或姘居法令：

拉特朗第一届大公会议 法令 21：我们严禁司铎、六品、五品或隐修士，拥有姘妇或缔结婚约。我们根据神圣的法律，宣布那些已经缔结的婚约必须被解除，有关的人是需行补赎。

拉特朗第二届大公会议 法令 6：我们宣布五品或以上的神职人员，若已缔结婚约或拥有姘妇，将被罢免职务和一切俸禄。

许多文学作品描述了禁欲主义背景下，普通民众所遭受的影响。小说《红字》讲述了 17 世纪清教主义盛行的北美殖民地的一个爱情悲剧故事。故事的女主人海斯特嫁给了她不爱的医生奇林沃思，后者失踪后，海斯特与当地年轻牧师丁梅斯代尔坠入爱河并诞下一女。此事引起轩然大波，海斯特被判通奸罪，被强制佩戴上了代表通奸的红字“A”。在中国，也有对通奸行为的严厉处罚。《魏书·刑法志》中有言，“男女不以礼交，皆死”。其含义就是男女如有通奸等不合乎礼教的性关系，双方均将被判处死刑。《唐律》则有言，“和奸者，男女各徒一年半。有夫者二年”。意指通奸的男女各判处一年半的有期徒刑，如果女方有丈夫，刑期则增加至两年。

另一方面，值得注意的是，性解放在禁欲主义盛行的背景下悄然发展。中世纪教会虽有严苛的禁欲主义律令，但教士们私下骄奢淫逸的现象并不罕见。有研究者报告，15~16世纪欧洲的诸多教士私下甚至经营着妓院。可以说，这些行为和他们所信仰的教义背道而驰。《十日谈》等文学作品也讽刺了教士们荒诞无耻的生活。当人文主义出现，压抑已久的人们又荡向了天平的另一端。到了17—18世纪，欧洲甚至堂而皇之地出现了“皇家情妇”（Royal Mistress）这一可以被册封的虚衔。例如，法国国王路易十五的情妇蓬巴杜夫人，虽出身中产，成为情妇后被册封贵族，甚至一度成为权力的核心。到了近代，西方对色情文化作品出现了默许态度，有的国家甚至公开允许色情行业存在。新中国成立后，色情行业是被严令禁止的。但是，随着互联网技术的发展，网络上出现了色情、暴力的信息，这对广大青少年带来了不良影响。一些不法分子也开始利用网络诱导并猥亵未成年人。《北京市未成年人检察工作白皮书（2022年）》显示，利用互联网技术，对未成年人进行“隔空性侵”等新型犯罪现象日益严重。

课堂讨论

你是如何认识性的呢？你怎么看待性的压抑和解放现象？

讨论要求

请与你前后的同学组成四人小组，讨论上述问题，并在讨论结束后向授课老师报告你们的讨论结果。讨论时间3~5分钟。

第二节　性生理与性保健

一、性生理

男女两性生理上的特征被称为性征。其中，生殖器官被称为第一性征，除了生殖器官以外的体态、外貌等两性特征为第二性征。第一性征由遗传物质——染色体决定，第二性征则在青春期之后出现，受环境因素影响比较大。

（一）两性生殖系统

1. 男性生殖器官（图 2-5）

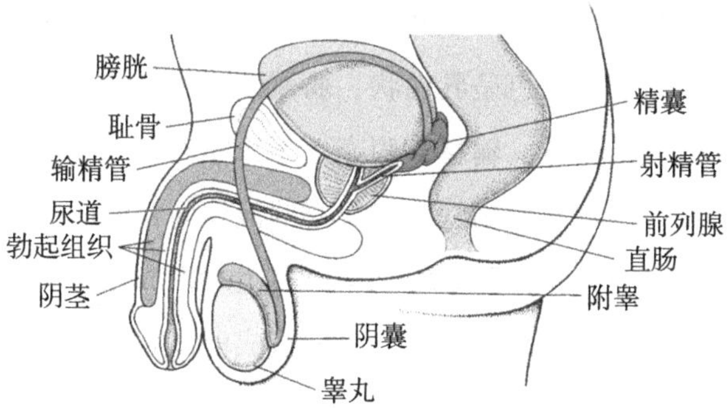

图 2-5　男性生殖器官示意图①

（1）外生殖器

男性的外生殖器包括阴茎和阴囊。阴茎位于阴囊前方，其根部埋藏于阴囊与会阴部皮肤深面，包括阴茎根、阴茎体和阴茎头三部分。阴茎由尿道海绵体和两个阴茎海绵体构成。当海绵体的腔隙充血时，阴茎会因此勃起。阴茎是男性性交器官，具有排尿和射精的作用。阴囊位于阴茎后下方，形如囊袋，由皮肤和肉膜构成。阴囊中隔将其分为左右两个腔室，容纳睾丸、附睾及精索等。阴囊具有保护睾丸的作用，且能够根据外界状况调节阴囊内的温度，有利于精子的发育和存活。

（2）内生殖器

男性的内生殖器包括睾丸、附睾、输精管、精囊、前列腺、尿道球腺等。

睾丸位于阴囊中，左右腔室各一个，其后缘有血管、神经、淋巴管，且与附睾相连。成年后，睾丸的体积将随着衰老缩小。睾丸有产生精子和睾酮

① 默沙东诊疗手册编辑部．男性生殖系统概述［EB/OL］.（2023-03）［2024-09-02］. https：//www. msdmanuals. cn/home/quick-facts-men-s-health-issues/biology-of-the-male-reproductive-system/overview-of-the-male-reproductive-system.

的作用。

附睾位于睾丸后缘，与睾丸一侧紧贴，由睾丸输出小管和附睾管构成。附睾具有暂时储存精子，促进精子成熟等作用。

输精管是附睾管的延长，行至两侧输精管汇合处，形成膨大的输精管腹壶，其末端变细，形成射精管。成年男性射精时，一般排出精液 2 至 5 毫升，内含精子 3 至 5 亿个。其颜色呈乳白状、弱碱性。

精囊位于膀胱底的后方，输精管腹壶下方，左右各一个，其尾部输出管与输精管腹壶末端汇聚，形成射精管。它分泌的液体为精液的一部分。

前列腺位于膀胱下方，由腺组织和平滑肌组织构成。男性性成熟后，随着年龄增长，前列腺出现结缔组织增生，可能造成前列腺肥大、排尿困难。它分泌的液体为精液的主要成分。

尿道球腺位于会阴深横肌内，是形如豌豆大的一对球形腺体。它分泌的液体为精液的一部分。

2. 女性生殖器官（图 2-6）

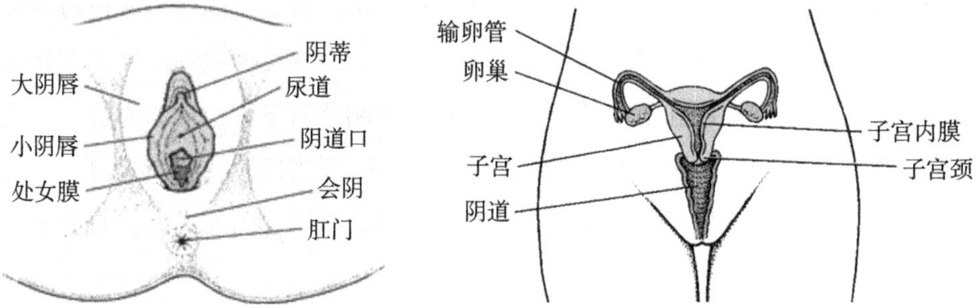

图 2-6　女性外生殖器与内生殖器示意图①

（1）外生殖器

女性的外生殖器包括阴阜、大阴唇、小阴唇、阴道前庭、阴蒂、前庭球等。

① 默沙东诊疗手册编辑部．女性生殖系统［EB/OL］.（2024-04）［2024-09-02］. https：//www. msdmanuals. cn/home/quick-facts-women-s-health-issues/biology-of-the-female-reproductive-system/female-reproductive-system.

阴阜位于耻骨上方，由皮肤下隆起的脂肪组织构成，且有阴毛覆盖。

大阴唇是由阴阜延伸隆起到会阴的皮肤皱裂，表面有阴毛，其前后端左右连合，形成桃核形。

小阴唇是位于大阴唇内侧的皮肤皱裂，表面光滑。与大阴唇类似，其前端延伸汇合后形成阴蒂包皮和阴蒂系带，其后端延伸汇合后则形成阴唇系带。性刺激将使小阴唇血管充血肿胀。

阴道前庭位于小阴唇之间，其前部为尿道外口，其后为阴道口。

阴蒂位于小阴唇上端之间，由两个阴蒂海绵体组成，对刺激十分敏感，可勃起。

前庭球的位于阴道两侧，大阴唇皮下，其前端狭窄相连，呈马蹄铁状。

（2）内生殖器

女性的内生殖器包括卵巢、输卵管、子宫、阴道等。

卵巢位于盆腔卵巢窝内，是成对的生殖腺。卵巢的作用是产生雌激素和分泌卵子。性成熟后，卵巢随着年龄的增长逐渐萎缩。

输卵管是卵巢向子宫输送卵子的管道，包括漏斗部、壶腹部、峡部和子宫部。卵巢分泌卵子，由漏斗部的输卵管伞进入输卵管。精子由子宫颈进入子宫，进而进入输卵管，在输卵管的壶腹部，精子和卵子通常在此相遇并完成受精。受精卵通过子宫口进入子宫，并在子宫中发育形成胎儿。受精卵未在子宫中正常发育的现象（如在输卵管中发育），被称为宫外孕。

子宫位于盆腔中央，形状如同倒置的梨子，由上至下分为子宫底、子宫体和子宫颈三部分。子宫底两侧与输卵管相连，子宫颈则通往阴道，子宫底和子宫颈之间为子宫体。子宫内的空腔被称为子宫腔，是胎儿生长发育的地方。

阴道位于下腹部，是连接子宫和外生殖器的管道，韧性佳。阴道是女性性交器官，胎儿由此分娩，月经血液由此排出体外。

前庭大腺位于大阴唇后部，前庭球后端。其分泌的液体有阴道润滑作用。

性器官是我们身体的重要组成部分，我们要重视性器官的保健，并观察其随着年龄增长而产生的变化发展。例如，月经初潮的出现意味着女性性器官发育的初步成熟。如果出现月经时间不规律，或有痛经、头晕等状况，我们需要及时就诊。女性阴道与子宫颈相连，一些致病菌可能由阴道进入子宫颈及子宫。我们要注意性器官的日常清洁。

（二）第二特征

1. 男性的第二性征

对于男性而言，第二性征在青春期后出现。雄性激素的分泌会导致他们的身体会发育得体格高大、肌肉发达；喉结突出，声音低沉；性器官会进一步发育成熟，出现遗精；身体出现浓密的体毛，长胡须等；此外，还有男性乳房不发育等现象。

2. 女性的第二性征

对于女性而言，他们的第二性征也在青春期后出现。雌性激素的分泌会导致他们的身体会发育得较男性娇小苗条，乳房进一步发育，盆骨变大，身材出现曲线；喉结不突出，嗓音纤细；性器官进一步发育成熟，月经初潮；皮肤细嫩，汗毛少，无胡须等。

男女第二性征的出现都属于正常的、自然的生理现象。但如果出现所需的性激素分泌过量或不足，都可能带来身体的不良改变，需要及时看诊治疗。例如，男性青春期雄性激素分泌不足，而雌激素过量，可能导致其出现女性化发育的现象，如声音纤细、乳房发育等。

二、性保健

（一）性侵害及自我保护

1. 性侵害

性侵害是违背他人意志，对其作出强迫性的与性相关的行为，如强奸、猥亵、侮辱等。2021 年，世界卫生组织和联合国妇女署发布的报告显示，1/3 的女性一生当中曾受到暴力和性暴力①。在低收入和中等偏下收入国家，女性遭

① 联合国．全球三分之一的女性受到暴力侵害，年轻女性属高风险人群［EB/OL］.（2021-03-09）［2024-08-29］. https：//news. un. org/zh/story/2021/03/1079892.

受暴力和性暴力的情况更加严重：最贫穷国家有37%的女性一生当中曾受到暴力或性暴力，部分国家甚至达到半数女性。在我国，性侵害妇女儿童的犯罪行为将受到严厉打击。2023年前9个月，全国检察机关起诉性侵害妇女儿童的犯罪分子3.9万余人，起诉家庭暴力犯罪分子400余人①。近年来，涉及未成年人的恶性性侵害案件时有发生，尤其是利用互联网对未成年人进行诱导和性侵害。2023年10月16日，中华人民共和国国务院令第766号《未成年人网络保护条例》正式发布，其明确规定："任何组织和个人不得制作、复制、发布、传播含有宣扬淫秽、色情、暴力、邪教、迷信、赌博、引诱自残自杀、恐怖主义、分裂主义、极端主义等危害未成年人身心健康内容的网络信息。任何组织和个人不得制作、复制、发布、传播或者持有有关未成年人的淫秽色情网络信息。"

根据《中华人民共和国刑法》第二百三十六条，强奸罪是以暴力、胁迫或者其他手段强奸妇女的犯罪行为，处三年以上十年以下有期徒刑。奸淫不满十四周岁的幼女的，以强奸论，从重处罚。

强奸妇女、奸淫幼女，有下列情形之一的，处十年以上有期徒刑、无期徒刑或者死刑：

（1）强奸妇女、奸淫幼女情节恶劣的；

（2）强奸妇女、奸淫幼女多人的；

（3）在公共场所当众强奸妇女、奸淫幼女的；

（4）二人以上轮奸的；

（5）奸淫不满十周岁的幼女或者造成幼女伤害的；

（6）致使被害人重伤、死亡或者造成其他严重后果的

2. 性侵害的自我保护

那么，我们如何做好自我保护，避免遭受性侵害，遇到了侵害更好地保护

---

① 新京报．前9个月检察机关起诉性侵妇女儿童犯罪3.9万余人［N/OL］.（2023-10-25）［2024-08-29］. https：//www. bjnews. com. cn/detail/1698223107168191. html.

自己呢？我们需要做到以下几点：

第一，我们对人和环境都要提高警惕，提高安全意识。除了对陌生人要保持警惕性，我们对熟悉的人也要有警惕性。2023 年，《中国儿童防性侵十年观察报告》显示，熟人作案是性侵未成年人案件的最主要特征之一，比例高达 70%以上。例如，邻居、老师等人邀请我们去家中做客，我们要提高警惕性，最好和家人一同前往，而非自己独自前去。此外，我们也要对一些涉险环境有基本的警惕性。例如，黑网吧、非正规会所等地下经营场所，往往为暴力犯罪的高风险区域，我们不要前往。此外，有的大学生夜不归宿，而是到酒吧、小餐馆喝得酩酊大醉，在无意识的情况下遭受了身心侵害。青少年社会经验不足，安全意识薄弱，往往因为这些欠缺警惕性的行为招致了严重后果。

第二，我们要安全使用互联网，保护个人隐私。上述《中国儿童防性侵十年观察报告》还显示，利用互联网对未成年人进行性侵害的现象亟须重视。一些不法分子利用互联网，对青少年“隔空猥亵”，诱骗他们拍摄自己的性器官，还以此威胁青少年线下见面，对其进行侵害。还有的青少年，未注意安全使用网络，登录不良网站，甚至填写了个人信息，因此受到了不法分子的要挟，泥足深陷，遭受重大损失。

第三，做好准备，学会求救，适当反抗，保留证据。我们要学会做好自我保护的准备。我们在外出前，可以告知家人和朋友自己要去的地方，并和对方保持联系。避免深夜前往不熟悉的地方，女生夜间单独打车等。这将为我们的人身安全提供保护。当犯罪分子对我们实施性侵害时，我们要学会求救。例如，如果周围有人，我们要及时呼救，或制造出极大的响动。一些青少年会随身携带报警器，一按动就会触发响铃，拨打电话给紧急联络人，这也可作为紧急情况下的求救工具。如遇无法阻止的性侵害，不要盲目反抗，以免招致致命伤害。事件发生后，我们要保留证据，告知家长等值得信赖的人，并及时报警和就医。目前，针对未成年人的性侵害案件的审理有专人负责，并在审理过程中极其注意对未成年人的保护。

（二）性健康的自我保健

人们可以通过饮食、运动、情绪调节等方式进行性保健。

（1）饮食

研究者发现，良好的饮食习惯有助于激素正常分泌，即产生催情的效果。多位研究者发现健康饮食习惯能够改善男性勃起障碍，与女性性功能障碍呈负相关。海鲜、瘦肉、坚果、果蔬和全麦制品等有促进激素分泌，改善性功能的作用。另有一些物质被认为对性健康不利，如烟酒。

（2）运动

研究者认为，适当的运动能够提高个体体内内啡肽的水平，使人心情愉悦，有助于增强性欲。另有一些运动被认为能够有针对性地提升性能力，如男性可以进行俯卧撑、单双杠、深蹲等腰腿部力量训练，女性则可以进行凯格尔运动进行骨盆肌肉训练。

（3）情绪调节

良好的情绪也有助于个体的性欲水平。当个体出现不良情绪，尤其是极端悲伤、痛苦的情绪时，应对此进行调节和恢复。例如，个体可以通过健康的方式进行情绪宣泄，接受心理咨询等帮助自己调节情绪。极端情绪状态下，个体如果通过性行为发泄，往往可能引发更多的身心伤害，对自己带来负面影响。

（4）生殖器官的保护

无论是男性还是女性，都应注意对生殖器官的保护。首先，要注意生殖器官的清洁卫生。个体应该勤换内衣裤，注意贴身衣物的清洁。女性在经期还要注意适时更换卫生巾等。内衣裤应选择尺寸合适、透气性佳、材质健康安全的。其次，要做好性传播疾病的预防，进行安全的性行为。例如，男性应正确佩戴安全套，女性可以打 HPV 疫苗等。最后，如果出现性器官异常，应及时就诊。无论是男性还是女性，如果已经有了性生活，应加强对生殖器官的检查，如有异常及时看诊。女性由于身体构造特殊，有害物质可以通过阴道进入身体内部，更应注意生殖器官的保护。

三、青春期性心理

（一）青春期的生理变化

青春期是人体生长发育，达到完全性成熟的阶段。男性的青春期通常在9、10岁开始，女性青春期则通常始于8岁半到10岁。

男性在青春期期间，雄性激素分泌增多，促使男性的生殖器官发育成熟，并开始出现男性第二性征。性发育的顺序通常为阴囊和睾丸、阴茎、精囊和前列腺、体毛等。女性在青春期期间，雌性激素分泌增多，促进女性生殖器官发育成熟，第二性征随之出现。性发育的顺序通常为，乳房、体毛、身高、月经初潮等。

（二）青春期的性心理问题及其应对

青春期的个体往往因为身体的快速发育和性成熟，出现一些性心理问题。常见的问题包括对性生理变化的纠结困惑，对性的懵懂憧憬引发的问题，以及性别烦躁问题。

1. 性生理变化的纠结困惑

青春期个体的性生理变化，可能引起个体的纠结困惑。例如，第二性征的出现，可能让个体出现羞耻、惭愧的心理。一些青春期发育的女孩，可能因为胸部发育或月经初潮，出现羞耻自罪感，从而变得内向敏感，回避社交。而男孩则可能对于性器官的发育变化，遗精等现象，出现困惑不安，有的个体甚至出现伤害自身性器官的行为。这些行为的背后，究其根本，往往是性知识匮乏引起的错误认知和负性情绪。因此，我们需要及时对青少年进行性教育，帮助他们解除困惑和由此引发的不良情绪。

2. 对性的懵懂憧憬引发的问题

青春期发育后，青少年可能伴随出现性冲动。有的时候，这种状况并不受个体控制。例如，男性可能在不恰当的情况下勃起，男女均可能对不恰当的对象出现性幻想。这些性冲动引发的自罪感，同样不仅能带来青少年自责羞愧的心理，还可能引起社交回避。如果这些性冲动被同龄人发现，可能还会招致同伴的嘲笑和霸凌，进一步危害青少年的心理健康。因此，家长和老师应及时引导青少年，正确认识和应对性冲动，并通过健康积极的方式宣泄性能量。

3. 性别烦躁问题

性别烦躁的个体对性别的体验和表达，与自己出生时所具备的性别存在不一致的现象。例如，男性偏好女性化的服装和玩具，并认为自己是女性；女性则偏好男性化的打扮和游戏，认为自己是男性。有的个体可能为了变成另一种性别，甚至出现伤害自己的性生殖器官的行为。在《精神障碍诊断与统计手册（第五版）》中，此种精神障碍被称为性别烦躁。青春期的青少年在发育后，其第一、第二性征日趋明显。一个从儿童时期起就存在性别烦躁的个体，在青春期发育后，对自身性生殖器官的发育可能存在极强的排斥心理。他们可能采用束缚性器官、使其不明显的方式来缓解内心的不安。情况比较严重的青少年，可能由此引发抑郁、焦虑、退学、物质滥用等后果。这一问题目前可以通过心理咨询和性教育进行调适。有的个体则选择进行激素治疗和性别再分配手术。

第三节 性心理障碍及其调适

一、性心理障碍

（一）强迫性性行为障碍

强迫性性行为障碍（Compulsive Sexual Behaviour Disorder）是以持续性的、无法控制的、强烈的性冲动为特征的模式，并由此造成重复的性行为的一类精神障碍。在世界卫生组织发布的《国际疾病分类（第十一版）》（ICD-11）中，强迫性性行为障碍隶属于冲动控制障碍①。

① 世界卫生组织．国际疾病分类（ICD）［EB/OL］.（2024-01）［2024-08-29］. https：//icd. who. int/browse11/l-m/en#/http：//id. who. int/icd/entity/1630268048.

强迫性性行为障碍的症状包括：重复性行为成为个人生活的中心焦点，以至于忽视健康和个人护理或其他兴趣、活动和责任；努力减少重复性行为，但不成功；持续重复性行为，尽管产生了不利的后果，或者从中几乎得不到满足；无法控制强烈的性冲动，以及由此产生的重复性行为的模式在很长一段时间内（6个月及以上）表现出来；重复性行为在个人、家庭、社会、教育、职业或其他重要的功能领域造成严重影响；因重复性行为遭受道德否定带来的苦恼。

在现实生活中，个体可能因为这种强烈的性冲动，引发性侵犯等暴力犯罪行为，对他人造成不可逆的严重身心伤害。而犯罪者除了面临法律制裁，在相当长的时间内还将遭受道德审判，并给亲友带来长久的折磨和痛苦，其社会关系将被严重破坏。此外，个体还可能因为长期的、不健康的重复性行为罹患身体疾病，尤其是性传播疾病。

（二）性欲倒错障碍

性欲倒错障碍（Paraphilic Disorders）是以对非正常的性活动、性目标或性偏好存在强烈性兴趣为特征的一类精神障碍，个体因这种超过正常范围的强烈性兴趣给自己或他人带来风险和伤害。此类障碍常见于男性，且因其涉及危及他人安全的风险，可能是犯罪行为。常见的性欲倒错障碍包括窥阴障碍、露阴障碍、摩擦障碍、性受虐障碍、性施虐障碍等。症状持续时长须达到6个月。

1. 窥阴障碍

此类障碍是偷窥他人私密生活（如裸体、性活动等）以获得性快感的一类精神障碍。偷窥者在不同场合中反复偷窥，受害者达到三人或以上，或是针对一个受害者反复偷窥。受害者毫不知情，且这种窥探行为对其造成了社交、职业或其他方面功能的损害。

2. 露阴障碍

此类障碍是在他人毫无预料的情况下暴露生殖器以获得性快感的一类精神障碍。露阴者在不同场合中反复暴露，受害者达到三人或以上，或是针对一个受害者反复暴露。受害者往往与露阴者为陌生人，且这种露阴行为对其造成了社交、职业或其他方面功能的损害。

3. 摩擦障碍

此类障碍是未经他人同意而对其进行摩擦和触碰以获得性快感的一类精神障碍。摩擦者在不同场合中反复暴露，受害者达到三人或以上，或是针对一个受害者反复摩擦。这种摩擦行为对受害者造成了社交、职业或其他方面功能的损害。

4. 性受虐障碍与性施虐障碍

此类障碍是涉及通过暴力方式（如辱骂、殴打、捆绑等）以获得性快感的一类精神障碍。承受暴力以获得性快感的个体被判定为患有性受虐障碍，施加暴力以获得性快感的个体则被判定为患有性施虐障碍。性施虐者在不同场合中反复施虐，受害者达到三人或以上，或是针对一个受害者反复施虐。这种施虐可能是被迫的，且对受害者造成了社交、职业或其他方面功能的损害。

二、性犯罪

性犯罪是个体为了满足个人性欲，实施危害他人和社会的非法性行为的一种犯罪行为。性犯罪者在各国刑法中都是被严厉惩处的对象，情节严重者，可能被处以死刑。近年来，涉及未成年人的性犯罪案件比例有所上升。一是未成年人实施了性犯罪，二是未成年人是性犯罪的受害者。据统计，2022 年检察机关受理审查起诉未成年人强奸罪的案件高达 9122 起，占所有犯罪类型的 11.6%；同年，起诉性侵未成年人犯罪 36957 人，同比上升 20.4%。在我国，性犯罪者，尤其是对未成年人施加性侵害的罪犯，将受到严厉打击。

知识链接

未成年人的性保护

进入 21 世纪以来，随着互联网技术的飞速发展，网络上的一些色情、暴力信息对未成年人带来了越来越严重危害。一些成年人借助互联网诱导未成年人，并对他们实施了性侵害。2020 年，韩国 N 号房的事件震惊全球，其中对未成年人的施暴情节更是令人发指。2023 年 5 月，我国最高人民法院、最高人民检察院、公安部、司法部联合发布了关于办理性侵害未成年人刑事案件的意见。同年 6 月 1 日，《最高人民法院、最高人民检察院关于办理强奸、猥亵未成年人刑事案件适用法律若干问题的解释》正式实施。这些举措进一步将未成年人的性保护提到了重要位置。

……办理性侵害未成年人刑事案件，应当坚持以下原则①：

（一）依法从严惩处性侵害未成年人犯罪；

（二）坚持最有利于未成年人原则，充分考虑未成年人身心发育尚未成熟、易受伤害等特点，切实保障未成年人的合法权益；

（三）坚持双向保护原则，对于未成年人实施性侵害未成年人犯罪的，在依法保护未成年被害人的合法权益时，也要依法保护未成年犯罪嫌疑人、未成年被告人的合法权益。

三、性心理障碍的成因

（一）生物因素

性心理障碍的生物学因素研究提示我们，遗传、激素水平、脑组织结构、神经发育机制、病理因素等都可能是性心理障碍的风险因素。例如，研究证明，神经发育紊乱是恋童取向的高风险因素。内分泌失调或是因物质滥用引发性欲亢进的个体，则可能因此出现性心理障碍。病例研究显示，一些头部受伤

---

① 最高人民法院、最高人民法院、最高人民检察院、公安部、司法部关于办理性侵害未成年人刑事案件的意见［Z/OL］.（2023-05-25）［2024-08-29］. http：//gongbao. court. gov. cn/Details/9590dbbad02dfb224d45b19492c3f3. html.

的患者，如前额叶、杏仁核等涉及自我控制、负性情绪表达的大脑结构受损的患者，其出现性心理障碍共病现象的风险更高。

（二）心理因素

青少年的童年经历，甚至是创伤经历，是诱发性心理障碍的重要因素。例如，儿童时期遭遇了性虐待的个体，相较未有此种经历的个体，长大后出现性心理障碍的风险更高。这样的个体，往往因童年性虐待经历存在严重的心理创伤。他们当时碍于环境的限制，未能得到有效的干预和治疗。这些创伤经历致使他们在成年之后，无法树立正确的性观念，难以进行健康积极的性表达。他们转而采取了替代性的行为，如偷窥、暴露等。这种伤害自身和他人的行为，常常暗示着潜藏的未解决的严重心理问题。

（三）社会因素

在我国，性教育的缺失问题越来越受到家长和学校重视。由于人们日常对性话题的回避，青少年可能转而从同伴或者网络获取性方面的知识。但是，这些信息常常可能是错误的，甚至是带有危害的。例如，一些不法网站将色情小说和漫画作为卖点，并鼓动网友注册账号。青少年暴露个人信息后，对方再以此为要挟，给青少年带来身心伤害。而在一些日常的网络信息中，也可能存在不良的性诱导信息。例如，一些网络游戏人物衣着暴露，或是有的网络平台上进行真人“软色情”直播，这些都可能对青少年带来不良影响。在欠缺性教育的情况下，这些信息可能诱导青少年采用类似的性表达方式，错将低俗之风当成正常行为。

有研究者认为，网络色情文化是青少年性心理障碍的重要诱因。就大学生而言，他们普遍性生理已发育成熟，天然地对性存在好奇心，但往往欠缺性教育。在性冲动的驱使下，他们可能做出模仿网络色情文学或视频的不理智行为。互联网上一些良莠不齐的性信息，可能使大学生浏览过程中，潜移默化地影响他们对健康性行为的认知。在一些高校，甚至已经出现了男生到女生宿舍偷窥、盗窃女生贴身衣物等问题。

四、性心理障碍的调适

（一）性教育

如前所述，我国于2021年修订的《中华人民共和国未成年人保护法》首次将性教育纳入法律要求的范畴。目前，有的中小学已开始将性教育纳为必修课。在一些高校，学校心理中心联合卫健委、计生委等部门开展了各式各样的青春健康主题活动和讲座。性教育能够帮助青少年树立积极健康的性观念，掌握导向正确、内容科学的有关性健康和道德法律方面的知识。在此过程中，青少年不仅能收获科学的性知识，而且能够学会辨别虚假的性方面的信息，通过科学途径获取性知识，正确认识两性关系。这将有效帮助个体调适其性心理障碍。

（二）心理治疗

性治疗是一种使用心理治疗方法专门对性心理问题进行干预的方式。这一疗法认为，个体性心理问题的成因除了生理因素，心理因素也尤为重要。通过对个体进行性教育，学习健康积极的性行为方式，处理其过往与性相关的不良体验，甚至是创伤，性治疗师最终帮助个体获得健康积极的性关系。在美国，性教育、咨询与治疗者协会（American Association of Sex Educators, Counselors, and Therapists）是性治疗行业的权威机构，向达到要求的性治疗师颁发职业资格证明。目前，这个机构在美国全境、澳大利亚、加拿大、印度、以色列、新加坡、南非、中国香港等地均有登记在册人员。

常规的心理咨询也可以帮助个体调适性心理问题。例如，认知行为疗法是一种通过改变个体扭曲认知，以促成积极情绪和行为的心理咨询方法。存在性心理问题的个体，可以通过认知行为疗法，改变有关性的错误认知，重新树立正确的性观念，以达成健康的性行为，获得积极正向的性体验。此外，团体咨询或团体互助小组也有助于个体调节性心理问题。在团体中，个体可以借助团体成员间的社会支持力量，探讨并化解个人的性心理问题。

（三）化学阉割

化学阉割是指通过注射化学物质（如雌激素、抗雄性激素），改变男性内分泌水平，降低男性性欲或性能力。这类治疗的对象为男性，需通过长期服药来维持。

这类疗法首先在美国出现。20 世纪 60 年代，约翰霍普金斯大学性学家曼尼教授对恋童癖的性犯罪者注射了“醋酸甲羟孕酮”（一种女性避孕药物），发现可以有效降低其睾丸激素水平，降低性犯罪欲望。从那时至今，美国多个州都立法对性犯罪者进行化学阉割，有的州仅针对性侵儿童的性罪犯，有的则针对所有的性罪犯。2000 年以来，以色列、波兰、英国、德国、韩国、俄罗斯、印度尼西亚、泰国等国纷纷立法将化学阉割纳为对性罪犯的惩处。韩国是亚洲第一个引进化学阉割的国家，且性罪犯需要自行支付化学阉割的费用（每年费用可达三万元人民币）。在我国，是否引入化学阉割的议题还存在着争议。

【挑战任务进程记录】

亲爱的挑战者：

这一周的完成情况如何？是否遇到了困难？如果有，你采取了什么策略解决呢？请继续撰写周记，记录你的自我管理挑战计划的实施情况。

祝各位有个愉快的挑战之旅！

第七讲　双相情感障碍

夏潭荫修竹，高岸坐长枫。
日落沧江静，云散远山空。
鹭飞林外白，莲开水上红。
逍遥有余兴，怅望情不终。

——《夏日临江》隋·杨广

这首诗采用了欲抑先扬的手法，表现了作者喜悦过后忧思重重的心理。前六句描绘了夏季江边的美景：潭、竹、岸、枫、落日、江、云、山、白鹭、树林、红莲、水面。这共同构成了一幅江南美景图。但最后两句“逍遥有余兴，怅望情不终”，则将作者忧虑怅惘的情绪表露无遗。全诗情绪跌宕起伏，引人深思。

教学目标

了解双相情感障碍的诊断标准；掌握双相情感障碍常见症状的早期识别、分类和诊断的知识；了解双相情感障碍的发病原因，提高预防精神疾病、维护心理健康的能力。

关键词

双相情感障碍；双相Ⅰ型；双相Ⅱ型；躁狂；轻躁狂；抑郁

* * * 开篇 * * *

◎ 视听推荐

央视财经《正点财经》世界精神卫生日节目《情绪像坐“过山车”双相情感障碍容易被误诊》对双相情感障碍这一疾病作了介绍。双相情感障碍是一种既有躁狂发作又有抑郁发作的常见精神障碍，患者情绪波动大，如同坐过山车。患者可能表现出精力充沛、话多，也可能陷入悲观绝望，少言懒动，容易误诊为其他精神障。该疾病的存在高共病率和早期误诊问题。近50%的双向情感障碍患者会同时患有心血管疾病、糖尿病等慢性躯体疾病。由于仅有轻躁狂发作，且患者容易忽视其症状，双相二型尤其容易被误诊。很多患者不会直接到精神专科就医，而是选择到综合医院的心脏科等非精神专科就诊。

* * * 主体内容 * * *

第一节　认识双相情感障碍

一、双相情感障碍

（一）双相情感障碍的定义

双相情感障碍是一种以心境高涨和低落交替发作为特征的精神障碍。其病程包括躁狂或轻躁狂发作，以及抑郁发作。

研究者发现，大多数双相情感障碍的患者在青少年时期就出现抑郁发作，其后再出现躁狂或轻躁狂发作。这在临床上并非误诊，而是被称作延迟诊断。

知识链接

双相情感障碍的历史

精神科医师很早就观察到了个体抑郁与躁狂交替发作的状况。1896 年，德国精神医学家克雷佩林（Kraepelin）将这种疾病命名为躁狂抑郁性精神病（manic-depressive insanity，MDI）。此后，躁狂症成为了这种疾病广为人知的名字。20 世纪中叶，德国医生 Leonhard 将这种既有躁狂又有抑郁发作的疾病命名为双相情感障碍。

（二）双相情感障碍的分类

双相及相关障碍主要包括双相Ⅰ型障碍、双相Ⅱ型障碍、环性心境障碍及未特定的双相情感障碍。此外，根据《精神障碍诊断与统计手册（第五版）》，物质/药物所致的双相及相关障碍等也属于双相及相关障碍。

双相Ⅰ型障碍与双相Ⅱ型障碍的区别在于双相Ⅰ型障碍有躁狂发作，而双相Ⅱ型障碍无躁狂发作，只有轻躁狂发作。确诊双相Ⅰ型障碍不要求个体必须存在重性抑郁发作的阶段，但绝大多数双相Ⅰ型障碍患者一生中经历了重性抑郁发作。

环性心境障碍的患者也存在典型的心境低落和高涨交替发作，但发作程度未能达到躁狂、轻躁狂或抑郁发作的标准，持续时间可达两年之久。

未特定的双相情感障碍是指其他非常规类型的双相情感障碍，但存在心境低落和高涨交替发作的状况。

二、双相情感障碍的诊断标准

（一）双相情感障碍的诊断

1. 双相Ⅰ型障碍

根据《精神障碍诊断与统计手册（第五版）》① 中的诊断标准：双相Ⅰ

① American Psychiatric Association. Diagnostic and Statistical Manual of Mental Disorders-5th Edition [M]. Washington, DC: American Psychiatric Publishing, 2013: 280-289.

型障碍的患者在躁狂发作的前后可能出现轻躁狂或重性抑郁发作。

（1）躁狂发作

A. 在持续至少1周的时间内，在几乎每一天的大部分时间里（或如果有必要住院治疗，则可以是任何时长），有明显异常且持续的心境高涨、膨胀或易激惹，或异常且持续的活动增多或精力旺盛。

B. 在心境紊乱、精力旺盛或活动增加的时期内，存在3项（或更多）以下症状（如果心境仅仅是易激惹，则为4项），并达到显著的程度，且代表着与平常行为相比有明显的改变。

（1）自尊心膨胀或夸大。

（2）睡眠的需求减少（例如，仅3小时睡眠，就精神饱满）。

（3）比平时更健谈或有持续讲话的压力感。

（4）意念飘忽或主观感受到思维奔逸。

（5）自我报告或被观察到的随境转移（即：注意力太容易被不重要或无关的外界刺激所吸引）。

（6）目标导向的活动增多（工作或上学时的社交或性活动）或精神运动性激越（即：无目的非目标导向的活动）

（7）过度地参与那些很可能产生痛苦后果的高风险活动（例如，无节制的购物、轻率的性行为、愚蠢的商业投资）。

C. 这种心境紊乱严重到足以导致显著的社会或职业功能的损害，或必须住院以防止伤害自己或他人，或存在精神病性特征。

D. 这种发作不能归因于某种物质的生理效应（例如，滥用毒品、药物、其他治疗）或由其他躯体疾病所致。

注：由抗抑郁治疗（例如，药物、电休克治疗）引起的一次完整的躁狂发作，持续存在的全部症状超过了治疗的生理效应，这是躁狂发作的充分证据，因此可诊断为躁狂发作。

（2）轻躁狂发作

A. 在至少连续4天的一段时间内，在几乎每一天的大部分时间里，有明显异常且持续的心境高涨、膨胀或易激惹，或异常且持续的活动增多或精力旺盛。

B. 在心境紊乱、精力旺盛或活动增加的时期内，存在3项（或更多）以下症状（如果心境仅仅是易激惹，则为4项），它持续存在，并且与平时行为明显不同，且达到显著的程度。

（1）自尊心膨胀或夸大。

（2）睡眠的需求减少（例如，仅3小时睡眠，就精神饱满）。

（3）比平时更健谈或有持续讲话的压力感。

（4）意念飘忽或主观感受到思维奔逸。

（5）自我报告或被观察到的随境转移（即注意力太容易被不重要或无关的外界刺激所吸引）。

（6）目标导向的活动增多（社交的，工作或上学的，或性活动）或精神运动性激越。

（7）过度地参与那些很可能产生痛苦后果的高风险活动（例如，无节制的购物，轻率的性行为，愚蠢的商业投资）。

C. 这种发作伴有明确的功能改变，这些改变在没有症状时不是个体的特征。

D. 心境紊乱和功能改变能够被其他人观察到。

E. 这种发作没有严重到引起社交或职业功能方面的显著损害或需要住院。如果存在精神病性特征，根据定义，则为躁狂发作。

F. 这种发作不能归因于某种物质的生理效应（例如，滥用毒品、药物，其他治行）或其他躯体疾病。

注：由抗抑郁治疗（例如，药物，电休克治行）引起的完整的轻狂发作，存在的全部症状超过了治疗的生理效应，这是轻躁狂发作的充分证据，然而，

需要谨慎的是，通过1项或2项症状（特别是使用抗抑郁药物后出现的易激性增高、急躁或激越）不足以作出轻躁狂发作的诊断。

（3）重性抑郁发作

A. 在同一个2周的时期内，出现5项（或更多）下列症状，代表着以往功能出现了明显改变，至少其中至少1项是抑郁心境，或丧失兴趣或愉悦感。

注：不包括明显由其他躯体疾病所致的症状。

（1）几乎每天大部分时间都存在抑郁心境。

（2）几乎每天大部分时间，对于所有或几乎所有活动兴趣或愉悦感减少。

（3）在未节食的情况下体重明显减轻，或体重增加（1月变化超5%），或几乎每天食欲都减退或增加。

（4）几乎每天都失眠或者睡眠过多。

（5）几乎每天都精神运动性兴奋或迟滞。

（6）每天都疲劳或精力不足。

（7）几乎每天都感到自己毫无价值、过分内疚。

（8）几乎每天都存在思考能力减退或注意力不集中、犹豫不决。

（9）反复出现死亡的想法。

B. 这些症状引起有临床意义的痛苦，或导致显著的社交、职业或其他重要功能损害。

C. 这种发作不能归因于某种物质的生理效应或其他躯体疾病。

注：诊断标准A~C构成了重性抑郁发作。重性抑郁发作虽常见于双相Ⅰ型障碍，但对于双相Ⅰ型障碍的诊断而言并不必要

注：对于重大丧失的反应，可能包括诊断标准A所列出的症状。

2. 双相Ⅱ型障碍

双相Ⅱ型障碍包括轻躁狂发作和重性抑郁发作两个阶段。

(1) 轻躁狂发作

A. 在至少连续4天的一段时间内，在几乎每一天的大部分时间里，有明显异常且持续的心境高涨、膨胀或易激惹，或异常且持续的活动增多或精力旺盛。

B. 在心境紊乱、精力旺盛或活动增加的时期内，存在3项（或更多）以下症状（如果心境仅仅是易激惹，则为4项），它持续存在，并且与平时行为明显不同，且达到显著的程度。

(1) 自尊心膨胀或夸大。

(2) 睡眠的需求减少（例如，仅3小时睡眠，就精神饱满）。

(3) 比平时更健谈或有持续讲话的压力感。

(4) 意念飘忽或主观感受到思维奔逸。

(5) 自我报告或被观察到的随境转移（即注意力太容易被不重要或无关的外界刺激所吸引）。

(6) 目标导向的活动增多（社交的，工作或上学的，或性活动）或精神运动性激越。

(7) 过度地参与那些很可能产生痛苦后果的高风险活动（例如，无节制的购物，轻率的性行为，愚蠢的商业投资）。

C. 这种发作伴有明确的功能改变，这些改变在没有症状时不是个体的特征。

D. 心境紊乱和功能改变能够被其他人观察到。

E. 这种发作没有严重到引起社交或职业功能方面的显著损害或需要住院。如果存在精神病性特征，根据定义，则为躁狂发作。

F. 这种发作不能归因于某种物质的生理效应（例如，滥用毒品、药物，其他治行）或其他躯体疾病。

注：由抗抑郁治疗（例如，药物，电休克治行）引起的完整的轻狂发作，存在的全部症状超过了治疗的生理效应，这是轻躁狂发作的充分证据，然而，

需要谨慎的是，通过1项或2项症状（特别是使用抗抑郁药物后出现的易激性增高、急躁或激越）不足以作出轻躁狂发作的诊断。

（2）重性抑郁发作

A. 在同一个2周的时期内，出现5项（或更多）下列症状，代表着以往功能出现了明显改变，至少其中至少1项是抑郁心境，或丧失兴趣或愉悦感。

注：不包括明显由其他躯体疾病所致的症状。

（1）几乎每天大部分时间都存在抑郁心境

（2）几乎每天大部分时间，对于所有或几乎所有活动兴趣或愉悦感减少。

（3）在未节食的情况下体重明显减轻，或体重增加（1月变化超5%），或几乎每天食欲都减退或增加。

（4）几乎每天都失眠或者睡眠过多

（5）几乎每天都精神运动性兴奋或迟滞

（6）每天都疲劳或精力不足

（7）几乎每天都感到自己毫无价值、过分内疚

（8）几乎每天都存在思考能力减退或注意力不集中、犹豫不决

（9）反复出现死亡的想法

B. 这些症状引起有临床意义的痛苦，或导致显著的社交、职业或其他重要功能损害。

C. 这种发作不能归因于某种物质的生理效应或其他躯体疾病。

注：诊断标准A-C构成了重性抑郁发作。重性抑郁发作虽常见于双相Ⅰ型障碍，但对于双相Ⅰ型障碍的诊断而言并不必要

注：对于重大丧失的反应，可能包括诊断标准A所列出的症状。

3. 环性心境障碍

A. 至少2年（儿童和青少年至少1年）的时间内有多次轻躁狂症状，但未符合轻躁狂发作的诊断标准，且有多次抑郁症状，但未符合重性抑郁发作的诊断标准。

B. 在上述的2年（儿童和青少年为1年）的时间内，轻躁狂期和抑郁期至少有一半的时间，且个体无症状的时间每次从未超过2个月。

C. 从未符合重性抑郁、躁狂或轻躁狂发作的诊断标准。

D. 诊断标准A的症状不能用分裂情感性障碍、精神分裂症、精神分裂症样障碍、妄想障碍、或其他特定的或未特定的精神分裂症谱系及其他精神病性障碍来更好地解释。

E. 这些症状不能归因于某种物质的生理效应（例如，滥用的毒品、药物），或是由其他躯体疾病所致（例如，甲状腺功能亢进）。

F. 这些症状引起有临床意义的痛苦，或导致社交、职业或其他重要功能方面的损害。

标注如果是：

伴焦虑痛苦

（二）双相情感障碍的病程

双相Ⅰ型障碍的起病年龄约在18岁，双相Ⅱ型障碍的平均起病年龄约为25岁。双相情感障碍一般以抑郁发作起病，其后才出现躁狂发作或轻躁狂发作。需注意，双相情感障碍终生发作的概率较高，需长期治疗。其中，双相Ⅱ型障碍终生发作的概率要高于双相Ⅰ型。Angst等人（2003）长达20年的追踪研究显示，双相Ⅰ型的复发率是抑郁障碍的2倍，双相Ⅱ型甚至比双相Ⅰ型还要稍高一些①。就发病率而言，双相Ⅰ型在男女群体中差异不大，而双相Ⅱ型则在女性中更为常见。

---

① ANGST J et al. Recurrence of bipolar disorders and major depression: a life-long perspective [J]. European archives of psychiatry and clinical neuroscience, 2003, 253: 236-240.

研究者发现，由于双相情感障碍多以抑郁起病，这给正确诊断带来了不利影响。有超过 1/3 的患者在症状出现后 10 年才被确诊①。大量的研究者在采用不同研究方法后都得出了类似的结果②③④。刘珊珊等人（2022）在分析了我国 2010 年和 2019 年双相情感障碍住院患者的状况后发现，首发抑郁是双相情感障碍患者长时间未治疗的重要影响因素⑤。

在我国，双相情感障碍的加权年患病率为 0.5%，加权终生患病率为 0.6%⑥。值得注意的是，这些研究者还发现我国抑郁障碍的加权年患病率为 3.6%，加权终生患病率为 6.8%。这些患者中可能还有相当一部分存在抑郁障碍。

三、双相情感障碍与社会

（一）双相情感障碍的社会影响

在我国，双相情感障碍属于六类严重精神障碍之一。根据《严重精神障碍

① ANGST J et al. Recurrence of bipolar disorders and major depression: a life-long perspective [J]. European archives of psychiatry and clinical neuroscience, 2003, 253: 236-240.

② HIRSCHFELD R M, LEWIS L, VORNIK L A. Perceptions and impact of bipolar disorder: how far have we really come? Results of the national depressive and manic-depressive association 2000 survey of individuals with bipolar disorder [J]. Journal of Clinical Psychiatry, 2003, 64 (2): 161-174.

③ AKISKAL H S et al. Switching from ‘unipolar’ to bipolar II: an 11-year prospective study of clinical and temperamental predictors in 559 patients [J]. Archives of general psychiatry, 1995, 52 (2): 114-123.

④ LEWINSOHN P M, KLEIN D N, SEELEY J R. Bipolar disorders in a community sample of older adolescents: prevalence, phenomenology, comorbidity, and course [J]. Journal of the American Academy of Child & Adolescent Psychiatry, 1995, 34 (4): 454-463.

⑤ LISH J D et al. The National Depressive and Manic-depressive Association (DMDA) survey of bipolar members [J]. Journal of affective disorders, 1994, 31 (4): 281-294.

⑥ 刘珊珊，房萌，朱虹，等. 2010 年和 2019 年双相情感障碍住院患者的临床特征和未治疗持续时间的因素分析 [J]. 首都医科大学学报，2022，43 (3): 415-420.

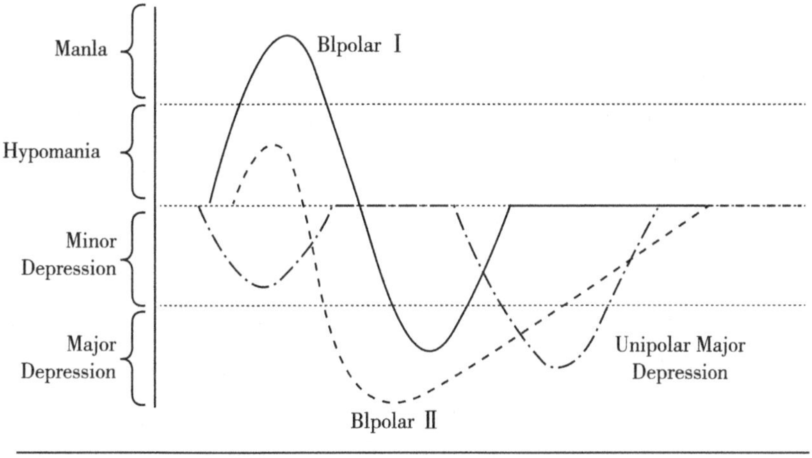

图 2-7 双相Ⅰ型、双相Ⅱ型及单相抑郁病程示意图

来源：Fiedorowicz，2011①

发病报告管理办法（试行）》（国卫疾控发〔2013〕8 号）之规定，精神分裂症、分裂情感性障碍、持久的妄想性障碍（偏执性精神病）、双相（情感）障碍、癫痫所致精神障碍、精神发育迟滞伴发精神障碍等 6 种重性精神疾病，应当实行发病报告。Plans 等人（2019）发现，6%~7%的双相情感障碍患者实施了自杀，他们的自杀概率是普通人群的 20~30 倍②③。

有研究者认为，所有的自杀者当中，双相情感障碍的患病率达 25%，超过 30%的双相情感障碍患者终生存在自杀企图。双相情感障碍患者还存在高共病的风险，即他们可能还同时存在其他类型的精神障碍和身体疾病，例如物质使用障碍、焦虑症、人格障碍、代谢综合征等。

---

① Huang Y et al. Prevalence of mental disorders in China：a cross-sectional epidemiological study [J]. The Lancet Psychiatry，2019，6（3）：211-224.

② FIEDOROWICZ J G. Course of illness and the development of vascular disease in individuals with bipolar disorder [D]. The University of Iowa，2011.

③ PLANS et al. Association between completed suicide and bipolar disorder：A systematic review of the literature [J]. Journal of affective disorders，2019，242：111-122.

（二）双相情感障碍与名人

双相情感障碍也是一个名人辈出的精神障碍。荷兰著名画家梵高就确诊了双相情感障碍，他的画作至今为人所称颂。梵高的生日（3月30日）被定为世界双相情感障碍日。著名作家海明威也是双相情感障碍患者。有学者认为，他的著作多为轻躁狂发作阶段写就的。知名科技大亨马斯克也曾公开在推特自称有过情绪起伏方面的困扰。

有人认为，双相情感障碍是种“天才病”。往往一些惊才绝艳，有特殊技能的个体患有这种疾病。他们在躁狂或轻躁狂发作阶段，能够创造出超凡脱俗的作品①。我们在日常生活中也有类似表述：“天才和疯子只有一线之隔。”根据邹泓等人（2015）的文献综述，适度的双相障碍症状和轻微的精神分裂症谱系人格特质与创造力存在相关关系，而精神分裂症和严重的双相障碍则对创造力有害无益②。Greenwood 等人（2022）的研究验证了创造力和双相情感障碍之间存在联系：轻度至中度的双相症状和强化的认知能力、创意的表达存在显著的正相关关系③。

研究者认为，双相情感障碍患者和创造力极强的人有类似的神经影像特征，即他们前额皮层活跃度都较高、认知抑制功能被削弱④。但是，并不是所有双相情感障碍患者都具有极高的创造力。他们往往被病情折磨，且有极高的自杀风险。

◎ 视听推荐

请观看 CCTV《双相情感障碍是一种“天才病”吗?》视频。主讲人北京

---

① Jamison K R. Touched with fire：Manic-depressive illness and the artistic temperament [M]. New York：Simon and Schuster，1993.

② 邹泓，曾荣，王娟．创造力与精神障碍：实证心理学的探讨 [J]. 北京师范大学学报（社会科学版），2015，2：38-49.

③ GREENWOOD T A et al. Bipolar spectrum traits and the space between madness and genius：The muse is in the dose [J]. Journal of Psychiatric Research，2022，153：149-158.

④ LLOYD-EVANS R，BATEY M，FURNHAM A. Bipolar disorder and creativity：Investigating a possible link [J]. Advances in psychology research，2006，40：111-142.

安定医院王威主任。

第二节 诱发双相情感障碍的生物、心理和社会因素

一、生物因素

（一）遗传因素

生物遗传因素是双相情感障碍最突出的风险因素。有双相Ⅰ型障碍和双相Ⅱ型障碍的个体的成年人亲属中，患病风险是普通人群的10倍。多位研究者发现，与双相情感障碍患者血缘关系越近，患该疾病的风险性就越高（如吴怀安等，2004）。双相情感障碍的遗传度高达80%，双生子研究结果显示：同卵双生子的同病一致率较异卵双生子高20%～65%①。双相情感障碍的遗传学研究显示：KT1 基因 rs3730358 位点 C/C、C/T、T/T 基因型及 C、T 等位基因②，儿茶酚氧位甲基转移酶（COMT）基因③，谷氨酸受体离子化 NMDA1 受体基因（GRIN1）rs2301363 SNP 位点的多态性改变④，9 淀粉样前体蛋白（APP）基因⑤等都和双相情感障碍相关。

（二）血生化因素

根据蔡亚兰等人（2022）的文献综述，神经递质、内分泌及血脂水平的

---

① 江开达．精神病学高级教程［M］．北京：人民军医出版社，2009.

② 闻庆云，周香云，吴远雄．AKT1 基因多态性与中国汉族人群双相情感障碍遗传易感性的关系探讨［J］．中国实验诊断学，2021，25（5）：645-649.

③ 吴怀安，邓小敏，阎小华等．情感障碍高发家系遗传学初步研究［J］．中国神经精神疾病杂志，2004（2）：92-94.

④ 杨雪梅，刘芳，齐红梅，宋亚曼，等．GRIN1 基因 rs2301363 SNP 位点与双相情感障碍的关联研究［J］．实用医学杂志，2013，29（19）：3154-3156.

⑤ 张莉，李月娥，李霞，等．淀粉样前体蛋白基因多态性与汉族儿童青少年双相情感障碍的关联研究［J］．中华行为医学与脑科学杂志，2020，29（6）：517-522.

改变与双相情感障碍相关①。例如，5-羟色胺、多巴胺功能增强与躁狂发作相关，而其功能减弱则与抑郁发作存在关联。促肾上腺皮质激素、促甲状腺激素水平增高可能抑制躁狂发作；皮质醇、三碘甲状腺原氨酸、甲状腺素水平增高则可能诱发躁狂。人体内血脂指标如胆固醇（TC）、三酰甘油（TG）等异常，也可能影响该疾病的发作。

（三）肠道微生物因素

临床病例显示，许多精神障碍的患者存在不同程度的消化系统疾病。例如，抑郁症、孤独症谱系障碍的患者常出现胃肠疾病。自微生物-肠-脑轴假说（Microbiota-gut-brian axis，MGB）的提出②，越来越多的研究验证了肠道微生物的构成能对大脑产生影响，并进而影响个体的情绪。研究者发现，双相情感障碍患者的肠道微生物菌群多样性较健康人群更低，且优势菌群为拟杆菌门而非厚壁菌门③。

二、心理因素

（一）人格特质

蔡亚兰等研究者还认为，双相情感障碍的个体具有情感旺盛性人格特征，如外向、精力充沛、睡眠少等。在临床表现上，研究者也发现双相障碍患者比普通人群更外向、神经质、强迫、追求完美、开放。此类人群多为神经兴奋性较高的群体，他们在持续亢奋的状况下，可能存在大量耗能，转为情绪低落，由此出现心境高涨和低落交替发作的现象。

---

① 蔡亚兰，蔡飞亚，苏华龙．情感障碍及非药物治疗的研究进展［J］．心理月刊，2022，17（6）：230-233.

② CRYAN J F，O'MAHONY S M. The microbiome-gut-brain axis：from bowel to behavior［J］. Neurogastroenterology & Motility，2011，23（3）：187-192.

③ Hu S et al. Gut microbiota changes in patients with bipolar depression［J］. Adv Sci（Weinh），2019，6（14）：1900752.

（二）压力事件

双相情感障碍的患者经历的压力事件水平较普通人群更高。例如，亲密关系破裂、金钱问题、慢性疾病等带来的压力。研究显示，早年间重大压力事件，如暴力、创伤等，可能引发双相情感障碍的首次发作。

三、社会环境因素

双相情感障碍患者的社会环境也是风险因素之一。例如，大量的研究显示，一个家庭环境、家庭教养方式粗暴严厉的个体，更容易罹患双相情感障碍。前述的遗传因素中，家庭成员带来的环境效应也是其中的一部分。孟苓苓等人（2023）发现，双相情感障碍患者的家庭亲密度、情感表达、独立性、娱乐性以及父亲和母亲情感温暖理解低于健康个体的家庭，其父亲惩罚严厉、拒绝否认和母亲过分干涉、拒绝否认显著高于健康个体家庭①。儿童时期有重大情感创伤经历的个体（性虐待、躯体虐待、创伤性事件等），患双相情感障碍的风险性更高。此外，个体所处的自然环境，如绿地覆盖率②，也将对其患双相情感障碍产生影响。绿色城市空间被认为有助于缓解不良情绪，是对双相情感障碍重要的非药物治疗方式之一。

第三节　双相情感障碍的治疗

一、双相情感障碍患者的治疗

（一）药物治疗

目前，药物疗法为治疗双相情感障碍的常见方式。常见治疗药物有心境稳

---

① 孟苓苓，王斌，王晓明，等．青少年双相情感障碍发病与家庭环境和父母教养方式的关系分析［J］．河北医药，2023，45（18）：2802-2806.

② 杨皓丹，马建武．后疫情时代城市绿色空间对双相情感障碍影响的文献研究［J］．建筑与文化，2023（8）：106-109.

定剂、非典型抗精神病药物、抗抑郁药物等。一些特定的化学药物可以调整大脑神经递质的工作机制，从而改善精神障碍的症状。

（二）心理治疗

在临床应用中，心理治疗常与常规药物治疗合并，作为对双相情感障碍患者的联合治疗，并有着较好的治疗效果。比较典型的心理治疗方法是认知行为疗法。认知行为疗法是通过改变人的扭曲认知，从而达到改善情绪和行为结果的目的。认知行为疗法可以让个体反思不良思维方式，识别扭曲认知，重建良好的思维方式。对于双相情感障碍患者而言，他们可以借助认知行为疗法学会鉴别诱发自己冲动的扭曲认知，从而抑制冲动、主动认识和调节情绪。

（三）物理疗法

改良电抽搐治疗是一种利用安全指标的电流刺激大脑，达到放松缓释作用的治疗方法。此种疗法可被用作心境稳定剂药物治疗之补充，其对于躁狂有较好的控制作用。研究者发现，改良电抽搐治疗可与药物治疗、心理治疗合并，作为联合治疗方案。一般来说，双相情感障碍患者的改良电抽搐治疗为间隔一天一次，一个疗程 4~10 次。如果在此治疗方案之外还需使用药物治疗，则需结合实际减少用药。类似的物理疗法还有重复经颅磁刺激治疗。重复经颅磁刺激治疗是一种利用脉冲磁场刺激大脑皮层，调节大脑功能的治疗方法。在临床应用中，此种疗法对双相情感障碍患者的抑郁和躁狂发作都有显著的疗效，且不良反应少。

（四）辅助疗法

1. 自然疗法

自然疗法的核心理念是人存在自我修复和痊愈的能力。其基本理念与中医类似：借助自然环境中已然存在的物质，可以帮助个体进行自我修复。例如，使用芳香疗法、水疗等。研究者发现，此种疗法可作为常规治疗方案的有益补充，并有较好的治疗效果。

2. 自我调节

双相情感障碍的患者还可以通过自我调节改善个人状况。例如，患者可以通过饮食、运动、冥想放松等方式帮助自己调节情绪。日常生活中，双相情感障碍的患者要注意劳逸结合，避免过度劳累或兴奋，切忌酒类、浓茶、咖啡等神经兴奋性物质。此外，患者要注意监控情绪。如果感到压力过大，情绪波动，要注意及时放松减压。此外，患者可使用艺术疗法、动物辅助疗法等多种方式帮助自己调节和缓解情绪。一些研究显示，提供支持性的社交关系也对患者的康复有积极作用。

二、双相情感障碍患者家属的干预

如前所述，双相情感障碍患者的家庭环境可能存在重大问题，其家庭功能存在缺失。由此，家庭治疗，或以家庭为工作对象的干预方案能对患者产生有益影响。研究证实，以家庭为中心的延伸护理、多家庭治疗、家庭治疗等干预方案等均能对患者治疗依从、生活质量等方面产生积极影响①②③。此外，作为双相情感障碍患者家属，日常可能因患者的病情承受了诸多额外的压力。家属可以通过家庭互助小组，团体咨询或个体咨询等方式协助协助自己排遣压力，学习更多的应对知识，建立更完善的社会支持系统。

资源链接

1. 中国精神残疾人及亲友协会：双相情感障碍患者的居家护理，https：//www. cappdr. org/-/---384

2. 深圳市卫生健康委员会：它不是“天才病”，只会让你的心情坐一辈子“过山车”！http：//wjw. sz. gov. cn/wzx/content/post_9652579. html。

---

① 李水兰，张遂辉，廖院平，等. 以家庭为中心的延伸护理方案对双相情感障碍患者治疗依从性及生活质量的影响［J］. 临床护理杂志，2019，18（4）：23-25.

② 肖旭曼，黄炜，黄史青，等. 家庭干预辅助碳酸锂治疗康复期双相情感障碍的效果［J］. 四川精神卫生，2019，32（6）：514-517

③ 张蓉，顾丽琴，吴奕珉. 多家庭团体治疗对康复期双相情感障碍患者社会功能的影响［J］. 上海护理，2022，22（10）：11-15.

3. 戴维·J. 米克罗维兹：双相情感障碍：你和你家人需要知道的。

【挑战任务进程记录】

亲爱的挑战者：

这一周的完成情况如何？是否遇到了困难？如果有，你采取了什么策略解决呢？请继续撰写周记，记录你的自我管理挑战计划的实施情况。

祝各位有个愉快的挑战之旅！

第八讲　焦虑与抑郁

薄雾浓云愁永昼，瑞脑消金兽。
佳节又重阳，玉枕纱橱，半夜凉初透。
东篱把酒黄昏后，有暗香盈袖。
莫道不销魂，帘卷西风，人比黄花瘦。

——《醉花阴·薄雾浓云愁永昼》宋·李清照

重阳节是古人登高踏秋、赏菊饮酒、举家祭祀庆贺的节日。作者李清照通过描述重阳节独自饮酒赏菊的情景，表达了孤独、忧愁的情绪。

教学目标

识焦虑障碍与抑郁障碍的症状、诊断和治疗，了解焦虑障碍和抑郁障碍产生的原因，学会自我调节情绪，掌握预防焦虑障碍与抑郁障碍的方法。

关键词

焦虑障碍；抑郁障碍；五羟色胺再摄取抑制剂（SSRI）

* * * 开篇 * * *

统计数据

根据世界卫生组织统计（2003），全世界有 2.8 亿人患抑郁症，影响着全球约 5%的成年人。成年人口中，女性较男性患抑郁症的风险更高：女性患者约占女性成年人口比例 6%，男性患者约占男性成年人口比例 4%①。抑郁症可引发严重的后果——自杀。全球每年有超过 70 万人死于自杀，15 至 29 岁的青少年中自杀占据死亡原因的第四位。全世界有 2.84 亿人患焦虑症，女性患者比男性患者人数更多②。焦虑障碍和抑郁障碍的共病性非常高③④。

课堂讨论

你听说过抑郁症、焦虑症吗？有些什么认识呢？这组数据是否符合你的预期？

讨论要求

请与你的同学讨论上述问题，并在讨论结束后报告你们的讨论结果。讨论时间 3~5 分钟。

---

① World Health Organization. Depressive disorder (depression) [EB/OL]. (2023-03-31) [2024-08-28]. https://www.who.int/news-room/fact-sheets/detail/depression.

② VOS et al. Global, regional, and national incidence, prevalence, and years lived with disability for 310 diseases and injuries, 1990-2015: a systematic analysis for the Global Burden of Disease Study 2015 [J]. The Lancet, 2016, 388 (10053): 1545-1602.

③ KALIN N H. The critical relationship between anxiety and depression [J]. American Journal of Psychiatry, 2020, 177 (5): 365-367.

④ ZHOU Y et al. Comorbid generalized anxiety disorder and its association with quality of life in patients with major depressive disorder [J]. Scientific reports, 2017, 7 (1): 40511.

第一节 认识焦虑症

一、焦虑障碍（Anxiety Disorders）

根据《精神障碍诊断与统计手册第五版》中的定义，焦虑障碍包括那些共享过度害怕和焦虑，以及有相关行为紊乱的特征的障碍。害怕是对真实的或假想的、即将到来的威胁的情绪反应，而焦虑是对未来威胁的期待①。

害怕经常与“战斗或逃跑”的自主神经的警醒、立即的危险、逃跑的行为有关；而焦虑则更经常地与未来危险做准备的肌肉紧张和警觉、谨慎或回避行为有关。有时害怕或焦虑的水平通过广泛的回避行为来降低。

常见的焦虑障碍包括分离焦虑障碍，特定恐怖症，社交焦虑障碍，广泛性焦虑障碍，广场恐怖症等。

当新生初次来到学校时，常常会紧张焦虑，不知如何更好地在新同学和老师面前表现自己。这种状况是非常常见的。一般来说，随着和同学师长的接触时间变长，大家都将适应新的环境。但是，如果紧张焦虑的状态持续了相当长的时间且没有改善，我们就要引起注意了。有的同学因为社交焦虑感极强，甚至不敢在饭点去食堂吃饭，不敢去小卖部购物。这些症状都极大地影响了正常的学习和生活。

二、常见的焦虑障碍的诊断标准

（一）社交焦虑障碍（又名社交恐惧症）

根据《精神障碍诊断与统计手册（第五版）》中的诊断标准②，社交焦虑障碍是：

① American Psychiatric Association. Diagnostic and Statistical Manual of Mental Disorders-5th Edition [M]. Washington, DC: American Psychiatric Publishing, 2013: 280-289.

② American Psychiatric Association. Diagnostic and Statistical Manual of Mental Disorders-5th Edition [M]. Washington, DC: American Psychiatric Publishing, 2013: 202-208.

A. 个体由于面对可能被他人审视的一种或多种社交情况时而产生显著的害怕或焦虑。例如，社交互动（对话、会见陌生人），被观看（吃、喝的时候），以及在他人面前表演（演讲时）。

B. 个体害怕自己的言行或呈现的焦虑症状会导致负性的评价（即被羞辱或尴尬；导致被拒绝或冒犯他人）。

C. 社交情况几乎总是能够触发害怕或焦虑。

D. 主动回避社交情况，或是带着强烈的害怕或焦虑去忍受。

E. 这种害怕或焦虑与社交情况和社会文化环境所造成的实际威胁不相称。

F. 这种害怕、焦虑或回避通常持续至少6个月。

G. 这种害怕、焦虑或回避引起有临床意义的痛苦，或导致社交、职业或其他重要功能方面的损害。

H. 这种害怕、焦虑或回避不能归因于某种物质（例如，滥用的毒品、药物）的生理效应，或其他躯体疾病。

I. 这种害怕、焦虑或回避不能用其他精神障碍的症状来更好地解释。

J. 如果其他躯体疾病（例如，帕金森病、烧伤等）存在，则这种害怕、焦虑或是回避则是明确与其不相关或过度。

（二）广泛性焦虑障碍

根据《精神障碍诊断与统计手册（第五版）》的诊断标准①，患广泛性焦虑障碍的个体：

A. 在至少6个月的多数日子里，对于诸多事件或活动（例如，工作或学校表现），表现出过分的焦虑和担心（焦虑性期待）。

B. 个体难以控制这种担心。

C. 这种焦虑和担心与下列6种症状种至少3种有关（在过去6个月中，至少一些症状在多数日子里存在）：

1. 坐立不安或感到激动或紧张

① American Psychiatric Association. Diagnostic and Statistical Manual of Mental Disorders-5th Edition [M]. Washington, DC: American Psychiatric Publishing, 2013: 222-226.

2. 容易疲倦

3. 注意力难以集中或头脑一片空白

4. 易激惹

5. 肌肉紧张

6. 睡眠障碍（难以入睡或保持睡眠状态，或休息不充分的、质量不满意的睡眠）。

D. 这种焦虑、担心或躯体症状引起有临床意义的痛苦，或导致社交、职业或其他重要功能方面的损害。

E. 这种障碍不能归因于某种物质（例如，滥用的毒品、药物）的生理效应，或其他躯体疾病（例如，甲状腺功能亢进）。

F. 这种障碍不能用其他精神障碍来更好地解释。

三、治疗方法

（一）抗焦虑药

患者可以使用抗焦虑药治疗焦虑障碍。常见的药物有苯二氮䓬类，如安地西泮（安定）、艾司唑仑（舒乐安定）、阿普唑仑、劳拉西泮（罗拉）、奥沙西泮（优菲）。另一类为β受体阻滞剂。此种药物常被用于治疗高血压，有肌肉放松、镇静的效果。但是，老年人不当使用可能会引发肌肉功能异常，导致摔伤等状况。最后，还有新型抗焦虑药，如丁螺环酮等。

（二）心理治疗

常见的治疗焦虑障碍的心理治疗方法有认知行为疗法（Cognitive Behavioral Therapy）、生物反馈疗法（Biofeedback Therapy）和动物辅助疗法（Animal-assisted Therapy）。

认知行为疗法可通过纠正扭曲认知，达成缓解焦虑症状的效果。常见的可能引发焦虑情绪的扭曲认知有灾难化、以偏概全和悲观预期的扭曲认知。例如，一位对未来发展总是毫无理由地悲观的学生，很可能在期末考试来临前感到极度焦虑，甚至想放弃考试。通过改变这种错误的认知，正确认识到自己前几次考试都考得不错，这次也做好了准备，给他带来压力的不是考试，而是他对考试结果的悲观预期，这位学生也许能有效缓解内心的压力感。

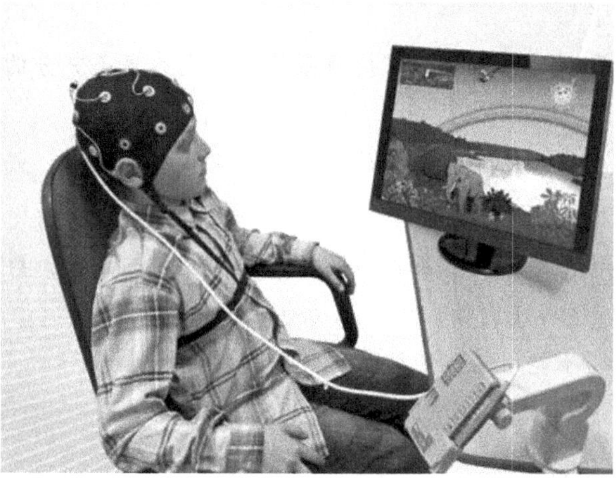

图 2-8　来访者使用生物反馈设备

来源：https：//www. omnia-health. com/product/biofeedback-and-neurofeedback-equipment

生物反馈疗法是通过呈现生理指标信息，达到协助来访者自我调节情绪的疗法。来访者通过生物传感器，实时监控个人的生理指标。这种疗法还伴有一些互动游戏及可视化的生理指标呈现方式。如上图中，来访者的头部链接了电极片。在观看视频画面时，其情绪如出现负性波动，引发生理指标负向变化，则画面会变为消极的，如狂风骤雨。如其情绪愉悦积极，生理指标良好，则画面会变为积极的，如阳光彩虹。

动物辅助疗法近年来越来越受到关注。我们可能对导盲犬等工作动物较为熟悉。其实，一些精神障碍患者也可以通过治疗动物的帮助有效缓解症状。通过训练，治疗动物可以有效识别患者的发作信号，并及时做出反应，安抚患者。例如，对于焦虑症患者而言，如果其治疗犬在他焦虑发作时，能及时反应并做出安抚，患者症状可以得到有效缓解，避免愈演愈烈。

（三）自我调节

我们也可以采用各类自我调节技术应对焦虑情绪。

第一种，SWAP 技术。这一技术包含 Stop（停下来），Wait（等一下），Absorb（集中注意周围事物）和 Proceed（然后继续）四个步骤。也就是说，当出现焦虑情绪时，首先要停下来，让自己从焦虑情绪中挣脱出来，然后等一下，让自己暂时和焦虑情绪隔离，接下来要把注意力集中到周围的事物上，如家具、楼梯、远山等，不再关注焦虑感。不一会儿，你就会感到焦虑情绪得到明显缓解，然后可以继续工作。

第二种，呼吸控制。这一技术也是常见的应对焦虑情绪的自我调节方法，其原理是通过呼吸调节，放松身心，达到缓解焦虑的效果。在出现焦虑情绪时，你可深吸一口气，然后缓慢吐气，将腹内空气排空，并将注意力集中在呼吸上。依次循环几轮，你的焦虑情绪就可以得到有效缓解了。在日常生活和工作中，我们也可以安排此类练习，预防焦虑情绪的积压。

第三种，渐进式肌肉放松。这一技术是 20 世纪初，内科医生 Edmund Jacobson 发明的。Jacobson 医生在长期的医疗实践中发现，肌肉紧张和精神压力之间存在联系，因此，他要求个体有意识地放松各个肌肉集群，并以此达到放松减压的效果。

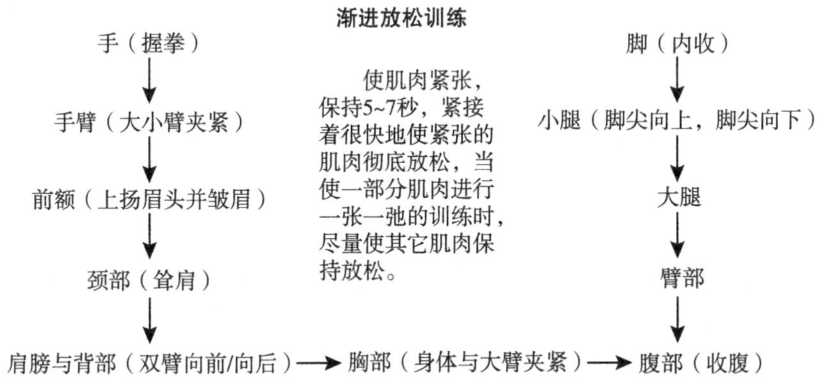

图 2-9　渐进式肌肉放松训练示意图

来源：中国医学科学院 北京协和医学院 http://www.cams.ac.cn/yxbd/9544f9c496eb4f7e881ddaf23989f95a.htm

第二节　认识抑郁症

案例讨论

抑郁症公益视频《不可说》描述了抑郁症患者面对污名化现象的无奈与困扰。请观看该视频，并思考以下问题：

1. 精神障碍的污名化对精神障碍患者、家属及社会公众有什么影响？
2. 我们生活中有些什么对精神障碍污名化的现象？
3. 为什么会出现这些现象？

讨论要求

请与你前后的同学组成四人小组，分享你的观后感并讨论上述问题，并在讨论结束后向授课老师报告你们的讨论结果。讨论时间3~5分钟。

一、抑郁障碍（Depressive Disorders）

常见的抑郁障碍包括破坏性心境失调障碍、重性抑郁障碍、持续性抑郁障碍、经前期烦躁障碍、物质/药物所致的抑郁障碍等。

二、常见的抑郁障碍的诊断标准

（一）重性抑郁障碍

根据《精神障碍诊断与统计手册（第五版）》的诊断标准①，重性抑郁障碍是：

A. 在同一个2周的时期内，出现5项或以上下列症状，其中至少1项是抑郁心境，或丧失兴趣或愉悦感。

① American Psychiatric Association. Diagnostic and Statistical Manual of Mental Disorders-5th Edition [M]. Washington, DC: American Psychiatric Publishing, 2013: 160-168, 168-171.

（1）几乎每天大部分时间都存在抑郁心境。

（2）几乎每天大部分时间，对于所有或几乎所有活动兴趣或愉悦感减少。

（3）在未节食的情况下体重明显减轻，或体重增加（1月变化超5%）。

（4）几乎每天都失眠或者睡眠过多。

（5）几乎每天都精神运动性兴奋或迟滞。

（6）每天都疲劳或精力不足。

（7）几乎每天都感到自己毫无价值、过分内疚。

（8）几乎每天都存在思考能力减退或注意力不集中、犹豫不决。

（9）反复出现死亡的想法。

B. 发病后，导致显著的社交、职业或其他重要功能损害。

C. 这种发作不能归因于某种物质的生理效应或其他躯体疾病。

D. 这种发作的出现不能更好地用分裂情感障碍、精神分裂症等其他精神病性障碍来解释。

E. 从无躁狂发作或轻躁狂发作。

（二）持续性抑郁障碍（恶劣心境）

根据《精神障碍诊断与统计手册第五版》的诊断标准①，患有持续性抑郁障碍的个体：

A. 至少在2年内的多数日子里，一天中的多数时间中出现抑郁心境，既可以是主观的体验，也可以是他人的观察。

B. 抑郁状态时，有下列2项（或更多）症状存在：

（1）食欲不振或过度进食，

（2）失眠或睡眠过多，

（3）缺乏精力或疲劳，

---

① American Psychiatric Association. Diagnostic and Statistical Manual of Mental Disorders-5th Edition [M]. Washington, DC: American Psychiatric Publishing, 2013: 160-168, 168-171.

（4）自尊心低，

（5）注意力不集中或犹豫不决，

（6）感到无望。

C. 在 2 年的病程中（儿童或青少年为 1 年），个体从未有 2 个月以上没有诊断标准 A 和 B 的症状。

D. 重性抑郁障碍的诊断标准可以连续存在 2 年。

E. 从未有过躁狂或轻躁狂发作，且从不符合环性心境障碍的诊断标准。

F. 这种障碍不能用一种持续性的分裂情感性障碍、精神分裂症等其他精神病性障碍来更好地解释。

G. 这些症状不能归因于某种物质的生理效应，或其他躯体疾病。

H. 这些症状引起有临床意义的痛苦，或导致社交、职业或其他重要功能方面的损害。

知识链接

区分抑郁症、抑郁状态及抑郁情绪

抑郁情绪是我们每个人在一生之中都可能会遇到的，这是一种常见的以心境低落为主要特征的情绪。有时，还伴随着社交回避、哭泣、乏力等特征。当一个人长期存在抑郁情绪，或一段时间的多数时间里都有抑郁情绪，他可能已经存在抑郁状态。在诊断上，精神科医师在第一次看诊时，可能不会给患者抑郁症（或抑郁障碍）的诊断，但可能给他确诊抑郁状态。抑郁状态严重的患者，也是需要服用药物的。经过一段时间观察，再复诊时，精神科医师可能就会开具抑郁症的诊断了。抑郁症是三者之中状况最为严重的。抑郁症（或抑郁障碍）包括破坏性心境失调障碍，重性抑郁障碍，持续性抑郁障碍，经前期烦躁障碍、物质/药物所致的抑郁障碍等。其中，重性抑郁障碍患者可能会出现自杀的情况。这是一种极为严重的精神障碍。

三、治疗方法

治疗抑郁症的方法有很多，主要有三种：抗抑郁药物、心理治疗、电磁疗法和自我调节。

（一）抗抑郁药物

常见的抗抑郁药物主要有三环类药物、SSRI 和 SNRI。常见的三环类药物有盐酸阿米替林片、盐酸丙米嗪片等。SSRI 是选择性五羟色胺再摄取抑制剂的英文缩写，即 Selective Serotonin Reuptake Inhibitor。SSRI 为第二代抗抑郁药物，其副作用较三环类药物更小，患者耐受性更好，现已成为一线抗抑郁药。常见的 SSRI 有氟西汀、帕罗西汀、舍曲林、西酞普兰、艾司西酞普兰等。SNRI 是五羟色胺-去甲肾上腺素再摄取抑制剂的英文缩写，即 Serotonin-norepinephrine Reuptake Inhibitor。常见的 SNRI 有度洛西汀、文拉法辛等。SNRI 为双通道抗抑郁药。此外，还有其他类型的抗抑郁药，如单胺氧化酶抑制剂。

知识链接

精神药物的药效机制

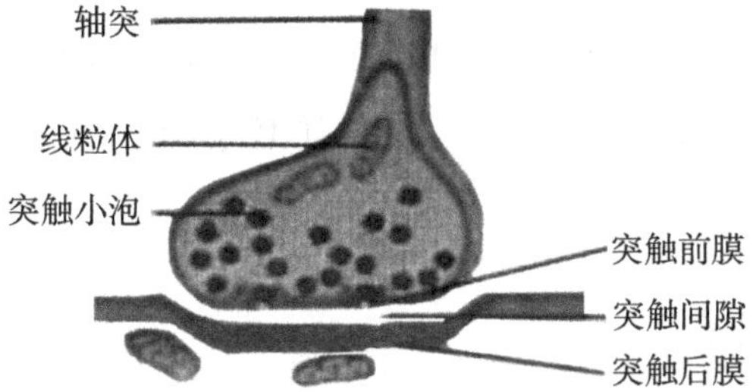

图 2-10　神经元示意图

来源：人教版高中生物选择性必修一

精神药物是通过影响神经递质的传导机制而产生药效的。以 SSRI（选择性五羟色胺再摄取抑制剂）为例，该药物进入人体后，选择性地和突触前膜上的五羟色胺再摄取泵结合，从而抑制其对突触间隙中五羟色胺的再摄取，由此提高突触间隙中五羟色胺的浓度。五羟色胺是一种神经递质，其作用是调节、改善情绪，使人感到愉悦。

（二）心理治疗

常见的心理治疗方法有认知行为疗法（Cognitive Behavioral Therapy，CBT）和辨证行为疗法（Dialectical Behavior Therapy，DBT）。如前所述，认知行为疗法可通过纠正扭曲认知，以达成缓解抑郁症状的效果。常见的可能引发抑郁情绪的扭曲认知有极端化、非黑即白的扭曲认知。例如，一位高考差几分没考上北大的优秀学生，错误地认为自己没考上北大就一无是处，加之补录的学校并不理想，那么，他很可能因此长期陷入抑郁情绪。通过改变这种错误的认知，正确认识到自己的学习能力和学业水平已达到优秀的水平，没考上北大照样可以有好的发展，他要重新定位个人发展方向并为之努力，这位学生也许能有效缓解抑郁感。

（三）电磁疗法

电磁疗法是使用电磁刺激大脑，使得大脑功能性连接发生变化，从而改善个体情绪状态的一种疗法。常见的电磁疗法包括重复经颅磁刺激（Repetitive Transcranial Magnetic Stimulation，rTMS），直流电刺激（Transcranial Direct Current Stimulation，tDCS）及深层脑部刺激手术（Deep Brain Stimulation，DBS）。

（四）自我调节

自我调节是应对抑郁症的重要环节。作为患者，除了遵医嘱接受化学、物理或谈话治疗，个人进行自我调控是十分必要的。常见的自我调节方式有正念冥想、运动锻炼等。研究显示，运动能即使提升大脑中多巴胺的水平，令个体产生兴奋、愉悦的感受。

课堂讨论

焦虑和抑郁有何区别

抑郁和焦虑都存在睡眠障碍、情绪易激惹等症状。两者有何区别呢？

讨论要求

请与你前后的同学组成四人小组，讨论上述问题，并在讨论结束后向授课老师报告你们的讨论结果。讨论时间 3~5 分钟。

抑郁症患者更关注过去，对已经发生的事情过度悲哀自责，认定未来会比过去更差，毫无希望。

第三节　焦虑症、抑郁症的常见误区

尽管焦虑和抑郁是常见的精神疾病，人们对其重要性有了越来越深的认识，但是，人们还是存在一些误区。

一、“真的生病了吗？”

焦虑症、抑郁症患者并不是得了我们日常所说的“情绪病”。他们大脑中神经递质的分泌水平常常出现了异常，并引发了各类症状。他们也不是“矫情”或者“装病”，更不是“赶时髦”。诚然，一些人为了逃避责任等原因，假装患病。但是，不加辨别地将所有焦虑症、抑郁症患者视作装病，这是对他们的伤害。这种怀疑、不信任的氛围，也不利于他们康复，甚至会加重他们的症状。有的人错误地认为自己患病，难以改变，但其实没有患病，这也是一类精神障碍，称为疑病症（hypochondriasis）。

二、“精神障碍患者都很危险！”

污名化现象也是人们对抑郁症、焦虑症的严重误区。究其根本，这与我们对精神障碍不了解，或者片面地了解了部分精神障碍患者发作时暴力、失控的一面有关系。不久之前，某市一小区为精神障碍患者提供了数套安居房，旨在助力精神障碍患者重返社区。但是，这一消息被部分居民知道后，他们一起拉横幅、旗帜鲜明地反对，并声称这会影响居民安全、影响房价。可见，这种“要离精神障碍患者远点！不能接近他们！他们很危险”的错误认知是多么的根深蒂固，带来的影响有多么恶劣。

三、“自行调整药物没事吧?”

人们对焦虑症、抑郁症还存在一个严重误区就是自行调药。有的患者感到好些了，或者感到药物没用、副作用太大就自行减药甚至停药。这样做，对他们的治疗和康复是不利的。首先，精神障碍药物通常要服用一段时间才起效，一些患者还没等到药物起效，就放弃了治疗，这无疑是十分可惜的。其次，精神障碍复发后治疗难度增加。一些患者自行停药后，很可能又复发了，再去治疗时可能需要加大剂量甚至换药。此外，我们要坚定信心，依从治疗方案，通过坚持治疗，患者是可以恢复和保持良好的社会功能。最后，运动锻炼可以有效地帮助患者调整情绪。运动是一种普遍的能改善人情绪状态的方法，适用于有运动能力的绝大多数人。患者在治疗期间，也可以通过适量的运动锻炼，积极自我调节情绪。

四、“焦虑症、抑郁症是天生的/环境造成的?”

人们对焦虑症、抑郁症的最后一个误区就是将患病原因单方面归结为先天或后天因素。这其实与人们对于自己是否会得这个疾病的忧虑有关。总的来说，焦虑症、抑郁症是先天和后天因素共同作用的结果。大量研究发现，家族中存在精神障碍的个体，其后天患病的风险性将更高。而一些重要的环境因素，如父母教养方式、成长经历、创伤事件、社会文化环境等都可能成为个体患病的风险因素。

【挑战任务进程记录】

亲爱的挑战者：

这一周的完成情况如何？是否遇到了困难？如果有，你采取了什么策略解决呢？请继续撰写周记，记录你的自我管理挑战计划的实施情况。

自我管理挑战总结

亲爱的挑战者，历时一个学期的自我管理挑战终于要落下帷幕了。你是否发现自我管理并不那么容易？本学期的自我管理挑战计划，你完成情况如何？有哪些事情阻碍了你坚持这个计划？你采取了什么策略减少这些阻碍？这些策略的效果如何？

第三模块：
提高社交能力、促进个人发展

内容简介

本模块旨在结合大学生学习和生活实际，通过分析探讨如何建立和谐的人际关系，如何学习，如何规划职业生涯，如何认识和管理情绪情感，向学生普及心理健康知识，让他们提高社交能力，学会处理应对不同场景下的人际关系问题，促进个人发展。本模块的挑战任务为自我突破挑战。

挑战任务

自我突破挑战

请根据你的实际情况，确定一个你非常希望了解但知之甚少的群体，这个群体和你在语言文化、社会经济地位或身体健康状况等方面存在较大的差异（如留学生、留守儿童、孤独症人士等）。请在接触这个群体前，通过网络搜索等形式对这个群体进行初步了解，形成具有可操作性的接触该群体的计划，并征得对方同意。请与该群体进行至少一次接触（如参与集体活动或一对一访谈；请确保你的活动安全、合法、健康）。请通过周记记录你这项活动的体验。

第九讲　建立和谐的人际关系

千里黄云白日曛，北风吹雁雪纷纷。
莫愁前路无知己，天下谁人不识君？
——唐·高适《别董大》

“和”是中华民族的传统美德，“以和为贵”是中国人民的传统价值观。中国自古以来就有人与人之间要建立和谐关系、重视友谊的传统。描述文人之间的友谊的作品出了不少名篇。高适的这首诗表达了诗人对好友的依依惜别之情。最后两句“莫愁前路无知己，天下谁人不识君？”更是千古名句。这既是诗人对好友的劝慰，也体现了诗人豁达开阔的胸襟。

教学目标

了解人际交往的定义和基本理论，认识人际交往的重要性；掌握基本的交往原则和技巧；了解人际关系障碍的类型及调适方法，增强人际交往能力。

关键词

人际交往；创伤；交互作用分析理论

＊＊＊ 开篇 ＊＊＊

孔子问子桑雽曰："吾再逐于鲁，伐树于宋，削迹于卫，穷于商、周，围于陈、蔡之间。吾犯此数患，亲交益疏，徒友益散，何与?"子桑雽曰："子独不闻假人之亡与? 林回弃千金之璧，负赤子而趋。或曰：'为其布与? 赤子之布寡矣。为其累与? 赤子之累多矣。弃千金之璧，负赤子而趋，何也?'林回曰：'彼以利合，此以天属也。'夫以利合者，迫穷祸患害相弃也；以天属者，迫穷祸患害相收也。夫相收之与相弃亦远矣。且君子之交淡若水，小人之交甘若醴；君子淡以亲，小人甘以绝。彼无故以合者，则无故以离。"

孔子曰："敬闻命矣。"徐行翔佯而归，绝学捐书，弟子无挹于前，其爱益加进。

异日，桑雽又曰："舜之将死，真泠禹曰：'汝戒之哉！形莫若缘，情莫若率。缘则不离，率则不劳；不离不劳，则不求文以待形；不求文以待形，固不待物。'"

——《庄子·山木》

孔子请教子桑雽，他多次逃难，亲友交往生疏，徒弟散了是为何。子桑雽用林回逃亡时，带上了婴儿，舍弃千金璧玉的故事劝解孔子：君子之间的交往平淡而亲近，小人之间的交往甘浓但利断义绝。无缘无故相亲近结合的，也会无缘无故地离散。

我国传统文化推崇的是君子之交（即道德修养高的人之间的交往），讲究人与人之间的相处要平淡如水。孔子时代所描述的小人之交其实是普通百姓之间的交往，并非心术不正之人之间的交往。虽然君子之交广受推崇，但如何处理好人际关系，让人际关系更润滑，也是我们需要学习的重要一课。

* * * 主体内容 * * *

第一节　认识人际关系

一、人际关系的定义

（一）定义

人际关系是指人与人在交往中建立的直接的心理上的联系，它表现为一个人对其他人吸引或排斥的心理倾向及其相应的行为。人际关系包含三种成分：认知成分、情感成分和行为成分。认知成分是指个体对人际关系状况的认识；情感成分是指交往双方在情感上的满意程度和亲疏关系；行为成分是指交往双方外显的行为表现。

（二）人际关系的理论

1. 梅奥的人际关系理论

梅奥的人际关系理论是管理学的经典理论。传统理论认为，人是“经济人”，每个人都以谋得最大的经济效益为目标，讲求利益至上，应注重规则、秩序、纪律性。梅奥则通过著名的霍桑实验验证了人不只是“经济人”，也是“社会人”。根据梅奥的人际关系理论，人的因素才是生产效率的决定性因素。当员工感到作为人被关心关注和尊重时，能够极大激发他们的工作效率。组织还应积极向员工提供归属感和安全感。与之相比，传统理论忽略了人的主观能动性和创造性。在我们的日常人际交往实践中，我们应谨慎看待凡事从“经济账”“权力账”出发，而不是尊重他人，与对方形成良好的合作关系的做法。这种做法也许短期可以维持，但长远来说是难以为继的，也将对双方都造成不利影响。

知识链接

霍桑实验

霍桑是20世纪20年代美国芝加哥城郊的一家工厂。它的生产效率低下，工人们的不满情绪严重，但其生产设备和福利并无甚不妥。这一现象引起了研究者的关注，其中一位就是后来为人所熟知的乔治·梅奥。他通过实验法，逐步改善车间照明、休息时长、室温等条件，但发现这些变量均未改善工人的生产效率。但是，这批研究者因为实验要求，对工人长期的关注、访谈、倾听反而极大促进了他们的工作效率，改善了他们怨声载道的状况。

这一实验说明，当一个人感到被尊重和重视，将极大地促进其工作表现，提高其工作效率。这提示我们，对他人真诚的尊重和重视将促进其表现，而如果我们坚持对自己也采取这种态度，我们也将获得了不起的成就。对自己尊重和重视可以通过多种途径实现。除了日常多自我鼓励，我们也要从生活中关心关注自己的状况。例如，保持健康的作息、饮食和运动，积极采用各种手段帮助自己调节情绪，有身体病痛及时看诊等。当我们感受到被自己真诚地关爱时，将产生极大的积极心理效应。

心理学家小传

乔治·梅奥

乔治·埃尔顿·梅奥（George Elton Mayo，1880—1949），出生于澳大利亚。他是著名的心理学家。他因霍桑实验广为人知。通过该实验，他发现了工人的生产效率不仅与生产环境和工具等实体条件有关，而且与工人的心理、态度、动机、人际关系等因素息息相关。他的发现推动了工业心理学的发展，并极大促进了传统管理理论向行为科学管理理论的发展。

2. 基本人际关系取向理论

心理学家舒茨（W. Schutz）在1958年提出基本人际关系取向理论（Fundamental Interpersonal Relations Orientation）①。这一理论认为，个体在群体互动中有三种基本的需要，即归属需要、支配需要和情感需要。

归属需要是指个体与他人接触交往、融入群体的需要；支配需要是指个体控制或者被控制的需要；情感需要是指个体爱人或者被爱的需要。舒茨还将这三种需要作了程度划分。个体的某项需求可能表现为缺乏、过量和健康平衡的三种状态。例如，归属需求匮乏可能使个体显得冷漠孤僻，归属需求过强则又可能使个体显得讨好或“显眼包”，归属需求恰当则使个体显得言行举止得体，待人礼貌有分寸。舒茨还将上述三种基本的人际需要，以及个体是主动还是被动作了交互分析，由此划分出六种人际关系的行为模式：主动归属、被动归属、主动支配、被动支配、主动情感、被动情感。

心理学家小传

威廉·舒茨

威廉·舒茨（William Schutz，1925—2002）出生于美国。他于加州大学洛杉矶分校获得博士学位。舒茨以其提出的基本人际关系取向理论（又称人际关系三维理论）闻名。与马斯洛的理论不同，舒茨细化了各类需要的程度。他的理论被广泛应用于管理实践和群体评估。

① SCHUTZ W. The interpersonal underworld [M]. Palo Alto, CA: Science and Behavior Books, 1966.

二、人际关系的重要性

（一）人际关系与身体健康

研究显示，人际关系与身体健康有着显著的相关。与家人、朋友有着密切联系的社会联结者，其寿命要比社会孤立者平均长3.7年①。贫乏的人际关系会危害冠状动脉的健康②。婚姻幸福的人要比单身的人在肺炎、外科手术和癌症上的发生率低③。在中国老年人群中，亲子陪伴与较低的认知障碍显著相关④。

我们在生活中也遇到过这样的例子。有的社区经常组织志愿者上门拜访孤寡老人。这样做，一方面可以帮助这些老人解决实际生活困难，另一方面也可以通过和他们聊天谈话来建立关系，给他们关心和鼓励。虽然没有儿女，但社区志愿者总在给予温暖的陪伴和帮助，他们的晚年生活会因此更幸福快乐。

延伸阅读

《孤独，另一种蔓延全球的"疫情"》，https：//news. sina. com. cn/w/2021-03-17/doc-ikknscsi6681851. shtml。

（二）人际关系与心理健康

人际关系也与人的心理健康息息相关。根据马斯洛（1943）的需求层次理论，人的需求包括生理需求、安全需求、爱和归属需求、尊重需求、自我实

① HOLT-LUNSTAD J, SMITH T B, LAYTON J B. Social relationships and mortality risk: a meta-analytic review [J]. PLoS medicine, 2010, 7 (7): e1000316.

② VALTORTA N K et al. Loneliness, social isolation and risk of cardiovascular disease in the English Longitudinal Study of Ageing [J]. European journal of preventive cardiology, 2018, 25 (13): 1387-1396.

③ PARKER-POPE T. Is marriage good for your health [EB/OL]. New York Times, (2010-04-15) [2024-08-29]. https: //www. nytimes. com/2010/04/18/magazine/18marriage-t. html.

④ YIN S et al. Social support and the incidence of cognitive impairment among older adults in China: findings from the Chinese longitudinal healthy longevity survey study [J]. Frontiers in Psychiatry, 2020, 11: 254.

现需求。我们仔细分析可发现，人的这些基本需求或多或少都需要在人际关系中实现。

哈佛大学近80年的跟踪研究显示，紧密的关系，而非金钱或地位，能够帮助我们活得更长久，更开心。离异、分居和丧偶的人对心理治疗的需求是有配偶者的五到十倍。他们更容易患抑郁症、焦虑症等精神疾病。在一份参与者超过200名大学生的研究中，研究人员发现最快乐的那10%的人都认为自己拥有丰富的社交生活①。

在2018年发布的重复研究中，Diener等人发现，想要达到极高的快乐程度，个体要有较好的个人境遇，生活在发展前景好、幸福感强的社会环境中，且有强大的社会支持②。

（三）人际关系与社会化

马克思曾说，人是最名副其实的社会动物，不仅是一种合群的动物，而且是只有在社会中才能独立的动物。这句话表达的意思是，人是有赖于人类社会生产提供的资料才能生存的，脱离了人类社会，人便不能存活。

此外，人也在关系中发展和社会化。社会化是社会心理学的一个专有名词，它的定义是“个体在社会影响下，通过学习社会知识、掌握社会技能、建立社会经验，并通过自身不断地选择和建构，形成一定社会所认可的心理或行为模式，成为社会成员的过程”（郑雪，华南师范大学）。研究者认为，严重欠缺人际关系甚至可能引起社会化退行。

知识链接

野孩子，狼孩及其他

在英文中，feral child意指野孩子，与之类似的还有wolf boy，即狼孩。这

---

① DIENER E, SELIGMAN M E P. Very happy people [J]. Psychological Science, 2002, 13: 81-84.

② DIENER E et al. Happiest People Revisited [J/OL]. Perspectives on Psychological Science, 2018, 13 (2): 176-184. https://doi.org/10.1177/1745691617697077.

些表述都描述了脱离人类社会，不能与人正常交流，行为趋向于野兽的儿童。这些儿童成长过程中往往与社会脱节，如长期在野外生存，甚至在都市传说中被描述成“被野兽养大”。

2015 年，Swain 等人报道了一则医疗案例①。一位年仅 15 岁的 RR 小男孩，在一次落入小溪的生死经历后，出现了行为“退化至动物状态”的现象。他四肢落地行走，并发出野兽般的嘶吼声，有咬人的行为。医疗专家经过诊断，认为他因应激出现了反应性依恋障碍。这个小男孩常年在家中地下室生活，不上学，日常生活的主要内容就是看电视、看漫画、玩电脑游戏。他长期欠缺人际社交。在一次和家人去户外的时候，偶然失足落水。后虽被救起，但出现了上述行为表现。精神科医师对他采用了三种治疗方案。首先，通过药物缓解其抑郁和焦虑状态；其次，要求小男孩参加住院培训中的行为训练项目；最后，要求小男孩的家长与其加强交流。

第二节　人际关系的经营之道

一、塑造积极正向的内在品质

“物格而后知至，知至而后意诚，意诚而后心正，心正而后身修，身修而后家齐，家齐而后国治，国治而后天下平。”这段话出自《礼记・大学》。我们高中时期熟读的“修身、齐家、治国、平天下”正是出自这里。而我们许多人可能不了解的是，修身之前还要求我们做到什么。根据《礼记・大学》的原文，修身之前，我们需要做到正心，也就是心思要端正。首先，一个人如果心思不端正，但社交技巧拔群、舌灿莲花，则可能给身边人、给社会带来很大的危害。例如，社会现存的诈骗现象。这些违法犯罪分子利用了高超的话术，令普通民众一念贪心之下陷入了困局，不仅损失大量金钱，甚至还可能失去生命。其次，我们作为普通民众，也要时时反思自己的心思是否端正，警惕

① SWAIN J E, LECKMAN J F, VOLKMAR F R. The wolf boy: reactive attachment disorder in an adolescent boy [J]. Psychiatry (Edgmont), 2005, 2 (11): 55.

自己可能产生的贪婪、嫉妒、狭隘、自私等不良念头，及时纠正。否则，我们很可能误入歧途，甚至被不法分子利用，给自己和身边的人带来巨大伤害。不仅中国的学者，西方学者也持类似观点。亚当·斯密在《道德情操轮》一书中指出：“人类生活的不幸和混乱，其主要原因似乎在于高估了一种境况和另一种境况之间的差别。贪婪过高估计贫穷和富裕之间的差别，野心过高估计个人地位和公众地位之间的差别，虚荣过高估计湮没无闻和名闻遐迩之间的差别。”他也警醒后世需要保持清正，不要陷入了贪婪、野心和虚荣的陷阱。想要正心，我们可以从以下几点做起。

（一）树立正确的核心价值观

党的十八大提出，在国家层面倡导富强、民主、文明、和谐，在社会层面倡导自由、平等、公正、法治，在公民个人层面倡导爱国、敬业、诚信、友善。以上 12 个词是社会主义核心价值观的内容。党的十八大以来，我国积极倡导和培育这 12 个核心价值观。党的二十大报告再次强调了践行和宣传社会主义核心价值观的重要性。要求开展爱国主义、集体主义、社会主义教育，着力培育时代新人。着力提高全社会道德水准和文明素养，弘扬劳动、奋斗、奉献、创造和勤俭节约精神。此外，鼓励文化事业发展，要求推出更多能够增强人民精神力量的作品，促进群众和竞技体育事业，扩大国家的文化影响力。

课堂讨论

https：//m. sohu. com/a/451770809_121010226/？ pvid＝000115_3w_a

请登录网站，观看社会主义核心价值观微电影《看见美好，传递力量》，并思考这个问题：“宣传片中哪个片段你印象最为深刻？为什么？”

讨论要求

请与你前后的同学组成四人小组，讨论上述问题，并在讨论结束后向授课老师报告你们的讨论结果。讨论时间 3~5 分钟。

（二）把握人际交往的基本原则

1. 平等尊重的原则

人与人之间应该做到平等尊重。《论语·卫灵公》有言："己所不欲，勿施于人。"这是告诫我们，不要将自己所不希望受到的待遇施加到别人身上。人和人之间应该友好相处。

2. 反躬自问的原则

人也应该时常反思自己是否有做得不妥，或是可以做得更好之处。遇到问题，只是单方面将矛头指向对方，责怪他人，这样对自我提升是非常不利的。我们如遇到问题，说明在该处有可以调整和提高之处。正确的态度应为正视自己可能存在的问题，并通过学习不断提高。

3. 和而不同的原则

人与人之间应该做到和而不同。古人认为，君子之间的交往是真诚坦荡的。即使双方有不同意见，也可以保持个人意见，不必强行赞同。虽然意见不一致，但双方能和谐共处。不道德的小人则不一样。他们表面可能阿谀奉承，赞同支持，但背地里诋毁拆台，这种行为令人不齿，并非君子所为。

二、通过语言和行为表达自我

（一）善用委婉表达

中国传统文化讲求委婉的表达方式。人们习惯于用圆融的方式和谐相处。以下有几种委婉表达方式，我们将分别举例说明。

1. 引入和铺垫

一位职场新人，在入职后，领导交办她完成一项紧急工作。但这位新人不大懂其中一个环节如何操作，于是她请教起了前辈。她给这位前辈发了条微信：

××老师您好，请问×××业务如何操作？

另一位职场新人，遇到了同样的问题，她是这样给前辈发微信的：

××老师您好，我有一事想请教您哈。我正在完成×××项目，但我不大明白×××如何操作，我已经试了×××还是不行。项目催得有点急，希望得到您的支持！

同样是询问业务，但第二位新人用在询问具体问题前做好了铺垫，说明了自己已采用的方法，还暗示了事项的紧急程度。两相对比，效果大不相同。

2. 说明缘由

一位博士生在答辩前夕焦急地等待着自己论文录取的结果。主编原回复是90天左右，现已过去了75天，她有些等不及了。这篇论文如能录取，她将达到毕业要求，并能按期报到入职，否则要调整后续安排。于是，她急匆匆地邮件询问期刊编辑该论文录取情况。

××主编您好，

我于×××日投稿，文章编号×××××，您于×月×日告知我，论文评审时长约90天。不知我的论文评审结果出来了吗？谢谢！

×××

这封看似礼貌的邮件，实则从学术出版角度而言并非如此。主编每天会收到大量邮件，且不少主编是出于对学科的热忱，才主动承担了学术期刊的主编职责，他们有的已在大学有教职。一般来说，作者投稿如果过了初审，主编会告知作者审稿时长，通常是3个月。在3个月时限内，非特殊情况，提前询问论文评审结果，都很可能被视作对主编的催促。这在不少主编看来是不礼貌的行为。果不其然，这位博士生收到编辑非常简短的回复："我们的审稿时长为90天，请知悉。"这位博士生这才反应过来自己太急了。于是她赶紧再发了封邮件：

××主编您好，

不好意思，情况是这样的。我将于×月×日博士毕业答辩，这篇文章录取情况对我答辩能否通过至关重要。不好意思我之前显得有些着急了。如果给您的工作带来了不便也一并表示抱歉！再次感谢您的支持！

×××

主编收到这封解释邮件后，果然很快回复了她，安慰她很快将收到结果。一周后，主编就邮件通知她文章已被录用，只需稍作修改。

可见，我们如不善于说明缘由，很可能莫名给他人留下不好的印象。如能坦诚说明，对方常常会理解，并给予我们可提供的帮助。

3. “被动式主动”

两位关系非常要好的同学因为小事吵架了，并陷入了冷战。A同学还对B同学撂了狠话，说再也不跟B同学说话了。但是，过了不久，A同学遇到了一件事情必须获得B同学的帮助。A同学感到非常尴尬，自己要是找B同学说话，不仅颜面尽失，还可能被拒绝。B同学经常在图书馆自习。于是，A同学想了个办法。这天，A同学瞅准机会，在B同学自习的时候，在他桌子面前来回走。走了几个来回后，B同学抬起头，好奇问道，“A，你找我有事吗？”A同学如释重负，马上主动表达了歉意，并表明来意。两人冰释前嫌，A同学也得到了所需的帮助。

（二）敢于直接表达

1. 就事论事

在一次会议中，部门领导C要求B员工越俎代庖地汇报A员工的工作，上级领导察觉到不合理，询问A员工为何不汇报。如果你是他？你会如何做？有的同学可能会愤愤不平，表示要当场让C下不来台，趁机在上级领导面前告状。但是A员工只是语气平淡地回答：“这是C领导直接安排小B准备的。”

我们在发表意见时，要就事论事，要注意分寸，不要上升到对对方个人的攻击或指责。有经验的上级在公开场合提出疑问后，后续可能还会私下找员工了解情况。果然，这位上级后来找 A 员工和部门的其他员工谈话了。C 在工作中屡次不遵守单位的规矩，一意孤行，致使部门工作混乱，员工纷纷离岗。上级查明情况后不久，C 就被撤职了。

2. 疑问句

C 同学有个不好的习惯，喜欢插嘴，班上同学们都不喜欢他这样做。这天，A 同学正和 B 同学谈话。C 在一旁，屡屡打断交谈。A 同学忍让了几次后，终于忍不住了，似笑非笑地问 C 同学，“你让我把话说完，可以吗？”

有的时候，我们即使生气了，也不一定要用吵架、撂狠话的方式表达不满。我们可以用疑问句来巧妙地表达自己的态度。这句问话看似平淡，但蕴含着对对方的不满，也有对对方连基本礼貌都需要人提醒的无奈。果然，C 同学脸瞬间红了，忙不迭道歉，后续也改掉了这个坏习惯。我们都希望身边的人道德修养和素质高，但很可惜的是，我们不能保证每个人都能做到。如果遇到了这样的人，我们又不便与之直接交恶，不妨用委婉的方式化解吧。

3. 主动

A 同学在发现学校的电子公共栏上发布了一则课题项目招聘公告。他发现正好和她感兴趣、已经在做的方向高度相似。A 同学于是主动电话联系了课题负责教授，简短说明意向后，预约了面谈时间。但因教授工作繁忙，谈话临时取消了。A 同学又主动参加了这位教授的讲座课，在讲座后教授回办公室的路上，与其进行了谈话，有准备地将自己的思路大致与教授进行了交流。果然，教授对这位有想法又主动的科研苗子非常看好，第二天就让助手通知这位同学加入团队了。

虽然中国人讲究委婉，但是有的时候我们需要主动去争取和表达。尤其当我们看准了合适的机会的时候，不要贻误战机，一定要当机立断地抓住机会。确实，机会是留给有准备的人的。但如果我们准备充分，在机会来临时犹豫不决，很可能会导致我们错失良机。所以说，除了做好准备，我们也需要主动。

课堂讨论

你遇到过让你困扰的社交情境吗？你当时是如何处理的呢？你是否能够借

助以上讲解，寻求更好的解决之道？

讨论要求

请与你前后的同学组成四人小组，讨论上述问题，并在讨论结束后向授课老师报告你们的讨论结果。讨论时间 3~5 分钟。

资源链接

延伸阅读：戴尔·卡耐基《人性的弱点》。

◎ 视听推荐

请观看电影《重庆谈判》中毛主席回应美国大使赫尔利挑衅的片段。

三、警惕不健康的人际关系

2019 年，家暴公益组织负责人 Katie Hood 在一次 TED Talk 讲座中分享了五种不健康人际关系的危险信号。这五种危险信号分别是强度（Intensity）、隔绝（Isolation）、极端妒忌（Extreme jealousy）、贬低（Belittling）和波动（Volatility）。

强度描述了两人之间关系链接极端紧密的状态。例如，两人恋爱时，如双方既相互依存又有各自的空间，则更可能是一段健康的关系。如果两人长期过度紧密、恨不得 24 小时连线，则说明双方间的关系很可能并不健康。

隔绝描述了两人恋爱后，一方因恋爱关系，和其他人际关系或是重要生活工作事项断开链接的状态。如果两人恋爱后，任意一方因为恋爱几乎放弃了其他的人际关系，或是重要的生活工作事项，则这段关系很可能并不健康。

极端妒忌描述了恋爱中一方对另一方极强的占有欲和控制欲，毫无根据地嫉妒的状态。例如，有的人恋爱后，会要求另一半将手机中所有异性删除，更有甚者，在另一半不知情的情况下在对方手机安装监控等。另一半正常地和异性交流，也会被视为“背叛”。严重者，可能通过对另一半施加暴力、恐吓、威胁等手段迫使对方断绝人际关系。

贬低描述了恋爱中一方对另一方无端贬抑的状态。其中一方会通过贬低另一方，抬高自己在关系中的地位。前者往往会借题发挥，通过一些小事力证后者的低位，强化后者的不配得感、自卑感，由此得以更好地掌控关系。常见的话术是："你怎么穿成这样？""你怎么这么胖？""你能找到我这样的对象真是中奖了！""你的条件哪里配得上我？"

波动描述了恋爱中两人关系忽上忽下，并不稳定的状态。一段健康的亲密关系，往往是平稳安定的。感情的双方都能持续、稳定地从关系中获得滋养。波动则暗示这段关系可能存在问题，并有随时恶化，甚至破裂的可能性。

第三节　化解内心的冲突

前述的一些问题，我们可以通过较为常见的社交方式化解。但是，有的时候，我们会遇到更为复杂的情况。这种时候，不是单靠一些委婉语就能解决了。我们在新闻上见到的"杀猪盘""恋爱 PUA"等事件，其实受害人或多或少存在心理创伤。施暴者常常利用他们的伤口，借此牟利，而这也将导致更剧烈的伤害。例如，一个从小缺爱的人，可能被骗子提供的情绪价值轻而易举地吸引，最终落入感情陷阱，蒙受财产损失，甚至丧命。我们可以通过以下几种方式化解内心的冲突，规避复杂的人际关系问题。

一、建立安全型的依恋模式

（一）依恋模式的类型

依恋理论认为，人和父母之间的依恋模式会影响他们和他人建立关系的方式。依恋模式分为四种：安全型、不安全焦虑型、不安全回避型和不安全紊乱型。

（二）依恋类型测量工具

我们可以借助多种测量工具评估个人的依恋类型，例如《成人依恋面谈》

(*Adult Attachment Interview*)、《依恋风格和紧密关系调查问卷》(*Attachment Styles and Close Relationships Survey*) 等。

这类问卷通常要在专业人士的指导下完成，需由专业人士解读问卷结果。

二、走出创伤经历

研究者发现，来自人际关系的创伤对人的影响更为深远。有的大学因为中小学的霸凌经历，长久地陷入负面情绪里，无法走出来。我们要积极进行自我调节，走出创伤经历。

三、接受专业帮助

如果有需要，我们可以主动向下列人士/机构寻求专业帮助：

精神科医生、心理医生、社工或心理咨询师；健康维护组织；大学或医学院的心理健康项目；家庭服务、社会机构人员；同伴支持团体；雇员援助项目；地方医疗和/或精神病学协会。

◎ 视听推荐

请观看歌手 Nightbird 在美国达人秀（America's Got Talent）节目中歌曲 *It's Ok* 的表演。

请同学们对自己保持信心。无论我们曾经经历过什么，都要对自己有信心。

【挑战任务进程记录】

亲爱的挑战者：

欢迎加入本学期的自我突破挑战！本挑战旨在督促你实践社交知识，帮助你提高人际社交能力，跳出舒适圈，接触更广阔的世界。请撰写周记，记录你的自我突破挑战计划的实施情况。

祝各位有个愉快的挑战之旅！

第十讲　学习的奥秘

“胸藏翰墨怀若谷，腹有诗书气自华。”

中国人有推崇读书学习的传统。这两句为后人组的对仗句，化用了老子所言“虚怀若谷”及苏轼《和董传留别》中“粗缯大布裹生涯，腹有诗书气自华”的诗句。这两句描述了一个人因为心中非常有学问，而显得谦虚恭谨、心胸开阔、气质优雅。可见，读书学习不仅可以增加知识储备、拓宽眼界，还可以达到修身养性的效果。

教学目标

了解学习活动的生理基础与学习理论，掌握科学的学习方法，了解学习障碍的表现，掌握调适方法。

关键词

前额叶；记忆；刺激-反应理论；顿悟学习；学习障碍

* * * 开篇 * * *

一代伟人毛主席是出了名的爱读书、爱学习。他曾说："饭可以一日不吃，觉可以一日不睡，书不可以一日不读。"从少年时期起，他就养成了爱读书学习的好习惯。他的阅读范围非常广，经史子集、各类中外经典著述，他都有涉猎。终其一生，他都有阅读、学习的习惯。各类纪录片显示，新中国成立后，他依然手不释卷，坚持学习，床头摆放着大量书籍。除了阅读"有字书"，毛主席还积极阅读"无字书"，他能够结合实际，对事物的发展作出准确判断。他于1927年撰写的《湖南农民运动考察报告》一文，至今被誉为调研报告的经典之作。在抗战最艰难的岁月里，他写出了《论持久战》。文章中对中国时局、抗战取得胜利、如何取得胜利等重大议题作出了准确判断，令人读之无不为之惊叹。可以说，毛主席不仅爱学习、善于学习，还能够达到融会贯通、学以致用的效果。

* * * 主体内容 * * *

第一节　认识学习

一、学习与大脑

（一）前额叶——认知的生理基础

前额叶（Prefrontal Cortex；PFC）位于大脑皮层最前方的部分，在额叶的前端，是大脑中负责认知、情绪和行为调控的高级指挥中枢，被誉为"大脑中的总司令"。前额叶是存储工作记忆（working memory）的脑结构，在人的记忆中发挥重要作用，被称为"大脑中的内存"。

研究者将前额叶细分为三个部分：

背外侧前额叶皮质（Dorsolateral PFC）。这一结构位于前额叶的顶端，主要负责计划、形成策略和执行决策。

腹内侧前额叶皮质（Ventrolateral PFC）。这一结构位于前额叶的中部，主要负责情绪调节、价值决策和奖赏、社会认知以及自我加工。

眶额前额叶皮层（Orbitofrontal PFC）。这一结构位于前额叶的底部，主要负责抑制原始生存冲动，决策和价值计算。

（二）记忆——认知的重要过程

学习离不开记忆，大脑中负责记忆功能的主要结构叫海马体。海马体位于大脑颞叶，位于大脑皮质的下方，是大脑边缘系统的一部分。一般来说，人有两个海马体，左右脑各一个。研究者认为，海马体对于记忆和空间定位有着重要作用。1953 年，一位名为亨利·莫莱森的病人为了治疗癫痫，切除了大脑的颞叶内侧和海马体。切除手术后，他丧失了短时记忆功能，且存在长期记忆回忆困难。研究者由此判断，海马体在记忆过程中发挥着重要作用。

记忆的分类方式有几种。根据信息保持时长，研究者将记忆分为感觉记忆（sensory memory）、短时记忆（short-term memory）和长时记忆（long-term memory）。

感觉记忆的存储时间大约为 2 秒以内。当客观刺激停止后，感觉信息在一个极短的时间内保存了下来。例如，我们在观看电影时，由于大脑中存储了上一个画面，所以当电影胶片高速运转时，我们看到是连贯流畅的电影画面，而非孤立的、一帧帧的图像。

短时记忆的保持时间大约为数秒至 2 分钟。例如，我们给人打电话时，需要记住电话号码。短时记忆是感觉记忆和长时记忆的中间阶段。短时记忆对于长时间记忆来说非常重要，没有感觉记忆和短时记忆的登记，我们无法进行信息的深度加工，无法形成长时记忆。

长时记忆的保存时间可以长达终身。例如，我们现在可能还有上小学时去春游的记忆。长时记忆是指信息经过充分的和有一定深度的加工后，在头脑中长时间地保留了下来。

长时记忆又可分为外显记忆（explicit memory）和内隐记忆（implicit memory）。外显记忆又称陈述性记忆（declarative memory），是指能被意识清楚记得的知识或经验，包含情境记忆（episodic memory）和语义记忆（semantic memory）两种。情境记忆，顾名思义，是对某段我们个人经历的情境的记忆，例如，国庆节和家人去看升旗礼的记忆。语义记忆则是我们对世界的认识或某个事实的记忆。例如，我们记得美国首都是华盛顿，地球围绕太阳公转等。内隐记忆也被称为非陈述性记忆（non-declarative memory），是指我们无须回想就能呈现出所记住的知识的一种记忆。其中，比较有代表性的是程序性记忆（procedural memory），即我们对如何做某件事情的记忆。例如，一位已经学会游泳的人，如果落水，会自然而然地开始游泳，不必刻意回想每个泳姿动作。一位驾龄多年的老司机，不必刻意回忆如何变道、加速、超车，而是自然而然地完成上述动作，再回到原本的行车道。

研究者认为，记忆包含编码、存储和提取的三个基本过程。其中，编码是人们获得个体经验的过程，或者说是外接信息进行形式转换的过程。这个过程类似我们在电脑的输入界面中编辑出一段文字，被电脑以 0，1 的方式转换。存储是把感知过的事务、体验过的情感、做过的动作、思考过的问题等，以一定的形式保持在人们的头脑中。这也就类似电脑存储大量视频、文字或图像等资料。提取是指从记忆中查找已有信息的过程，再认和回忆是提取的基本形式。这个过程类似我们在电脑中查找并提取所需信息。

遗忘，是生活中非常常见的现象。我们可能忘记约会的时间，忘带饭卡，戴着眼镜还到处找眼镜……有许多同学可能还抱怨过自己忘性大。研究遗忘现象的学者有很多，其中，最负盛名的是德国心理学家艾宾浩斯。

知识链接

艾宾浩斯遗忘曲线

德国著名心理学家艾宾浩斯于 1885 年发表了著作《记忆》。此书一经问世，便引起了公众的高度关注。他通过记录学习无意义音节后的遗忘进程，推断出了人遗忘的规律，即人会在完成学习任务后一开始，就迅速地遗忘，遗忘的情况在一两天后趋于平稳。这也是人类首次用定量的方法研究记忆与遗忘。

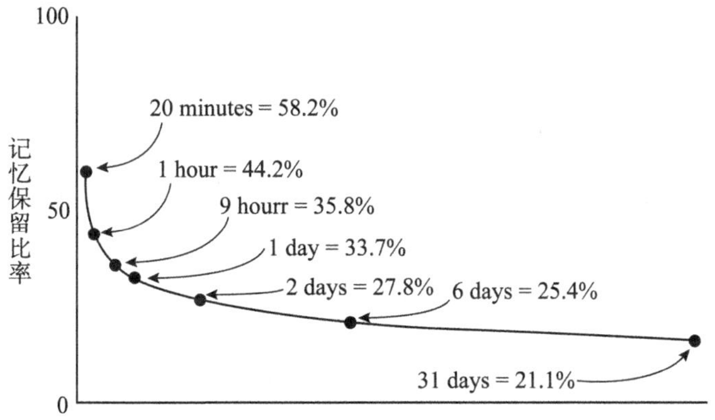

图 3-1　艾宾浩斯遗忘曲线

来源：https：//www. lyggjzx. cn/show-134-4064-1. html

长久以来，人们以为遗忘是记忆出了错，对人类有害无益。但近年来，越来越多的研究者发现，遗忘旧有知识，对于生物体适应环境中不断出现的变化具有重要意义。遗忘甚至被认为是“大脑的预设功能”。研究者还发现，存在超忆现象的个体，反而容易因为记住了太多无关紧要的信息，陷入了细节之中，出现了强迫症状。健康个体则能够自然提炼事件的重要信息，遗忘不重要的信息。

二、学习理论

（一）学习的联结理论（“刺激-反应”理论）：巴甫洛夫的经典条件作用理论

学习的联结理论认为，个体通过重复的刺激-反应作用学习新知识。其中，最有代表性的是巴甫洛夫的经典条件作用理论。这一理论中比较重要的概念有无条件反射和条件反射。无条件反射（unconditional reflex）是指不需要学习的自然的生理反应，如食物吃到嘴里，引起唾液分泌增加。引起这种反应的刺激物被称为无条件刺激。条件反射（conditioned reflex）是指经过多次重复，中性刺激由于与无条件刺激联结而变成了条件刺激，并由此引起的反应。铃声和狗的唾液分泌本来没什么必然的联系，是一种中性刺激。这一理论认为，学习过程是个体通过将中性刺激物和无条件反射联系在一起，由此形成条件反射的过程。

这一理论的经典实验是巴甫洛夫的狗的实验。第一阶段，研究者给狗喂食肉块，狗在见到肉块后会自然分泌唾液。此时，狗听到铃声是不会分泌唾液的。第二阶段，研究者给狗喂食肉块的同时也摇铃。第三阶段，即使没有肉块，狗在听到铃声时，也会不由自主地分泌唾液。

（二）学习的认知理论：柯勒的格式塔学习理论“顿悟学习”

在认知结构中将已有的知识经验进行了重新组合，从而找到了解决问题的新方法。

柯勒使用黑猩猩叠放箱子取香蕉的实验验证了顿悟式学习①。在该实验中，黑猩猩首先进入了一间天花板挂有香蕉的空屋子，房间里堆着一些木箱子。黑猩猩很快被香蕉吸引，挥动手臂、跳跃起来，试图拿取香蕉，但是始终够不着。而后，黑猩猩开始在室内来回走，观察地面散落的木箱子。它突然领悟到了箱子和香蕉之间的关系，开始在香蕉下方叠放箱子。最终，黑猩猩登上木箱搭成的台阶，成功地取到了香蕉。

顿悟是有条件的，而非随意可以获得。研究者认为，顿悟与情境有紧密关联，当答案与当前情境的关系已然比较明显时，则个体容易出现顿悟。个体顿悟后如再有类似契机，还可以顿悟。此外，顿悟是可以在不同情境中迁移的。这提示我们，如想找寻问题的解决之道，我们不应回避，反而应该沉浸至探索解决之道的实践中。在思维方式上，我们要拓宽思路，要主动观察思考生活中发生的事件，由此不断得出新的启发和智慧，帮助自己解决所面临的问题。我

① KÖHLER W. An aspect of Gestalt psychology [G] //The Pedagogical Seminary and Journal of Genetic Psychology. Province Town：Mass，1925：691-723.

们在获得顿悟后，不应耽于自满情绪，还应持续不断地实践，不断地顿悟，而个人智慧也就在这个过程中逐渐形成和提升了。

三、学习与环境

中国古代就有“孟母三迁”的故事。而今的人们对于重点中学、985院校趋之若鹜，除了对这类学校师资条件的看重，也有对这些学校学习氛围的推崇。人们常说，“近朱者赤，近墨者黑”，强调的也是同伴的影响。可见，想要有好的学习效果，一个优良的环境和环境中的他人十分重要。持这一观点比较有代表性的学说是班杜拉的社会学习理论。

班杜拉的社会学习理论是心理学中经典的学习理论之一。这一理论认为，人类主要是通过观察他人的行为表现而学会新行为反应的。班杜拉把被观察的对象，也就是我们俗称的榜样，称为“示范者”（Models），而通过观察模仿所出现的行为则被称为“示范作用”（Modeling）。这种通过观察模仿他人而获得的行为是一种间接的学习现象，被称为“替代性学习”。

为了验证他的观点，班杜拉开展了心理学中至今仍为人所津津乐道的波波玩偶实验。这个实验的过程大致如下：

首先，研究者招募了一批3至6岁的小孩，将他们分为了三组。一组为实验组，一组为对照组，另一组为控制组。

其次，实验组的儿童观摩成年人对波波玩偶施加暴力行为，对照组的儿童观摩成年人对波波玩偶施加非暴力行为，控制组的儿童则不观看任何行为、无成年人示范者。

最后，成年人离开现场，研究者观察几组儿童接下来对待波波玩偶的方式。

研究者惊讶地发现，三组儿童均出现了不同程度的攻击行为。观察了对待波波玩偶实施暴力行为的实验组攻击行为最为显著，他们模仿成年人，暴力对待波波玩偶。这些儿童虽然平均年龄仅4岁左右，但他们不仅用脚踢，手打，把波波玩偶掀翻、摔在地上，还使用锤子、手枪、灯具等工具去攻击。有的儿童还学起了粗口，对波波玩偶恶语相向。对照组、控制组儿童的攻击行为则显著弱于实验组。男性儿童的攻击行为显著强于女性。

◎ **视听推荐**

请观看班杜拉《波波玩偶实验》视频。

第二节　科学学习之道

一、张弛有度地学习

学习要讲究方法，否则事倍功半。首先需要我们注意的就是不能死学习。我们要学会休息，激活大脑并建立规律。

第一，我们要学会休息。列宁同志说，不会休息的人就不会工作。这句话提示我们，只有做好自我保健，维持健康、积极的个人状态，才能提高工作效率，让我们走得更远。补充营养、改善睡眠、加强运动这些都是我们积极休养身体的方式。

第二，我们要学会激活大脑。研究者发现，我们的大脑如长时间执行相同的认知任务（如背单词），将重复刺激相同的脑区。长此以往，我们很可能逐渐变得低效，思维也变得单一狭隘。因此，我们需要学会激活大脑，调动大脑不同区域间的链接，让我们变得更融会贯通、思维敏捷。例如，我们在日常课堂学习的同时，也参加绘画艺术、音乐鉴赏、体育锻炼等活动，则可以刺激不同的大脑区域。这样一来，我们的大脑间不同区域的通路将更顺畅，我们也就从某种意义上来说，变得“更聪明”，学习的效率也将更高了。

第三，我们要学会建立规律。古人云，凡事预则立，不预则废。这句话强调了规划的重要性。我们应形成适合个人的学习安排。

二、快乐地学习

学习是可以带来快乐的事情。我们在学习过程中，可以采用以下三种方式达到快乐学习的效果。

第一，我们要激发兴趣。英国著名生物学家珍·古道尔（Jane Goodall）自幼就十分喜欢动物。她 11 岁时就立志以后要去非洲研究动物。她 23 岁时，第一次来到了肯尼亚，并跟随科学家路易斯·里奇（Louis Leakey）学习。她后来对黑猩猩产生了浓厚兴趣。通过长时间、近距离的实地观察，她成功融入了黑猩猩群体，且有了许多重大发现。

Lydia Machova 是一位多语言者。和其他多语言者一样，她十分喜爱学习语言，所会的语言超过 5、6 种，且跨度极大（如中文、俄语、梵文等）。她在 TED Talk 中分享了多语言者们学习语言的诀窍——“让学习语言成为让你享受的事情”。可见，兴趣往往能带来极强的学习动力，能够让我们主动发现并寻求方法解决问题。而我们在这个过程中，也学得乐在其中。

第二，我们要联合伙伴。很多时候，对于个体而言十分困难的问题，如果能发挥出集体的力量，我们往往能事半功倍，快速解决。例如，在学习俄语时，大量复杂艰深的单词一个个查起来，要消耗大量时间。但是，如果能够组成单词学习小组，大家将查词任务均分，另有专人负责核对，此项任务的难度将大大降低。

小组成员在这个过程中，还能给彼此提供鼓励和支持，互相交流学习经验。目前，许多学科竞赛项目都以团队的形式开展。我们的大学生通过此类活动，不仅提高了学术能力，还在组团竞技的过程中提高了沟通合作能力。这样，通过发挥伙伴的力量，困难变得迎刃而解，我们的能力也得到了提高。

第三，我们要联系实践。我们要知道，学习知识的最终目的是使用知识去解决实际问题。只知道死记硬背，在考试中回答几道题目，或是浅尝辄止地了解，这算不上真正掌握了知识，更勿论融会贯通了。我们要联系实践，在实际生活中应用所学。例如，我们在课堂上学到了放松减压的方法，就要试着在生活中使用，尤其是疲劳的时候。我们通过使用这些方法，具体体验其效果，还能根据效果进行适合自己情况的调整和修正，这才是真正掌握了知识。

◎ 视听推荐

请观看 Anatasia Woolmer 的 TED Talk 中的演讲：*Memory Fit*。

三、专注地学习

想要高效学习，离不开专注力。

第一，我们要有好的环境。这意味着我们要尽量减少环境中的干扰因素，增加有益因素。例如，我们可以为自己准备好的物理环境，以及志同道合的学习伙伴。和谐的人际关系有助于我们将注意力集中在学习上。而物理环境的安全、平稳，更是有利于我们专心致志地学习。

第二，我们要科学地重复。我们可以借助艾宾浩斯遗忘曲线的原理，对知识进行预习、复习、练习、联想、复述、讨论和实践。通过反复大量重复，以及多种方式加深对知识的掌握程度。

第三，我们要减少“短时工作”。人的注意力时长是有限的，但是我们可以通过训练延长。一些不良习惯，如满足于短时长的信息，学习仅仅是浅尝辄止、浮于表面、不爱作深入思考，这些都会对我们的专注度带来不良影响。

第四，我们要有规划、养成良好的习惯。我们要学会抓主要矛盾和主要矛盾的主要方面。学习要分清重点主次、流程、有区分和辨别能力，不要囫囵吞枣、眉毛胡子一把抓。此外，我们也应尽量建立学习的规律和习惯。

四、有意义感地学习

人们常说，人不怕痛苦，怕的是无意义的痛苦。学习，同样需要以意义感为引导。

第一，我们要顺应终身学习的社会趋势。终身学习是指个体为了适应社会发展和自身需要，不断学习新的知识、自我提升的过程。“教育兴则国家兴，教育强则国家强。”在党的二十大报告中，习近平总书记提出建设全民终身学习的学习型社会、学习型大国。这提示我们要将学习作为强国战略来重视和落实。

第二，我们要实现个人未来的追求和发展。周恩来总理“为中华之崛起而读书”的故事至今激励着我们。现如今，科技发展已悄然迈入了新的篇章，打破科技壁垒、对传统生产生活方式进行迭代、满足人们对美好生活的向往，已成为当前的重要议题。例如，人工智能的大量出现和使用，对传统行业带来不小的冲击。我们如能在这个过程中，不断学习新的知识、新的技术，将不断提高个人能力，更好地回应社会需求，也更有利于实现个人理想追求。

第三，我们要获取学习过程所产生的成果。我们不应将学习局限于课堂或书本，还应注重学习的产出。例如，我们可以借助所学解决实际问题、提出动议构想等。我们还可以借助互联网技术，将所学制作成视频微课，分享给更多有需要的人。由此，我们将学习和实践紧密相连，而实践也将反过来对学习作出有益反馈和补充。

第四，我们要享受不断突破个人极限的过程。学习是对个人认知和能力不断突破的过程。人从呱呱坠地起，就在不断地学习，而学习可以说是人的本能。以往，学校教育结束后，我们的知识就比较固定了，新知识相对较少。而今，科技进步的速度越来越快，仅仅满足于学校教育早已远远不够。我们仍需要不断学习新的知识，打破既往的极限。

第三节　学习障碍及其调适

一、注意力缺陷多动障碍（Attention-Deficit/Hyperactivity Disorder）

根据《精神障碍诊断与统计手册（第五版）》① 中的诊断标准，注意力缺陷多动障碍（又称 ADHD）是：

A. 一个持续的注意缺陷和/或多动-冲动的模式，干扰了功能或发育，以下列 1 或 2 为特征：

1. 注意缺陷：6 项（或更多）的下列症状持续至少 6 个月，且达到了与发育水平不相符的程度，并直接负性地影响了社会和学业/职业活动。（注：这

① American Psychiatric Association. Diagnostic and Statistical Manual of Mental Disorders-5th Edition [M]. Washington, DC: American Psychiatric Publishing, 2013: 59-66.

些症状不仅仅是对立行为、违拗、敌意的表现，或不能理解任务或指令。年龄较大（17 岁及以上）的青少年和成人，至少需要下列症状中的 5 项。）

a. 经常不能密切关注细节或在作业、工作中或其他活动中犯粗心大意的错误；

b. 在任务或游戏活动中，经常难以维持注意力；

c. 当别人对其直接讲话时，经常看起来没有在听；

d. 经常不遵循指示以至于无法完成作业、家务及工作中的职责；

e. 经常难以组织任务和活动；

f. 经常回避、厌恶或不情愿从事那些需要精神上持续努力的任务；

g. 经常丢失任务或活动所需的物品；

h. 经常容易被外界的刺激分神；

i. 经常在日常活动中忘记事情。

2. 多动与冲动：6 项（或更多）的下列症状持续至少 6 个月，且达到了与发育水平不相符的程度，并直接负性地影响了社会和学业/职业活动。（注：这些症状不仅仅是对立行为、违拗、敌意的表现，或不能理解任务或指令。年龄较大（17 岁及以上）的青少年和成人，至少需要下列症状中的 5 项。）

a. 经常手脚动个不停或在座位上扭动；

b. 当被期待坐在座位上时却经常离开座位；

c. 经常在不适当的场合跑来跑去或爬上爬下；

d. 经常无法安静地玩耍或从事休闲活动；

e. 经常“忙个不停”，好像“被马达驱动着”；

f. 经常讲话过多、喋喋不休；

g. 经常在提问还没有讲完之前就把答案脱口而出；

h. 经常难以等待轮到他/她；

i. 经常打断或侵扰他人。

B. 若干注意障碍或多动——冲动的症状在 12 岁以前就已存在。

C. 若干注意障碍或多动——冲动的症状存在于 2 个或更多的场所（例如，在家里、学校或工作中；与朋友或亲属的活动中，在其他活动中）。

D. 有明确的显示这些症状明显影响了社会、学业和职业功能。

E. 症状不是由精神分裂症或其他精神病性障碍引起，也不能由其他精神障碍来解释（如心境障碍、焦虑障碍、分离性障碍、人格障碍、物质依赖或戒断）。

ADHD 在美国的儿童中确诊率约为 5%，成年人中确诊率约为 2.5%。注意力缺陷多动障碍的干预方法有很多，主要有药物治疗、心理治疗和辅助技术等。

药物治疗是目前较为常见的 ADHD 治疗方法。常见的药物有瑞他林（Ritalin）和斯塔特拉（Strattera）。这类药物为精神障碍处方药，患者需遵医嘱服用。

知识链接

"聪明药"被聪明误?

近年来，美国境内出现了青少年滥用 ADHD 药物的情况，这种状况在名校期末考试周最为严重。众所周知，ADHD 治疗药物 Ritalin 和 Strattera 等能够帮助患者集中注意力，提升学习和工作效率，有提高精神兴奋性的作用。一些不法行医者，为了牟利，蓄意过度诊断 ADHD，给一些没有患病的青少年开药。

这些健康的青少年借助药物作用，短期内迅速提升的精神兴奋性，对其学业表现可能存在好处。但是，从长远来看，这对他们的身体有害无益。且长期服用本不该服用的药物，可能对他们的身体，尤其是大脑，还可能造成损伤。

心理治疗也是一种常见的 ADHD 干预方法。心理治疗师通过使用认知行为疗法、行为训练等方式帮助患者纠正扭曲的认知和不适应的行为模式，形成更有利于他们生活和工作的认知及行为模式。

现今，身心障碍者可以借助各类辅助技术（Assistive Technology）帮助他们完成日常生活任务。ADHD患者在听课时，使用智能笔在特制的笔记本上记笔记。智能笔内置录音功能及与笔记本的同步链接，患者就算是走神、忘了做笔记，只要将智能笔放在空缺处，智能笔就能自动播放录制下来的教师授课的片段。

二、特定学习障碍（Specific Learning Disorder）

根据《精神障碍诊断与统计手册（第五版）》中的诊断标准①，特定学习障碍是：

A. 学习和使用学业技能的困难，如存在至少1项下列所示的症状，且持续至少6个月，尽管针对这些困难存在干预措施：

1. 不准确或缓慢而费力地读字；
2. 难以理解所阅读内容的意思；
3. 拼写方面的困难；
4. 书面表达方面的困难；
5. 难以掌握数字感、数字事实或计算；
6. 数学推理方面的困难。

B. 受影响的学业技能显地、可量化地低于个体实际年龄所预期的水平，显著地干扰了学业或职业表现或日常生活的活动，且被个体的标准化成就测评和综合临床评估确认。

C. 学习方面的困难开始于学龄期，但直到那些对受到影响的学业技能的要求超过个体的有限能力时，才会完全表现出来。

D. 学习困难不能用智力障碍、未校正的视觉或听觉的敏感性，其他精神或神经病性障碍、心理社会的逆境、对学业指导的语言不精通，或不充分的教育指导来更好地解释。

特定学习障碍在学龄儿童中的患病率约为5%～15%，在成人中约为4%。

① American Psychiatric Association. Diagnostic and Statistical Manual of Mental Disorders-5th Edition [M]. Washington, DC: American Psychiatric Publishing, 2013: 66-74.

研究者发现，特定学习障碍与遗传和环境因素均有关联，但具体发病机制尚不明确。此类障碍也存在明显的家族聚集性。相较于无学习障碍人群，学习障碍患者的一级亲属患阅读障碍的风险是他们的4~8倍，患数学障碍的风险是他们的5~10倍。阅读障碍是特定学习障碍中最为常见的一类，约占80%。

特定学习障碍的干预方法有很多，主要有药物治疗、特殊教育、和合理便利（Reasonable Accommodation）等。药物治疗是针对患者可能存在的焦虑、抑郁、ADHD等疾病进行治疗。针对学习障碍，我们还可以采用特殊教育的方式进行干预。例如，阅读治疗师、学习治疗师等对患者进行治疗。合理便利也是对特定学习障碍患者的有效辅助。例如，他们可以有更长的考试、作业时间，提前拿到课程PPT，辅助技术等。

【挑战任务进程记录】

亲爱的挑战者：

这一周的完成情况如何？你接触到了什么样的新群体，打破了过往的哪些偏见或误解，又有些什么体悟呢？请继续撰写周记，记录你的自我突破挑战计划的实施情况。

祝各位有个愉快的挑战之旅！

第十一讲　职业生涯规划

凡事预则立，不预则废。言前定则不跲，事前定则不困，行前定则不疚，道前定则不穷。

——《礼记·中庸》

做任何事情，我们都要有预先准备的意识，这样才能条理清晰、有的放矢。否则，我们很可能事倍功半，甚至劳而无功。例如，我们在发言、做事、行动前都要有所规划，否则很可能失败。大学生要珍惜时间，提前做好职业生涯规划，这样做，才能避免在毕业时陷入被动。

教学目标

了解职业生涯规划的基本定义、重要性和发展历程；理解职业生涯规划理论；了解大学生职业生涯规划内容，掌握职业生涯规划方法。

关键词

职业生涯；特性——因素匹配理论；霍兰德职业人格类型理论；生命历程-生命空间职涯发展理论；职业的混沌理论；职业生涯规划

* * * 开篇 * * *

【看世界·看中国】

疫情严重影响世界就业形势

疫情暴发后，各国就业形势严峻。2020年，世界范围内因疫情缩减的全职职位高达1.44亿个①。2021年9月，美国失业率为4.8%，失业人口为770万，仍高于疫情前（3.5%，570万，2020年2月）。时至2024年，国际劳工组织发布的《世界就业和社会展望：2024年趋势》显示，全球失业率预计上升至5.2%，存在贫困和收入不平等问题加剧、发展前景不明等问题。②

中国总体就业形势稳定，灵活就业兴起

2021、2022年，全国城镇新增就业均超过1200万人，总体就业形势稳定③④。2023年第一季度新增就业近300万人。

数字化劳动力平台正在为年轻人、妇女等以往被传统劳动力市场边缘化的人群提供新的工作机会，非标准就业人口数量上升。

高校毕业生就业形势

2020年高校毕业生总体就业率达90%以上，2021年应届毕业生规模达

---

① 国际劳工组织．世界就业和社会展望：2021年趋势［EB/OL］.（2021-06-02）［2024-08-29］. https：//www.ilo.org/beijing/what-we-do/publications/WCMS_797422/lang--zh/index.htm.

② 国际劳工组织．世界就业和社会展望：2024年趋势［EB/OL］.（2024-01-10）［2024-08-29］. https：//www.ilo.org/global/research/global-reports/weso/WCMS_908142/lang--en/index.htm.

③ 央广网．人社部：2021年就业局势总体稳定 全国城镇新增就业1269万人［N/OL］.（2022-02-22）［2024-08-29］. https：//baijiahao.baidu.com/s? id = 1725436834191241571 &wfr = spider&for=pc.

④ 人民日报海外版．2022年，城镇新增就业累计实现1206万人——全国就业局势总体稳定［N/OL］.（2023-01-28）［2024-08-29］. https：//www.gov.cn/xinwen/2023-01/28/content_5738879.htm.

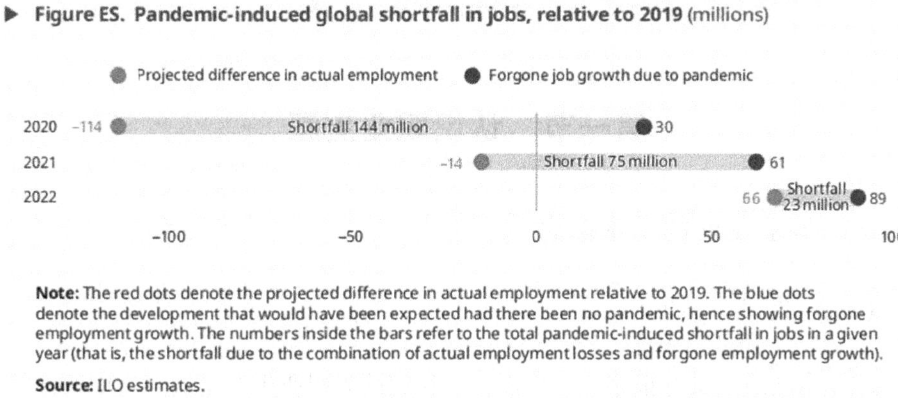

图 3-2

来源：国际劳工组织，2021，《世界就业和社会展望：2021 年趋势》

909 万人，就业的任务较往年更重①。2023 年高校毕业生将达 1158 万，这将进一步加大就业压力②。

课堂讨论

阅读了上述资料，你有什么感想？结合目前的就业形势，你将如何规划你的职涯呢？

讨论要求

请与你前后的同学组成四人小组，讨论上述问题，并在讨论结束后向授课老师报告你们的讨论结果。讨论时间 3～5 分钟。

① 中国教育报．如何打好毕业生就业攻坚战——代表委员热议促进高校毕业生就业［N/OL］．(2021-03-11)［2024-08-29］．http：//www. jyb. cn/rmtzgjyb/202103/t20210311_440680. html.

② 央广网．2023 年高校毕业生 1158 万人“六个着力”促进就业［N/OL］．(2023-07-06)［2024-08-29］．http：//edu. cnr. cn/sy/sytjB/20230706/t20230706_526317529. shtml.

* * * 主体内容 * * *

第一节 认识职业生涯

一、职业生涯的基本概念

（一）定义

职业生涯的定义有很多。一般而言，我们认为职业生涯是人一生中所选择的所有工作。根据美国国家职业指导协会（National Vocational Guidance Association）对职业生涯（Career）的定义，职业生涯是指一个人一生中所有工作的总称①。

根据 Adamson 等人（1998）的文献综述，职业生涯一词（Career）带有路径的意蕴，也就是说，职涯是个人发展的一段旅程②。不同的研究视角可能从不同的方向解读这段旅程。例如，政治学家可能关注权力的继承和获取；经济学家可能关注生产资料、资本的流动；心理学家可能关注人格特质与职业的匹配、个人发展诉求和生活结构的实现；社会学家可能关注社会角色的落实。无怪乎韦伯斯特视职业生涯为个人终身发展的历程，包含了人一生中所有的职业、社会和人际关系。

（二）职业生涯的特性

研究者认为，职业生涯具有独特性、阶段性和整合性。

独特性是指每个人的职业发展各不相同。这是因为个人天赋特质和后天经历存在差异。例如，一个人先天的身体、心理素质、家庭条件亦不相同，这使

① SEARS S. A definition of career guidance terms: A National Vocational Guidance Association perspective [J]. Vocational guidance quarterly, 1982, 31 (2): 137-143.

② ADAMSON S J, DOHERTY N, VINEY C. The meanings of career revisited: Implications for theory and practice [J]. British Journal of Management, 1998, 9 (4): 251-259.

得他们的个人基本素质和条件存在极大的差异。竞技体育运动员往往天赋的身体素质超出同龄人，这使得他们在体育项目表现上存在得天独厚的优势。而人与人后天的经历也不同。个人独特的经历也将塑造其职业发展。例如，著名心理学家 Victor Frankl 是奥斯维辛集中营的幸存者。他在集中营中的经历促使其撰写了著作《活出生命的意义》，并创造了意义疗法。可见，每个人的职涯发展都不可复制，也不应被简单复制。我们每个人都应探索出适应个人发展之路。

职业发展也是具有阶段性的。持这一理念比较有代表性的任务是美国心理学家 Donald Super。他的生命历程-生命空间职涯发展理论（Life Span Life Space Theory of Career Development）至今影响后世。简而言之，职业发展因应人的身心发展，具有阶段性。随着个人身心的成熟，社会经历的增长，其职涯发展也将呈阶段性发展。从出生到儿童时期的幻想和探索，到青少年时期的逐步接触，到中年时期的沉淀和扎根，最终到老年阶段的衰退和结束，人终其一生经历阶段性的发展。

最后，职业发展也是具有整合性的。整合性在此强调的是职业生涯对个人生活、学习、工作的影响是整体性的。从一方面来说，就业提供了我们绝大多数人在这个社会上赖以生存的经济基础。一个失业者，往往难以稳定地获取各类生存发展所需的材料，勿论享受稀缺的生产生活资料了。从另一方面来说，就业也极大地影响着我们的社交圈。工作占据着我们绝大多数人日常的大部分时间。我们因为所处的单位、岗位不同，日常接触到的人也不同。即使在单位以外的社交场合，我们往往也会被初识的人询问工作。可以说，职业是我们在这个社会工作生存的一张“身份证”。

二、中国职业生涯规划教育的兴起与发展

（一）20 世纪初，职业指导教育出现

1916 年，清华大学校长周诒春率先在学生选择职业中应用了心理测评，并为学生开设职涯规划课程辅导。他积极推行“造就一完全人格之教育”，即培养

德智体全面发展的人才。他鼓励将爱国主义精神践行在学习和工作中，倡导三条择业标准：“天性之所近，国家所急需，能造福于人类”。1917 年，爱国主义教育家黄炎培与蔡元培、梁启超、张謇等爱国分子，在上海发起成立了中华职业教育社。1920 年，该社还设立了职业指导部。通过结合西方国家就业指导的理论与经验和我国实际，中华职业教育社开展了一系列探索。黄炎培提出了帮助“无业者有业，有业者乐业”的职业教育思想，旨在为国家培养建设和发展亟需的技术人才。他鼓励教育与就业实践相结合，重视职业道德教育，鼓励学生的社会参与。这些 20 世纪初的实践，为我国的职涯教育奠定了基础。

（二）中华人民共和国成立后：从毕业分配到自主就业，就业指导快速发展

1. 中华人民共和国成立初期：国家统一分配、争取个人服从

1950 年 6 月 22 日，政务院提出：“对毕业生一般说服争取他们服从政府的分配，为人民服务。其表示愿自找职业者，可听由自行处理。”这一时期，新中国刚刚成立，百业待兴，各行各业急需人才。从全局统筹的角度来看，我们需要对特别薄弱、对国计民生有重大影响的行业和地区进行重点支持。中华人民共和国成立初期，我们主要采取了国家统一分配的模式也就不足为怪了。

2. 20 世纪 80、90 年代：逐步实行自主就业

1989 年 1 月 12 日，国家教委提出：“以统和包为特征的毕业生分配制度存在着一些明显的弊端……毕业生分配制度改革的目标是在国家就业方针、政策指导下，逐步实行毕业生自主择业，用人单位择优录用的‘双向选择’制度。”历经 40 年的探索和发展，我国的经济有了长足的进步。这一阶段的诉求不再是“从无到有”，而是“从有到好”。传统的从上至下的统一分配，已不适用。用人单位和求职者都需要更多的自主性，以便他们作出更有利于发展的个性化选择。时至 1995 年前后，诸多高校将“毕业生分配科”改名为“毕业生就业指导中心（办公室）”。

3. 21 世纪：职涯规划教育全面发展

进入 21 世纪以来，随着高校扩招，年度毕业生人数攀升，毕业生就业压力逐步增大，高校为此创立了职涯规划教育与指导机构。职涯规划研究也与之

相伴地越来越受到关注，职涯教育得以全面发展。政府相关部门及高校通过职涯培训、招聘会等多种方式推动毕业生就业。

2021 年，《光明日报》报道了中国人民大学中国调查与数据中心开展的中国教育追踪调查研究，该报告显示：

高校毕业生就业意向呈现三多趋势：考公务员的增多，国内外升学的增多，自主创业的增多；高校毕业生求职，将职业发展前景放在第一考虑，毕业生心中最理想的职业是工程师、医生、律师这类专业技术人员；求职过程中，高校毕业生利用最多的是用人单位到学校的校招和宣讲会，对毕业生帮助作用最大的是学校就业指导部门；高校毕业生进行自主创业，机会型创业、知识型创业比例高。①

近年来，高校毕业生就业面临着越来越多的挑战。从毕业生人数来看，我国自 2022 年起，每年毕业生人数超 1000 万。这一就业数量给国民经济发展提出了较高的要求。此外，因疫情带来的全球经济和就业市场疲软，对高校毕业生就业也带来了一定的压力。现有的灵活就业方式已越来越受到求职者关注，并得到了国家层面的支持②。

第二节　职业生涯理论

一、个人与职业匹配的理论

（一）帕森斯的“特性-因素匹配理论”（Parsons’ Trait-and-Factor Theory）

这一理论认为，人们依据个人的人格特征及能力特点来寻找具有与之对应

① 光明网．高校毕业生就业意向呈现三多趋势［N/OL］．(2021-06-15)［2024-08-29］．https：//m. gmw. cn/2021-06/15/content_1302358813. htm.

② 国务院办公厅．国务院办公厅关于支持多渠道灵活就业的意见［EB/OL］．(2020-07-28)［2024-08-29］．https：//www. gov. cn/zhengce/content/2020-07/31/content_5531613. htm.

需求的职业①。包括三个步骤：

（1）对个体特性的清晰了解（Clear understanding of self）

这一环节强调个人要对自身有清晰的了解。例如，个人的能力、兴趣爱好、学历背景等。

（2）关于工作的知识（Knowledging about the job）

这一环节强调个人要对工作有清晰的了解。例如，工作的内容，所需要的技能，薪酬待遇，发展前景等。

（3）匹配性分析（True reasoning）

这一环节则是将前两个环节的信息进行匹配分析。例如，一位擅长公众演讲的个体，且具备相关专业资质，在了解到公众演说家的工作信息后并乐于接受，则其可能作出从事该工作的理性选择。

心理学家小传

弗兰克·帕森斯

弗兰克·帕森斯（Frank Parsons，1854—1908）出生于美国。先后在康奈尔大学和波士顿大学学习土木工程和法律。他被誉为美国职涯教育之父。帕森斯一生笔耕不辍。他的好友回忆说，每次拜访帕森斯小屋时，帕森斯的座位因后方书籍的挤占而不断接近门口。帕森斯不仅在职涯教育领域撰写了诸多文章，还在社会改革、法律方面颇有建树。他所著的《职涯选择》至今被奉为职涯教育的经典之作。

① PARSONS F. Choosing a vocation [M]. Boston：Houghton Mifflin，1909.

（二）霍兰德职业人格类型理论（Holland's Vocational Personality Typology）

这一理论认为①②③④⑤，个人的人格体现在了其职业选择上，有着对应关系。社会职业类型和人格类型主要分为六类：实际型、研究型、艺术型、社会型、企业型与传统型。每个人都更愿意选择与之人格类型相匹配的职业类型，而个人的职业行为，取决于其人格类型和所处环境特征之间的相互作用。

从事相同职业的人，有相似的人格与个人发展史。同一职业团体内的人格，他们对于各种情境与问题的反应方式也类似，因此塑造出特有的人际环境。个人职业满意程度、职业稳定性与职业成就，与个人的人格与工作环境直接的适配性有关。

适配性（Congruence）：个体的人格特质和现有的或预期的工作环境相符的程度。例如，一位求职者的霍兰德职业人格测评结果为ISA，适合的职业有咨询或临床心理学家。如果他就业的岗位就是咨询心理学家，那么他与岗位的适配性就非常高；如果他就业的岗位与ISA类相距甚远（如REC所对应的狱警），则他与岗位的适配性就极低了。

一致性（Consistency）：指类型间的相邻里关系。例如，RI、IA、AS等组合在霍兰德职业人格类型六边形上为相邻，这表明这位求职者的一致性较高。

分化性（Differentiation）：指类型间的差异程度。

---

① HOLLAND J L.（1958）. A personality inventory employing occupational titles [J]. Journal of Applied Psychology, 1958, 42: 336-342.

② HOLLAND J L. Manual for the Vocational Preference Inventory [M]. Odessa, FL: Psychological Assessment Resources, Inc., 1985.

③ HOLLAND J L. The Self-Directed Search [M]. Odessa, FL: Psychological Assessment Resources, Inc., 1994.

④ HOLLAND J L. Exploring careers with a typology: What we have learned and some new directions [J]. American Psychologist, 1996, 51: 397-406.

⑤ HOLLAND J L. Making vocational choices (3rd ed.) [M]. Odessa, FL: Psychological Assessment Resources, Inc., 1997.

二、职业发展历程的理论

（一）Super 的生命历程——生命空间职涯发展理论（Super's Life Span—Life Space Theory of Career Development）

Super（1957）认为，人的职涯发展是阶段性的，是一个生命历程（Life Span）①。主要分为成长、探索、稳固、维持和脱离五个阶段。

成长阶段是从出生到 14 岁。这个阶段是我们的童年时期。这个阶段的职涯发展带有很强的幻想、摸索兴趣爱好的特点。例如，在中国的部分地区，儿童 3 岁左右时，会举办“抓周”仪式。其做法是在儿童身边摆上代表各类职业的物件（如计算器代表金融从业者、油画棒代表艺术家，等等），然后让其自由摸索，其选中的小物件则预示着未来职业。

探索阶段是从 14~25 岁。这个阶段是我们的青少年时期。这个阶段的职涯发展以凝结和明确具体职业选择并实施为特点。例如，我们可能依据前一个阶段的发展经验，选择一个大学专业就读，并参与相应的实习实践活动，后续进而读研深造或直接在该专业领域就业等。

稳定阶段是从 25 岁到约 45 岁。这个阶段的职涯发展以稳固、扎根并有所发展为特点。例如，我们可能通过努力，晋升到中级职员、高级职员，并做到部门主管的位置。我们在岗位不断深耕，进入管理层。

维持阶段是从 45 岁到约 60 岁。这个阶段的职涯发展以保持已有的成果，进行一些更新为特征。例如，一位资深人力资源高管，可能在这个阶段创新管理举措，优化企业的人员管理。而许多专业人士，在这个阶段会进行二次创业、推陈出新。

脱离阶段从 60 岁时开始。这个阶段的职涯发展也进入减速期。个体可能要开始进行退休计划和安排，并逐步淡出职场。

生命空间（Life Space）顾名思义，是指我们日常生活、学习、工作的空

① SUPER D E. The psychology of careers; an introduction to vocational development [M]. New York: Harper, 1957.

间。与之息息相关的概念是生命角色（Life Roles），也就是我们所担任的角色。每个角色有与之相应的权利和义务。例如，我们可能有市民、休闲者、家长、退休人员、学生等角色，有学校、工作单位、家庭、社区等生命空间。这些角色与不同的生命空间交织，并伴随着上述生命历程的时间发展，共同织就了我们的职涯发展历程。

（二）职涯的混沌理论

职涯的混沌理论是从物理学中的混沌（Chaos Theory）发展而来的。这一理论认为，人的职涯发展也是混沌的。现实是一个“复杂的动态系统”，该系统可以自主形成一个有序、连贯且稳定的状态，但可能发生变化①。

职涯的混沌理论和传统的线性发展的职涯理论在思维模式上存在着显著区别。前者是开放式系统思维，而后者则是封闭式系统思维。

随着社会经济和技术的发展，出现了许多新型职涯。例如，youtuber、职业电竞选手等。而传统的行业，也因新生事物的出现，有了新发展。如传统的编剧、作家，也因剧本杀这一风靡一时的娱乐形式而出现了剧本杀编剧这一新分支。而一些经典的剧本杀台本，其版税收入也十分可观。

第六节　大学期间职业生涯规划

大学期间的职业生涯规划工作主要有六项，分别为专业与职业规划，准备简历、撰写求职信、联系推荐人，实习、找工作，面试准备，工作和协商待遇，以及研究生申请。

一、专业与职业规划

我们要进行专业与职业规划。首先，我们需要了解所学专业的就业方向是什么，如何有针对性地做准备。我们可以先列举所学专业对口的行业有哪

---

① PRYOR R G, BRIGHT J E. Applying chaos theory to careers: Attraction and attractors [J]. Journal of Vocational Behavior, 2007, 71 (3): 375-400.

些，如事业单位、政府机关等。我们再依据行业去梳理潜在雇主。有就业地区/城市要求的同学，还可以按地区/城市对雇主进行划分。其次，我们鼓励同学们使用学校就业指导中心采购的相关数据库，以协助自己更好地做规划。

此外，我们在求职时也要有策略。例如，一位学习生物，希望在实验室工作的学生，除了向医药、生物技术科研院所投递简历，也可以考虑食品行业。一些酒厂、饮料厂也需要做实验，且有大量需求。所以说，我们在求职时需要尽可能打开思路，扩大自己的可选范围。

二、准备简历、撰写求职信、联系推荐人

简历、求职信、推荐人都是找到一份好工作所需要的准备。一份好的简历、求职信是什么样的呢？我们建议同学们从以下几点做准备。第一，一定要针对岗位需求来准备简历和求职信。有的同学为了省事，千篇一律地使用同一份简历/求职信去投递所有单位，仅仅改一改抬头和岗位名称。这种做法往往无法突显自己适合这份工作。一些本应在简历和求职信中强调的内容被放在了后面，或仅有简略介绍。第二，简历和求职信要涵盖基本要素。例如，有的同学连个人教育经历都没写，雇主甚至无法判断其学历层次。我们还要注意，不要忘记自己在简历或求职信中撰写的内容。有的同学被雇主问到了简历中某段经历，竟然卡了壳。第三，我们要注意信息准确。我们在工作中发现，有的同学连个人联系方式都写错了。雇主想联系其面试，结果发现号码空号。这可能导致雇主直接选择放弃这名应聘者。最后，我们要注意信息呈现方式要美观。

有的岗位除了要求投递个人简历，还要求提交推荐人联系方式或推荐信。我们要如何寻找推荐人呢？其实，推荐人的寻找方向有很多。例如，我们可以联系授课教师、导师，实习、工作岗位上级，社团活动指导老师，熟人等。这提示我们，在校期间除了专心学习，提高自己的专业技术水平，日常还要多参与一些活动。就算活动参与少，我们至少也要学好几门课程，多与老师交流，与授课教师、导师建立并维护好关系，要功在平时。这样，我们在寻找实习或就业机会时，才不至于陷入被动。

三、实习、找工作

如何找到好的实习机会和工作机会，这是每个毕业生都将面临的问题。我们可以通过以下四种方式，帮助自己实现就业目标。

第一，行业员工的内部推荐。有职涯指导专家曾说过，80%的工作机会并不挂在网上，而是通过内部推荐发布。这也许并不适用于所有行业，但是，这个论述提示我们，行业员工往往知晓大量的工作机会，且常常提前于公开发布的网络招聘信息。在这种情形下，我们要学会建立关系网，英文称之为network。例如，我们可以通过学术会议、学科竞赛、社会实践等多种方式和行业人士交流，建立联系，了解潜在的工作机会。雇主们也常常青睐有现有员工作背书的应聘者。

第二，逐步积累。有不少同学羡慕其他同学能够拿到亮眼的实习机会。但是，我们要知道，大厂的实习常常也不是一蹴而就就能够得到的。我们要善于积累。有的同学从大一开始，就联系教授入组学习，或是在校内单位实习，积攒科研和实践的经历。等到了高年级，他们已经具备相当的工作经验，再去申请校外实习岗，就事半功倍了。许多同学希望从一开始就找到特别好的实习机会，这是不现实的。我们需要端正心态，理性地分析自己的状况，从合适的岗位踏踏实实地做起。

第三，关注招聘信息。我们在平时要注意关注招聘信息。我们可以通过网络、报刊等方式获取招聘信息。特别需要关注的是，我们应扩大搜索范围。例如，除了境内的就业招聘网站，我们在探索就业发展方向时，还可以看看境外的网站，获取相关的知识。除了招聘网站，职场社群网站也是我们可以获取信息的途径。

第四，主动出击。还有的时候，我们不能坐着等天上掉馅饼，我们需要主动出击。例如，有一位学食品工程的同学，他为了找工作，加入了职场社群网站，并通过网站找到了所有同专业师兄师姐的联系页面。他主动与每位前辈联系，简单介绍自己，说明求职意向，并告诉他们希望能够有机会共进午餐或是喝个咖啡见面。通过大规模的联系，真的有部分师兄师姐愿意抽出时间见面聊聊。该生抓住机会，终于在多次良性互动中赢得了青睐。他的一位师兄表示近期其工作单位就会启动招聘，岗位比较适合该生，该生得以率先投递简历，并很快得到面试机会，后续顺利入职了。所以说，有的时候，工作机会是需要我们主动争取才得来的。

四、面试准备

好的申请材料是求职的基本要求，我们还要积极为面试做准备。

第一，我们要掌握面试的基本礼仪。例如，我们要注意穿着大方合体，仪表仪态符合面试要求。在与面试官的交流中，也要注意礼貌和正式用语。须知，我们的一言一行都在被面试官考核。他们不仅需要考核我们的业务能力，还需要考核我们的待人接物、为人处世等基本素质。第二，我们要了解自己。有的时候，面试官可能会考核我们的性格、兴趣、未来发展是否与招聘单位或岗位匹配。如果我们连基本的自我认知都不具备，也没有对未来有深入思考，仅凭一时冲动申请了岗位，这将很可能在面试中暴露出来。想要在职涯上有良好的发展，我们首先就要对自己有清晰的认知。第三，我们要了解招聘单位和岗位。我们想要在任何一个单位有长足的发展，离不开对其的了解。例如，我们除了了解本岗位的基本职责和工作要求，我们也需要了解晋升和发展的机会。对于单位而言，我们需要了解其创办历史、定位、基本构架、远期规划和发展等。我们还尤其需要了解其人员构成、企业理念、文化氛围等内容。第四，我们也要善于提问。好的问题不仅能够帮助我们了解单位和岗位的情况，甚至能让面试官对我们印象更好。我们也建议提问要注意对象、方式和时机。例如，薪酬待遇和福利的问题，我们可以请教人力。具体工作内容的问题，我们可以请教分管领导。而一些单位的工作体验，我们可以在各类职场社区网站查看评论，或是从内部员工中了解。在询问对象非常忙碌的时候，还反复电话、信息轰炸提问，就非常不得体了。第五，我们也要积极通过模拟面试等方式作准备。目前，不少高校都有模拟面试服务。有的不仅提供场地，还有正装可以租借。有的高校还有专门的模拟面试官，可以预约时间，安排模拟面试。总而言之，我们要善加利用所拥有的条件和资源。

五、工作录用和协商待遇

收到工作录用通知后，我们不能以为这就大功告成了。下一步，我们要与招聘方协商待遇。一个较好的初始待遇，对我们的发展无疑是非常有利的。一般而言，我们需要对以下几个方面进行协商。

第一，职级、工资。应届本科或硕士毕业生，除非特别优秀者，一般可能从初级员工起聘。有三年工作经验者，一般可能被聘为中级员工。第二，试用期、聘期。不少单位在合同中有约定试用期的条款。根据《中华人民共和国劳动法》的相关规定，劳动合同期限三个月以上不满一年的，试用期不得超过一个月。劳动合同期限一年以上不满三年的，试用期不得超过二个月。三年以上固定期限和无固定期限的劳动合同，试用期不得超过六个月。以完成一定工作任务为期限的劳动合同或者劳动合同期限不满三个月的，不得约定试用期。聘期是指劳动合同有法律效力的期限。一般来说，初次签署合同可能为一年期至三年不等。比较优秀者，首次合同可能就为五年期。第三，五险一金。五险一金是指养老保险、医疗保险、生育险、失业险、工伤保险和住房公积金。第四，其他福利。一些单位会根据实际情况提供员工福利，例如住房、餐补、交通补助等。有的城市具备人才引进福利政策，一般来说，单位的人力部门会协助个人申请相应的人才补助。第五，发展前景。我们要了解岗位和单位的发展前景。以高校的教学科研岗位为例，我们需要了解职称评聘的要求，这将涉及我们未来的晋升和发展。一些发展比较成熟的高校，相应的职业发展规划会比较完备和成体系。而一些新建学校，则可能存在更多的可能性和机会。

六、研究生申请

有的同学毕业后不立即就业，而是选择读研究生。如果选择在境内读研，我们需要了解学校及专业、参加全国硕士研究生统一招生考试、面试、录取等。而今，越来越多人选择境外求学。我们需要了解学校及专业、参加语言考试（及其他要求考试项目）、申请（个人陈述、简历、成绩单、其他申请材料）、面试、录取、准备签证等。一般来说，境外高校的研究生申请也有比较固定的时间节点。我们需要按要求做好相应的规划和准备。

☞ 课后思考

学习了今天这一课，请认真思考以下问题：你要如何规划你的职业生涯呢？接下来的两年半，你具体要做些什么？

【模块挑战进程记录】

亲爱的挑战者：

这一周的完成情况如何？你接触到了什么样的新群体，打破了过往的哪些偏见或误解，又有些什么体悟呢？请继续撰写周记，记录你的自我突破挑战计划的实施情况。

第十二讲　情绪与情感

相见时难别亦难，东风无力百花残。
春蚕到死丝方尽，蜡炬成灰泪始干。
晓镜但愁云鬓改，夜吟应觉月光寒。
蓬山此去无多路，青鸟殷勤为探看。

——《无题》唐·李商隐

教学目标

了解人类情绪情感的定义、分类和表现形式，理解情绪的产生过程，掌握情绪调节的方法。

关键词

情绪；情感；情绪调节

* * * 开篇 * * *

喜悦、惊讶、焦虑、愤怒……这些都是我们在日常生活中可能会体验到的情绪。可以说，情绪是与我们朝夕相伴、息息相关的伙伴。积极的情绪能够给我们带来愉悦的体验，而消极情绪则可能让我们一蹶不振，只想躺平。严重的不良情绪还可能是精神障碍的危险信号。学会调节情绪，和情绪做朋友，面对困境也能平复心态，这是我们每个人必须学习的重要一课。

* * * 主体内容 * * *

第一节　认识情绪与情感

一、情绪与情感的定义

根据彭聃龄等人的文献综述（p. 364），“情绪和情感是个体对事物的态度体验及行为反应”①。这个定义说明，人的情绪体验以事物是否符合个人期待为转移。例如，一位力争上游的竞技体育选手得知自己获得冠军后，产生了喜悦之情，并伴随手舞足蹈的行为；如果他惜败，则将产生痛苦、遗憾的情绪。研究者认为，情绪和情感包含三种成分：主观体验、外部表现和生理唤醒。主观体验是个体的感受，是自在的情绪体验。如上述体育选手，因荣获冠军而产生了喜悦之情。外部表现则包括面部表情、姿态表情和语调表情。喜悦之情往往伴随着嘴角上扬，眼神愉快而温和。当然有抗拒、否定的情绪时，我们可能出现双手交叉在胸前的姿态表情。一位历经困难归国的企业家，心情激动之下，语调可能出现自然的上扬，且发言哽咽。生理唤醒是指我们因情绪情感而出现的生理反应。例如，愤怒恐惧等消极情绪可能使我们的血压上升、心跳加

① 彭聃龄．普通心理学（第 4 版）[M]. 北京：北京师范大学出版社，2002.

速；愉悦的情绪则往往带来和缓的心肺指标。

情绪和情感息息相关，但各有不同。情绪与个体所处的情境高度关联，是个体与情境互动的产物。例如，荣获冠军的运动员在全场欢呼声中出现了喜悦之情；如果全场非但没有欢呼，而是沉默或者喝倒彩，他则可能出现愤怒、沮丧的情绪。这种过程通常是暂时的，具有较高的情境依赖性。情感则稳定和深刻。例如，个体在接受爱国主义教育的过程中，潜移默化地形成了爱国主义情感。这种情感一旦产生，极具稳定性，且有深刻的社会意义，并不依赖于具体情境而存在。类似地，个体在接受思想道德教育过程中，深刻理解了良好的个人修养和品性的重要性，也发自内心地认同了社会主义道德观，由此形成了个人道德感。这也是极具稳定性的。

二、情绪与情感的分类

（一）情绪的分类

研究者普遍认为，人类存在几种基本的情绪。Ekman（1992）通过归纳总结面部表情①，提出六类基本情绪：喜悦（happiness），惊讶（surprise），恐惧（fear），悲伤（sadness），愤怒（anger）、厌恶/轻视（disgust/contempt）。Izard（1977）提出的情绪分化理论（Differential Emotions Theory）将人的基本情绪分为了 10 种，分别是兴趣、愉快、惊奇、痛苦、愤怒、厌恶、轻蔑、恐惧、害羞和自罪感。

Izard 和 Izard（1977）基于基本情绪的不同组合，提出了情绪交互的概念，也有人翻译为复合情绪（Affect Interactions）②。Izard 认为主要有三类复合情绪：基本情绪的组合，如痛苦-愤怒、恐惧-内疚、痛苦-愤怒-厌恶；基本情绪与内驱力的组合，如兴趣-性驱力、兴趣-享乐-饥饿驱力-口渴驱力；基本情绪与认知的组合，如兴趣-内向、惊讶-兴趣-享乐-自我主义。

---

① EKMAN P. Are there basic emotions? [J]. Psychological Review, 1992, 99: 550-553.

② IZARD C E. (1977). Differential emotions theory [G] //IZARD C E. Human emotions. New York: Plenum Press, 1997: 43-66.

（二）情感的分类

传统的情感分类框架将情感分为道德感、理智感和美感。道德感是基于某种道德标准去认识和评价思想、意图和行为时所产生的情感体验。例如，雷锋的感人事迹让人体会到了极高的思想境界。

我们需要注意的是，道德标准受限于特定的社会历史文化。不同的文化背景，不同的历史背景之下，道德标准可能大相径庭。理智感是人在智力活动过程中，在认识和评价事物时所产生的情感体验。例如，一位数学家在钻研数学公式时，突然理解了分项为波的数学表达，由此加深了对事物客观规律的认识，体验到了理智感。美感是基于某种审美标准去评价事物时所产生的情感体验。例如，我们看到自然景观、建筑、美丽的容貌等都可能产生美感的体验。尽管各国文化中对美的评判有差异，但也存在一定的统一标准。例如，研究者发现，人们普遍会认为左右脸趋于对称的面容是美丽的，越不对称的面容，越容易被认为是不好看的。除了人类的自造物和自然产生的事物，人的行为和思想，也可能具备美感。例如，一位素质修养极高，言谈举止进退有度的人，也会让人产生美感体验。近年来，国内有研究者对此框架进行了拓展。卢家楣（2015）将青少年情感素质分为道德情感、理智情感、审美情感、生活情感、人际情感和情感能力①。

（三）情绪与情感的表现

1. 面部表情

面部表情是指通过眼部、面部和口部的肌肉变化来表情达意的一种表现形式。人们常说，眼睛是心灵的窗户。面部表情中最典型的例子就是眼神：恋人之间有眉目传情；医生对病人有关爱的眼神；新鲜的事物，会让人流露出好奇的眼神；可怕的事物，则会让人出现恐惧的眼神。

---

① 卢家楣．对情感教学心理研究的思考与探索［J/OL］．心理发展与教育，2015，31（1）：78-84. DOI：10.16187/j.cnki.issn1001-4918.2015.01.11.

知识链接

眼区测验

眼区测验（Reading the Mind in the Eyes Test）是研究者用以测试个体是否能够正确识别社交信号的一类测试①②。通常，此类测试被用于孤独症儿童的评估。患有孤独症的儿童，可能因为他们的疾病，存在社交障碍，其中的重要指征为难以识别社交信号。

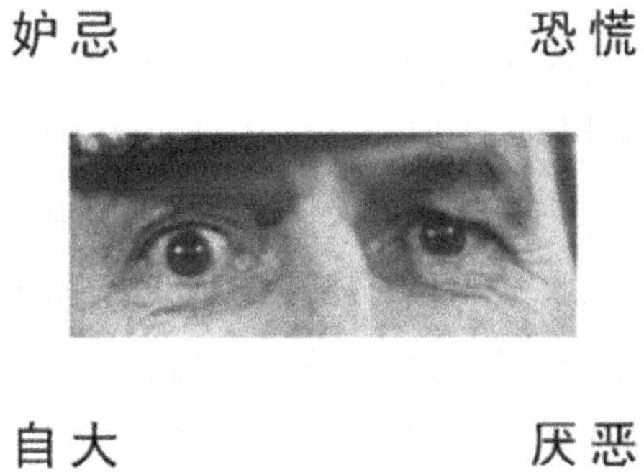

图 3-3　眼区测验示意图

请登录眼区测验网站 https：//www. autismresearchcentre. com/tests/eyes-test-adult/查看测试题目并完成测试。

2. 姿态表情：身体姿态和手势

有的时候，人的姿态也可以表情达意。例如，双手交叉在身前，是拒绝、否认的意思。在门口挥手，则表达了告别之意。多年未见的好友，如在机场相

---

① BARON-COHEN S et al. Another advanced test of theory of mind：Evidence from very high functioning adults with autism or Asperger syndrome [J]. Journal of Child psychology and Psychiatry，1997，38（7）：813-822.

② BARON-COHEN S et al. The "Reading the Mind in the Eyes" Test revised version：a study with normal adults，and adults with Asperger syndrome or high-functioning autism [J]. The Journal of Child Psychology and Psychiatry and Allied Disciplines，2001，42（2）：241-251.

见，接待方会表现得身体舒展打开，以示热烈欢迎。

3. 语调表情

我们还可以通过语音的高低、强弱、抑扬顿挫等表达情绪。例如，我们在情绪激动时，语调会上扬，抑扬顿挫十分明显。我们在情绪低落时，则声音低沉，几不可闻。

◎ 视听推荐

请观看孟晚舟女士 2021 年 9 月 25 日晚于深圳机场的讲话。

4. 生理表现

人的生理反应也可以体现其不同的情绪。例如，人的呼吸、血液循环、皮电反应、脑电反应、内外分泌腺反应都会有改变。研究者们发现：人心情平静时，呼吸次数是情绪激动时的一半；人情绪激动时，血压、心率等指标会上升；紧张时，皮肤血管会收缩，汗腺分泌会出现变化，从而影响皮电反应；而心情松弛时的慢波脑电，也将因紧张、恐惧变为快波；人在悲伤时会流泪，恐惧、焦虑时会分泌大量汗液。

知识链接

James-Lange 理论

19 世纪上半叶，心理学家 William James 和 Carl Lange 分别独立地提出了生理状况能够影响情绪的理论。后人将这一理论命名为 James-Lange 理论。该理论认为，情绪的产生是由身体生理反应所引起的。也就是说，我们的生理反应引发了情绪体验。例如，当我们独自走夜路，突然听到奇怪的响动时，我们的心跳会瞬间加速，血压上升，掌心出汗，我们会产生恐惧感。根据 James-Lange 理论，上述的这些生理反应导致恐惧情绪的产生。这个理论自发布，就遭受到了各种批评。例如，有的学者认为，人的情绪反应速度比生理反应速度更快，因而生理反应先于情绪反应是不客观的。另有学者认为，同样的生理反应可能与不同的情绪相关。例如，心跳加速、血压上升既可以是人处于恐惧情绪的反应，也可以是兴奋激动之情。

知识链接

测　谎　仪

目前，多参量心理测试仪及表情识别测谎是两种常用的测谎设备。

多参量心理测试仪的工作原理是通过建立被检测对象的基础生理指标，进而测试其在面对各种测谎题目时皮肤电阻、呼吸波和脉搏波的变化，来判断其是否说谎。需要注意的是，测谎并不像一些电影片段中那般简易。它需要测试员进行详尽的测题设置，是人机结合的一种活动。

表情识别测谎的工作原理是通过监测微表情来进行测谎。人的非自愿微表情是难以控制的，特定情绪会触发这类表情。微表情在面部逗留的时长非常短暂，约在半秒以内。例如，当你兴冲冲地前往朋友家吃饭，发现其仅炒了盘青菜招待你，你可能瞬间嘴角有些下沉了。研究者制作了微表情情绪集，并训练人工智能识别人的微表情。这项技术被运用于边检等国土安全工作。

第二节　情绪的产生

一、情绪与脑

大脑是人类心理活动的生理基础。大脑中的神经元回路通过对情绪信息进行加工整合，由此产生了情绪。大脑中与情绪相关的两个重要的结构为前额叶和杏仁核。

（一）前额叶

如本书之前章节所述，前额叶（Prefrontal Cortex）位于大脑皮层最前方的部分，在额叶的前端，是大脑中负责认知、情绪和行为调控的高级指挥中枢，被誉为“大脑中的总司令”。研究者发现，在有自残行为的个体中，背外侧前额叶皮质激活程度越低，情绪反应性和冲动性越高。也就是说，个体情绪调控能力越低，更容易受影响唤起负性情绪，并进而作出冲动的自伤行为①。这些个体中，还存在前额叶激活程度低及杏仁核-前额叶链接状态低下的状况②。还有研究者认为，长期慢性应激可导致大脑前额叶皮层受损，并进而削弱人的决策能力③。研究者还发现，前额叶的不同区域在认知过程中发挥着不同的作用。例如，当个体的右侧背外侧前额叶皮层被激活时，个体自愿分配给他人的金钱数量较少；而抑制该区域时，个体自愿分给他人的金钱数量较多④。与正常人群相比，原发性失眠患者左侧前额叶皮层的平均弥散系数（ADC）显著增高，各向异性分数（FA）显著降低，微观结构出现变化⑤。

（二）杏仁核

杏仁核是大脑中著名的“恐惧中心”。其对恐惧信号的识别和恐惧情绪的产生有重要作用。研究者发现，杏仁核损伤的病人不能识别危险信号，并更有可能因此陷入危险的境地。杏仁核在情绪反应中也发挥着重要作用，正向干预能够调节杏仁核的反应。例如，研究者发现，在重度抑郁症患者中，杏仁核对

---

① DAHLGREN M K et al. Prefrontal cortex activation during cognitive interference in nonsuicidal self-injury. Psychiatry research：neuroimaging，2018，277：28-38.

② SCHREINER M W，CULLEN K R，KLIMES-DOUGAN B. Multi-level analysis of the functioning of the neurobiological threat system in adolescents：Implications for suicide and nonsuicidal self-injury［J］. Current Behavioral Neuroscience Reports，2017，4：79-86.

③ 陈璟莉，夏中元．慢性应激与认知功能障碍研究进展［J/OL］. 中华实用诊断与治疗杂志，2021，35（9）：967-969. DOI：10. 13507/j. issn. 1674-3474. 2021. 09. 026.

④ RUFF C C，UGAZIO G，FEHR E. Changing social norm compliance with noninvasive brain stimulation［J］. Science，2013，342（6157）：482-484.

⑤ 张晓琦，孙玮，魏红霞等．伴与不伴焦虑抑郁情绪的原发性失眠磁共振弥散张量成像研究［J］. 精神医学杂志，2022，35（1）：35-38.

消极刺激的反应增强，而对积极刺激的反应减弱①。药物治疗能够修复其对积极刺激的反应②。在接受了辩证行为疗法的边缘型人格障碍患者中，杏仁核的激活程度降低，个体适应性增强③。在被诱发了负性情绪的个体中，接受亲近好友安慰的个体，其杏仁核激活水平低于自我调节和陌生人安慰④。

二、情绪与认知

拉札勒斯的认知-评价理论是研究情绪和认知间相互作用的经典理论⑤。

这一理论认为，情绪不仅源自人与环境交互作用，也受到人对事件的认知评价的影响。人对刺激事件与自身的关系的评价分为初评价、次评价和再评价。

初评价（primary appraisal）是个体确认刺激事件与自己是否存在利害关系及其程度。评价结果包括伤害、威胁、挑战和受益。例如，一位同学在教室上课，听到一声巨响。他的初评价可能是严重威胁（如危及生命的爆炸），他可能产生严重的紧张、忧虑情绪。

次评价（secondary appraisal）是个体对自己反应行为的调节和控制。在上述例子中，如果个体判断巨响带来的严重威胁自己难以控制，仅可躲避（如爆炸冲击波马上将抵达教室）。那么，他不仅可能有焦虑情绪，还可能出现躲避行为。

再评价（reappraisal）是个体对自己的情绪和行为反应的有效性和适宜性的评价。在上述例子中，个体要对自己的躲避行为和焦虑情绪作出判断。例

---

① SUSLOW T et al. Automatic mood-congruent amygdala responses to masked facial expressions in major depression [J]. Biological psychiatry, 2010, 67 (2): 155-160.

② VICTOR T A et al. Relationship between amygdala responses to masked faces and mood state and treatment in major depressive disorder [J]. Archives of general psychiatry, 2010, 67 (11): 1128-1138.

③ ISKRIC A, BARKLEY-LEVENSON E. Neural changes in borderline personality disorder after dialectical behavior therapy-a review [J]. Frontiers in psychiatry, 2021, 12: 772081.

④ MORAWETZ C, BERBOTH S, BODE S. With a little help from my friends: The effect of social proximity on emotion regulation-related brain activity [J]. Neuroimage, 2021, 230: 117817.

⑤ LAZARUS A A. Behavior therapy and beyond [M]. New York: McGraw-Hill, 1970.

如，他可能认为是适宜的，确实需要有此反应，由此对自己的反应呈现坦然的情绪，而非不安羞愧。再评价是一种对情绪和行为反应的反馈。

三、情绪与环境

生态系统理论（Ecological Systems Theory）认为，个体嵌套于相互影响的一系列环境系统之中，这些系统和个体相互作用并影响着个体发展①②。例如，在疫情之初，一位身处武汉的居民，可能在收到临时管控的通知后，感到焦虑不安。但随着各地驰援的医疗队伍和物资的到来，以及后续修建了方舱医院，虽然仍有疫情，他的情绪却趋于稳定了。同样是疫情，但由于我们所处的环境不同，给个体带来的影响会大相径庭。

第三节　培养良好情绪之道

一、健康的生活习惯

（一）良好的作息

想要有良好的情绪，首先是要有良好的作息。欠缺睡眠会影响大脑中重要生理结构的正常工作，如前额叶、杏仁核等。此外，研究者发现，良好的睡眠，尤其是快速眼动期睡眠，能够帮助我们化解白天经历的负性情绪，让我的情绪状态得以恢复。

◎ **视听推荐**

请观看 TED Talk 讲座 *Sleep is Your Superpower*，主讲人 Matt Walker。

---

① BRONFENBRENNER U. The ecology of human development: Experiments by nature and design [M]. Cambridge: Harvard university press, 1979.

② BRONFENBRENNER U. Developmental ecology through space and time: A future perspective [G]. //MOEN P, Elder G H Jr, LÜSCHER K (Eds.). Examining lives in context: Perspectives on the ecology of human development, 1995: 619-647.

（二）良好的运动习惯

想要有良好的情绪，其次要有良好的运动习惯。研究者发现，运动能够即时提高大脑的多种神经递质的水平，使人心情愉悦，并在远期对大脑结构产生有益影响，增强人的认知能力。

◎ 视听推荐

请观看 TED Talk 讲座 *The Brain-changing Benefits of Exercise*，主讲人 Wendy Suzuki。

二、积极乐观的人生态度

想要有良好的情绪，积极乐观的人生态度必不可少。毛主席在红军前有崇山峻岭，后有追兵的严峻状况下，仍能保持积极乐观的态度，挥就了《十六字令》。革命前辈通过实际行动告诉我们，尽管所处的环境可能非常严峻，但人们仍可以凭借积极乐观的人生态度，开拓出新的道路。

> “山，快马加鞭未下鞍。惊回首，离天三尺三。山，倒海翻江卷巨澜。奔腾急，万马战犹酣。山，刺破青天锷未残。天欲堕，赖以拄其间。”
>
> ——毛泽东《十六字令》

西西弗斯是希腊神话中的人物。他因触怒了众神，而被判罚不断地推一块巨石上山，但推至山顶时，巨石又会滚落至山脚，如此永无止境地让他做无意义的任务。过往的学者和评论家们都认为西西弗斯是痛苦的，并依托这篇神话，探讨生命的无意义性。但是，法国的哲学家加缪提出了截然不同的观点，他认为“人一定要想象西西弗斯的快乐”因为“向着高处挣扎本身足以填满一个人的心灵”。在我们的生活中，如果出现无法扭转的困境，我们是选择彻底放弃，还是摇尾乞怜？还是说，我们可以像西西弗斯一样，即使明知机会渺茫，但还是要坚持抗争？

三、和谐舒适的生活环境

（一）良好的居住和工作环境

良好情绪的产生和维持，离不开一个良好的物理环境。研究者发现，人所处的环境对情绪有重要影响：过度拥挤、采光不足、通风不足、噪音等状况与焦虑等消极情绪显著相关①②。我们在实际生活中也常常有这样的体验，一个干净整洁的环境不仅令人心情愉快，还有利于我们集中注意力，高效地完成工作任务。而一个注意维持生活环境卫生的人，我们也更倾向于认为其有条理、自控能力强，具备承担更重要责任的能力。无怪乎古人有言："一室不扫，何以扫天下。"

（二）怡人的自然环境

怡人的自然环境有助于个体产生良好的情绪，缓解不良的情绪。研究者发现，城市绿地对居民的身心健康有诸多益处，可以降低压力感；绿地不足则与居民负性情绪高度相关③④。

（三）和谐的人际关系

和谐的人际关系对个体产生良好的情绪也十分重要。例如，我们需要维护好和舍友、班级同学之间的关系。而对一个组织而言，则需要维护好和诸多其他组织的关系。人际矛盾和冲突也许难以避免，但我们可以通过合理的方法，帮助自己维持动态平衡的人际关系。

---

① 赵丽宁，李君轶．疫情期间居住环境对城市居民焦虑情绪的影响［J］．浙江大学学报（理学版），2021，48（5）：642-650.

② FIRDAUS G. Built environment and health outcomes：Identification of contextual risk factors for mental well-being of older adults［J］. Ageing International，2017，42：62-77.

③ 王淑芬，毕燕琪，房伯南，等．促进人群压力缓解的绿色空间研究重要进展［J］．北京工业大学学报，2023，49（9）：1025-1038.

④ 王茜，张延龙，赵仁林，等．四种校园绿地景观对大学生生理和心理指标的影响研究［J/OL］．中国园林，2020，36（9）：92-97. DOI：10. 19775/j. cla. 2020. 09. 0092.

☞ 课后思考

北宋著名文学家苏轼因乌台诗案被贬黄州（今湖北黄冈地区）。他在被贬的第三年，写下了著名的《定风波》一词。诚然，我们在生活中难免遇到不尽如人意之事。苏轼提醒我们，风雨终将过去，回首过往，“也无风雨也无晴”。

【模块挑战进程记录】

亲爱的挑战者：

这一周的完成情况如何？你接触到了什么样的新群体，打破了过往的哪些偏见或误解，又有些什么体悟呢？请继续撰写周记，记录你的自我突破挑战计划的实施情况。

自我突破挑战总结

亲爱的挑战者，历时一个学期的自我突破挑战终于要落下帷幕了。你是否发现自我突破并不那么容易？本学期的自我突破挑战计划，你完成情况如何？有哪些事情阻碍了你坚持这个计划？你采取了什么策略减少这些阻碍？这些策略的效果如何？

第四模块：
提升自我认知、关爱生命

内容简介

本模块旨在结合大学生学习和生活实际，通过分析探讨如何塑造健康的人格，如何认识自我，如何理解和关爱家人，如何认识和追寻生命的意义，向学生普及心理健康知识，让他们提高自我认知，学会关爱生命，积极追寻人生的意义。本模块的挑战任务为生命意义挑战。

挑战任务

生命意义挑战

请根据你的时间安排，完成阅读维克多·弗兰克尔所著的《活出生命的意义》，并思考以下问题：

1. 本书中你印象最深刻、最受触动的一段话是什么？这段话为什么让你印象深刻、受触动？请结合个人经历进行思考。

2. 维克多·弗兰克尔认为“生命最终意味着承担与接受所有挑战，完成自己应该完成的任务这一巨大责任”。你是否认同？为什么？

3. 你认为生命的意义是什么？你将如何实现生命的意义？

请通过周记，记录你阅读本书的体验和对生命意义的思考。

第十三讲　健康人格的塑造

咬定青山不放松，立根原在破岩中。

千磨万击还坚劲，任尔东西南北风。

——《竹石》清·郑燮

这首诗表现了生长在石缝中的竹子坚韧不拔、顽强不屈的品格。前两句生动地描绘了竹子紧紧地扎根在石缝中，如同人一般，“咬定”青山。后两句点题，赞扬了竹子无论在怎样的狂风骤雨、磨难之中，都不屈服，还是保持着铮铮铁骨。作者借咏竹，表达了自己不畏艰难险阻、强权霸凌，要保持自己刚正不阿的风骨。

教学目标

了解人格的基本概念与影响人格发展因素，理解人格理论，掌握人格障碍的表现、评估标准及完善人格的方法。

关键词

人格；精神分析；行为主义；人本主义；人格障碍

＊＊＊ 开篇 ＊＊＊

案例

请观看比利·米利根纪录片之预告片。

比利·米利根（Billy Milligan）案件20世纪轰动全美。1977年，俄亥俄州立大学的三名女性被残忍地强奸和杀害。警察迅速立案侦查，并找到了具有重大犯罪嫌疑的嫌犯比利·米利根。当警察审问比利时，奇怪的事情发生了，他竟然对警察说："我不是比利。"经过多位精神科医师的会诊探讨，他们确认比利因童年时期的创伤经历，患上了一种非常罕见的精神障碍，即多重人格障碍（此疾病现被称为分离型身份障碍）。比利的律师以此进行辩护，最终使得比利无罪释放。2014年，比利·米利根因癌症去世。他至今被媒体和公众质疑"假借多重人格脱罪"。

＊＊＊ 主体内容 ＊＊＊

第一节　人格概述

一、人格及其特征

（一）人格的定义

人格的英文为personality，其词源是拉丁文persona，意指舞台表演时演员所佩戴的面具。人格的定义有很多，但离不开这一词源所蕴含的意蕴，即人格显示了个体鲜明的人物性格和特征。人格的定义有很多，其中比较有代表性的有Funder，Zimbardo和张春兴的定义。Funder（1997）将人格定义为"个体思维、情感和行为的特异性模式，以及在这些模式之下、能够或不能够被观察到的心理机制"①。Zimbardo（1990）认为"人格是个人在不同时间、面对不同情境时，所表现出来的独特心理特质，所决定个人适应环境的行为模式及思考方式，使得个人在需要、动机、兴趣、气质、生理、性向、态度及外形等各方面，均具有与他人相异之处"。② 张春兴（1986）认为"人格是个人在对人、对己、对事物乃至对整个环境适应时所显示的独特个性，此独特个性系由个人在其遗传、环境、成熟、学习等因素交互作用下，表现于身心各方面的特征所组成，而该特征又具有相当的统整性与持久性"。③

综合上述定义，人格是个体在遗传、环境、成熟、学习等因素的交互作用下形成的表现于需要、动机、兴趣、气质、生理、性向、态度及外形等各方面的特质所构成的一种稳定的、独特的心理机制。

（二）人格的基本特性

研究者认为，人格具有独特性、稳定性、统合性和功能性。

1. 独特性

心理学家高尔顿·奥尔波特曾说："人的鲜明的特征是他个人的东西。从来不曾有一个人和他一样，也永远不会再有这样一个人。"个体在遗传、环境、成熟、学习等因素方面具备特殊性，由此形成了每个人独特的人格。需要注意的是，不同的境遇可能形成相似的人格特征。例如，被溺爱的成长环境可能致使个体形成以自我为中心、自私的人格特征，但贫瘠、欠缺照顾、需要抢夺生存资源的成长环境也可能形成此种人格特征。同一文化背景下的人可能具备相似的人格特征，这也被称为群体人格（group personality）。例如，中华民族具有团结统一、爱好和平、勤劳勇敢、自强不息的民族精神，以此形成了我国极具特色的群体人格。

2. 稳定性

人格是一种稳定的心理机制，一旦形成，就难以改变了。在极特殊的情况

① FUNDER D C. The personality puzzle［M］. New York：WW Norton & Co，1997.

② ZIMBARDO P G 著. 黄丽莉译. 组织行为［M］. 台北：扬智出版社，1990.

③ 张春兴. 心理学［M］. 台北：东华书局，1986.

下，个体可能因为创伤性事件，使得其人格发生变化。研究者认为，人格的稳定性主要体现在其时空一致性。也就是说，个体在不同时间或场合，其人格特征是稳定一致的。此外，人格专指个体经常表现出来的稳定的心理行为与特点，那些暂时、偶然表现出来的行为则不属于人格特征。例如，一位内向人格的个体，可能因为需要上台主持并作发言，而显得具备外向人格特征。但这种状态往往是暂时的。当工作任务结束，他将迅速回归，呈现其惯有的内向人格特征。

3. 统合性

人格是一个多维度多成分构成的复杂系统，每一部分相互依赖、相互影响，形成了一个统一的整体。有的学者也将其称为“统整性”。人格受自我意识调控，具备内在一致性。各类人格特征在一定规律下进行排列组合，有机结合在一起。一些人格特征矛盾冲突严重的个体，可能出现人格障碍。前文中的比利·米利根，他就患有分离型身份障碍，旧称多重人格障碍。这类个体存在两个或更多的人格状态，伴随情感、行为、意识、记忆等功能的改变。

4. 功能性

人们常说，性格决定命运。这强调了人格在我们学习、工作、生活中的重要作用。人格体现了我们对生活事件的反应方式。例如，坚强勇敢的个体能够在恶劣的情境下百折不挠地持续奋斗，最终获得成功。而胆怯懦弱的人在重压之下，往往容易投降倒戈或是一蹶不振了。这也是我们在教育中，宣传倡导不屈不挠的革命精神的重要原因。大力弘扬积极心理品质，培育健康向上的人格，促成正向的行为，是教育的重要作用。

二、人格与性格、气质

（一）性格

性格体现于个人日常处理和应对事务的方式上。例如，如果一个人面对困境，总能以乐观积极的态度去想办法解决、不气馁、不逃避，我们将认为此人具备积极乐观、勇敢的性格。有研究者认为，性格是人格的构成成分，是为人格的下位概念。在日常生活中，人格和性格两者常常被混用。

（二）气质

日常生活中，当我们称赞一个人气质好，其含义往往是指此人的言谈举止、衣着外貌令人赏心悦目。心理学中的气质是指一个人天生的脾气或秉性，反映了个体稳定的心理活动特征，与其先天的神经系统活动特性有关。例如，有的婴儿沉静稳定，有的则活泼好动。气质是人格的下位概念，其与性格并不能等同。性格与社会评价息息相关，气质则更偏向人的生理和情绪层面。

知识链接

希波克拉底的四体液说

希波克拉底是古希腊伯利克里时代的医师，他率先将疾病的治疗从巫术中剥离了出来，提出人的疾病是由于体内四种体液不平衡造成的。此外，他还发表了《希波克拉底誓言》，规范了行医的伦理道德要求，被后人誉为现代医学之父。

希波克拉底还提出了著名的四体液说，即每种体液对应着一种气质类型。胆汁质（Phlegmatic）：这个类型的代表人物是《三国演义》中的张飞，为人大方直率、热情坦荡、脾气暴躁。多血质（Choleric）：这个类型的代表人物是《西游记》中的孙悟空，为人活泼好动、反应灵敏、注意力容易转移。黏液质（Sanguine）：这个类型的代表人物是《水浒传》中的林冲，为人隐忍、外柔内刚、重视秩序。抑郁质（Melancholic）：这个类型的代表人物是《红楼梦》中的林黛玉，为人多愁善感、敏感细腻、孤独。

三、影响人格发展的因素

影响人格发展的因素有很多，主要有生物因素、家庭因素，以及学校和社会因素。

（一）生物因素

双生子研究是探究生物因素对人格发展的影响的重要方式。同卵双胞胎由于遗传基因一致，研究者们通过分析他们成长过程中环境因素的差异，能探究环境和遗传因素对人格的影响；异卵双胞胎则由于遗传基因不同，研究者通过控制其成长环境变量，能探究遗传和环境因素对人格的影响。研究者们发现，遗传因素对智力、气质等与先天生理因素关联较强的特质有较为明显的影响。后天环境则对个体的价值观、理想信念、道德品德的影响较为明显。傅一笑等人（2009）通过对24对同卵双生子和26对异卵双生子的研究，发现儿童个性的稳定性、内外倾向性、掩饰性等主要受遗传因素影响，而神经质状况（如焦虑、忧郁、受刺激后反应强烈等）受环境因素影响更大①。类似的结果也在前人的研究中出现。例如，Tambs等人（1991）检验了110个家庭的811名被试，发现遗传效应对外倾人格的影响达到了53%②。

（二）家庭因素

人们常说，父母是孩子的第一任老师。可见家庭对孩子人格的塑造影响深远。家庭因素中比较重要的因素有家庭教养方式、家庭氛围和出生顺序。

Baumrind（1967）认为，家庭教养方式分为四种：专制型（authoritarian）、权威型（authoritative）、忽视型（negligent）和放纵型（permissive）③。专制型的家长如同一个独裁者，对孩子有高要求但是支持不足，常采用命令式的沟通方式，控制欲极强，呼来喝去、动辄打骂教训。在这种家庭环境中长大的孩子往

① 傅一笑，蒙华庆，李涛，等．遗传与家庭环境对儿童个性影响的双生子研究［J］．中国心理卫生杂志，2009，23（1）：34-39.

② TAMBS K et al. Pedigree analysis of Eysenck Personality Questionnaire (EPQ) scores in monozygotic (MZ) twin families［J］. Behavior Genetics，1991，21（4）：369-382.

③ BAUMRIND D. Different Typologies of Parenting Styles［J］. Genetic Psychology Monographs，1967，75：1.

往怯懦畏缩、内向敏感、不自信。权威型的家长对孩子有高要求也有高支持，他们平和理性，能够民主地与孩子沟通。这种家庭环境中长大的孩子积极乐观、独立自主、善于表达自己。忽视型的家长对孩子冷漠疏离，要求低支持也低，面对孩子的诉求常常视而不见听而不闻。这种家庭环境中长大的孩子常常冷漠孤僻、情绪不稳定。放纵型的家长对孩子要求低，支持高，溺爱孩子，甚至满足孩子的不合理需求。这种家庭环境中长大的孩子常常非常自私，很难与人相处好，显得唯我独尊。

家庭氛围也会对孩子的人格造成影响。一个充斥着争吵、紧张甚至暴力的不稳定的家庭氛围，孩子可能因此惊恐焦虑、内向自卑、情绪控制困难。一个和谐美满、安全稳定的家庭氛围，孩子可能显得自信乐观、开朗豁达、情绪稳定。虽然上述不理想的家庭因素可能给孩子带来不良影响，但这并不必然。家庭教育固然重要，但我们每个人仍可以通过自我教育来塑造积极正向的人格。

最后，出生顺序也对孩子的人格发展有影响。我们在生活中常常观察到这样的现象，最先出生的老大往往较早成熟，独当一面，沉稳可靠，成长过程中会照顾弟弟妹妹，早早肩负了“半个家长”的职责。最后出生的老幺常常是家中的小公主、小王子，是被娇宠溺爱的对象。他们可能依赖性较强，更加以自我为中心。而中间出生的孩子则可能处于被忽略的尴尬位置，既不像老大一般是“半个家长”，也不像老幺可以“恃娇而宠”。他们可能冷漠疏离或是讨好他人。如为独生子女，则可能为家长的掌上明珠。他们既可能得到家长高度的关爱，也可能肩负家庭全部希望的重担。他们则可能既有成熟稳重的特质，又有自我的一面。

（三）学校和社会因素

学校和社会对孩子的人格塑造起着重要作用。如本书前面章节介绍的班杜拉的社会学习理论所述，环境中他人的心理和行为模式可能成为被个体学习、模仿的对象。在学校，如果老师的风格是蛮横不讲理的，学生可能因此受到负面影响；如果老师是师德高尚的，学生则可能耳濡目染见贤思齐成为素质高的个体。类似地，如果一个学校的学风、校风积极向上正能量，学生也更有可能因此有较好的人格发展。

如果一个学校风气比较差，充斥着作弊、躺平、不求上进等不良现象，该校学子因此受到不良影响也就不足为奇了。孟母三迁的故事也告诉我们，一个好的氛围，对个体人格的良性发展十分重要。

第二节　人格理论

一、经典精神分析学派

（一）弗洛伊德的经典精神分析理论

弗洛伊德认为人的意识分为意识、前意识和潜意识，被称为人格的地形学模型。这如同一块冰山，浮于水面之上的是意识，也就是人能够清醒觉察到的思想、情绪、知觉等等。前意识则是潜意识到意识之间的中间过渡，内含记忆和储存的知识，我们通过回忆可以调用相关信息。潜意识则如同深深隐没在水面之下，永远也不会浮出来的巨大冰山主体。其内容不为人日常所知，包括人类深藏的冲动、欲望，且常常是不为社会伦理道德所允许的。

弗洛伊德的地形学理论后来发展成了现在广为人所知的本我、自我、超我三部分人格结构。本我遵循快乐原则，是人与生俱来的原始人格成分，是本能之所在，提供基本的内驱力。自我遵循现实原则，从本我中分化而来，是调节本我与外部环境间的冲突，促进个体在现实生活中正常生活必不可缺的人格结构。超我遵循道德原则，是道德化的自我，代表人格结构中伦理道德的结构。一个高度发展的超我将促使个体遵循社会道德规范，必要时甚至作出巨大的自我牺牲贡献。

心理学家小传

弗洛伊德

西格蒙德·弗洛伊德（Sigmund Freud，1956—1939）出生于摩拉维亚，父母为犹太人。他于维也纳大学医学院获得医学博士学位，其后从事精神医学工作。1900 年，他撰写的《梦的解析》深入探讨了梦境及其形成的心理机制。建立在他的工作基础之上的精神分析疗法是心理咨询流派中的重要一支。他的众多理论，如本我、自我、超我的人格结构至今影响后世。

（二）荣格的分析心理学理论

荣格的将人格结构分为意识、个人潜意识和集体潜意识。意识是个体直接知晓的知觉、记忆、感觉等构成。个体潜意识则是储藏着被意识压抑的经验。例如，小时候被霸凌的经历造成个体存在自卑情结，没能考上重点学校的经历造成个体存在名校情结。这些经验在个体遭遇相似刺激后会再度出现，促使个体作出基于这些过往经验的行为，而这些行为有时并不适用新的情境。集体潜意识是荣格广为人道的发现。他提出人类历代积累的经验能够形成集体潜意识，并提出其主要内容为原型（archetype）。一些著名的原型有阿尼玛和阿尼姆斯（anima & animus）、阴影（shadow）等。

知识链接

Myers-Briggs Type Indicator（MBTI）十六型人格测试

“你是‘I’人还是‘E’人?”

近年来十分流行的 MBTI 十六型人格测试就源自于荣格的人格类型学说。荣格率先提出了内向和外向型人格。也就是前文所述的“I”和“E”两种人。

此外，荣格认为，思维、感情、感觉和直觉是人类心理活动的四种基本功能。其与内外向人格的组合构成了八种人格类型：外向思维型、外向感情型、外向感觉型、外向直觉型、内向思维型、内向感情型、内向感觉型、内向直觉型。其后，独立研究者 Katharine Cook Briggs 和 Isabel Briggs Myers 在此基础上开发出了四对心理偏好（preference pairs）：

1. 外向（Extraversion；E）和内向（Introversion；I）

相对的投放和接收精力的方式，即更注重外部世界还是内心世界。

2. 感觉（Sensing；S）和直觉（Intuition；N）

相对的获取信息的方式，即偏好事实还是整体状况。

3. 思考（Thinking；T）和情感（Feeling；F）

相对的决策方式，即偏好客观还是感性的决策方式。

4. 判断（Judging；J）和感知（Perceiving；P）

相对的生活方式，即偏好计划和规律还是保持开放的心态。

这四项指标的不同组合构成了十六种人格类型，相应的测试题目构成了现称的 Myers-Briggs Type Indicator（MBTI）十六型人格测试。MBTI 被广泛应用于职业、婚恋或个人自我探索相关的场景。有研究者认为，MBTI 测试结果存在信度不佳的问题，即测试结果的一致性不足。

心理学家小传

荣格

卡尔·古斯塔夫·荣格（Carl Gustav Jung，1875—1961）出生于瑞士。他于巴塞尔大学医学院获得医学博士学位，其后从事精神医学工作。他拜读了 1900 年弗洛伊德撰写的《梦的解析》后，对此深感兴趣，长期与弗洛伊德书信交往，互相分析探讨梦境。可惜的是后来两人交恶，甚至公开决裂。他本人后续长期研究了世界各国的宗教风俗和仪式，形成了独特的心理学视角。他提出的集体潜意识及原型等概念，至今为人所称道。

二、行为主义学派

（一）华生

行为主义学派的代表人物华生认为人格是一个人习惯动作的总和。个体的人格是可以改变的，其途径是改变他所处的环境。人的童年时期是改变人格的重要阶段。他还通过实验验证异常行为是由条件反射引起的。

心理学家小传

华生

约翰·布罗德斯·华生（John Broadus Watson，1878—1958）出于美国。他于芝加哥大学获得博士学位，其后从事动物行为研究。基于动物行为的研究，他提出了从行为主义认识人类心理的观点。行为主义者倡导人是环境刺激的反应者。华生曾宣称可以通过控制环境，将婴儿塑造成指定的任意一种人，无论是医生律师还是乞丐盗贼。

（二）斯金纳

斯金纳是行为主义学派的另一位代表人物。他着重强调了强化（reinforcement）对人格塑造和行为改变的重要作用。他认为，在强化物的刺激下，机体将相应地作出行为调整。由此，人们可以通过适当的强化塑造理想的人格。

心理学家小传

斯金纳

伯尔赫斯·弗雷德里克·斯金纳（Burrhus Frederic Skinner，1904—1990）出生于美国。他于哈佛大学获得博士学位，其后从事心理学研究工作。他发明了著名的“斯金纳箱”，一种研究刺激对动物行为影响的实验设备。斯金纳认为通过反复叠加的行为强化可以对个体进行行为塑造。这种行为主义思想被应用于咨询实践，形成了著名的行为主义治疗方法。一些行为主义治疗方法，如意外事件管理（contingency management）、代币法（token economy）、暴露疗法（exposure therapy）等至今广为应用。

三、人本主义学派

（一）马斯洛

人本主义心理学家认为，人是自由意志的生灵。他们既不像经典精神分析学派强调本能的控制，也不像行为主义学派强调环境和控制调节，而是高举人能够自我发展的大旗。其主要发起人马斯洛认为，人有五个层次的需求，由低至高分别是生理需求、安全保障需求、爱与归属需求、尊重需求和自我实现需求。这些推动了人的成长和自我发展。

心理学家小传

马斯洛

亚伯拉罕·马斯洛（Abraham Maslow，1908—1970）出生于美国。他于威斯康辛大学获得博士学位，其后从事心理学研究工作。他构建了著名的“马斯洛需求金字塔”，一种认识人类需求层次的理论。该理论至今是心理学的经典动机理论之一。他的人本主义思想启发了后世开创了人本主义心理咨询流派，并被广泛应用于咨询和教育实践。

（二）罗杰斯

该学派另一位代表人物罗杰斯认为，人类天然具备自我发展、自我实现的趋向。作为以人为中心的疗法的创始人，罗杰斯将人本主义思想融入其咨询实践，提出了六种来访者发生正向改变的充要条件：来访和咨询师进行心理接触、来访者处于不一致的冲突状态、咨询师是一致的或整合的、咨询师无条件积极关注、咨询师提供共情、咨询师的共情和无条件积极关注传达给了来访。

心理学家小传

罗杰斯

卡尔·罗杰斯（Carl Rogers，1902—1987）出生于美国。他于哥伦比亚大学获得博士学位，其后长期从事临床和研究工作。他是广为人们所知的临床心理学家。他创立的以人为中心的疗法，尤其是六种来访者发生正向改变的充要条件，对心理咨询行业有着深远影响。后世研究者发现，心理咨询中来访者和咨询师关系对来访能否发生积极改变起着关键作用。罗杰斯对于来访者和咨询师关系的关注和重视，充分显示了其远见卓识。其思想见诸《个人形成论》等著作。

第三节　人格发展异常的表现与评估

一、人格障碍的界定

人格障碍是指，当患者的人格特质变得过于明显、僵化和适应不良时，患者在工作、学校和/或与他人交往时会出现问题。这些社会适应不良可能会对人格障碍患者和周围人群造成显著痛苦。大多数人格特质无效或产生负面后果的患者会尝试改变他们的回应模式。相反地，有人格障碍的患者不会改变他们的回应模式，尽管这些模式是无效地重复，而且结果是消极的。这种模式被称为适应不良，因为人们不能视情况需要而调整（适应）。适应不良模式随他们是多么严重以及他们可坚持多久而不同。

（一）偏执型人格障碍（Paronoid Personality Disorder）

根据《精神障碍统计与诊断手册（第五版）》的诊断标准①，偏执型人格障碍是指：

A. 对他人的普遍的不信任和猜疑以至于把他人的动机解释为恶意，起始

① American Psychiatric Association. Diagnostic and Statistical Manual of Mental Disorders-5th Edition [M]. Washington, DC: American Psychiatric Publishing, 2013: 649-652, 659-663.

不晚于成年早期，存在于各种背景下，存在以下情况≥4条：

1. 没有足够依据地猜疑他人在剥削、伤害或欺骗他或她；

2. 有不公正地怀疑朋友或同事对他的忠诚和信任的先占观念；

3. 对信任他人很犹豫，因为毫无根据地害怕一些信息会被恶意地用来对付自己；

4. 善意的谈论或事件会被当作隐含有贬义或威胁性的意义；

5. 持久地心怀怨恨（例如，不能原谅他人的侮辱、伤害或轻视）；

6. 感到自己的人格或名誉受到打击，但在他人看来并不明显，且迅速做出愤怒的反应或做出反击；

7. 对配偶或性伴侣的忠贞反复地表示猜疑，尽管没有证据。

B. 并非仅仅出现在精神分裂症、伴精神病性特征的双向障碍或抑郁障碍或其他精神病性障碍的病程之中，也不能归因于其他躯体疾病的生理效应。

（二）反社会型人格障碍（Anti-social Personality Disorder）

根据《精神障碍统计与诊断手册（第五版）》的诊断标准①，反社会型人格障碍是指：

A. 一种漠视或侵犯他人权利的普遍模式，始于15岁，表现为下列3项（或更多）症状：

1. 不能遵守与合法行为有关的社会规范，表现为多次做出可遭拘捕的行动。

2. 欺诈，表现出为了个人利益或乐趣而多次说谎，使用假名或诈骗他人。

3. 冲动性或事先不制订计划。

4. 易激惹和攻击性，表现为重复性地斗殴或攻击。

---

① American Psychiatric Association. Diagnostic and Statistical Manual of Mental Disorders-5th Edition [M]. Washington, DC: American Psychiatric Publishing, 2013: 649-652, 659-663.

5. 鲁莽且不顾他人或自身的安全。

6. 一贯不负责任，表现为重复性地不坚持工作或不履行经济义务。

7. 缺乏懊悔之心，表现为做出伤害、虐待或偷窃他人的行为后显得不在乎或合理化。

B. 个体至少 18 岁。

C. 有证据表明品行障碍出现于 15 岁之前。

D. 反社会行为并非仅仅出现于精神分裂症或双相障碍的病程之中。

（三）自恋型人格障碍（Narcissistic Personality Disorder）

根据《精神障碍统计与诊断手册（第五版）》的诊断标准①，自恋型人格障碍是指：

一种需要他人赞扬且缺乏共情的自大（幻想或行为）的普遍模式；起始不晚于成年早期，存在于各种背景下，表现为下列 5 项（或更多）症状：

1. 具有自我重要性的夸大感（例如，夸大成就和才能，在没有相应成就时却盼望被认为是优胜者）。

2. 幻想无限成功、权力、才华、美丽或理想爱情的先占观念。

3. 认为自己是“特殊”的和独特的，只能被其他特殊的或地位高的人（或机构）所理解或与之交往。

4. 要求过度的赞美。

5. 有一种权利感（即不合理地期望特殊的优待或他人自动顺从他的期望）。

6. 在人际关系上剥削他人（即为了达到自己的目的而利用别人）。

7. 缺乏共情：不愿识别或认同他人的感受和需求。

---

① American Psychiatric Association. Diagnostic and Statistical Manual of Mental Disorders-5th Edition [M]. Washington, DC: American Psychiatric Publishing, 2013: 669-672, 291-298.

8. 常常妒忌他人或认为他人妒忌自己。

9. 表现为高傲、傲慢的行为或态度。

二、分离障碍的界定

分离障碍的特征是意识、记忆、身份、情感、感知、躯体表现、运动控制和行为的正常整合的破坏和/或中断。

分离症状被体验为：

（1）不自主地对觉知和行为的侵入，伴随失去主观经验方面的连续性（如身份分化、人格解体）和/或

（2）对于通常轻而易举就能获取的信息或控制的精神功能，无法获取或控制（如遗忘症）

分离障碍包括分离性身份障碍、分离性遗忘、人格解体障碍等。

根据《精神障碍统计与诊断手册（第五版）》的诊断标准①，分离性身份障碍（即多重人格障碍）是指：

A. 存在两个或更多以截然不同的人格状态为特征的身份瓦解，这可能在某些文化中被描述为一种附体体验。身份的瓦解涉及明显的自我感和自我控制感的中断，伴随与情感、行为、意识、记忆、感知、认知和/感觉运动功能相关的改变。这些体征和症状可以被他人观察到或由个体报告。

B. 回忆日常事件、重要的个人信息和/或创伤事件时，存在反复的空隙，它们与普通的健忘不一致。

C. 这些症状引起有临床意义的痛苦，或导致社交、职业或其他重要功能方面的损害。

D. 该障碍并非一个广义的可接受的文化或宗教实践的一部分。

E. 这些症状不能归因于某种物质的生理效应或其他躯体疾病。

---

① American Psychiatric Association. Diagnostic and Statistical Manual of Mental Disorders-5th Edition [M]. Washington, DC: American Psychiatric Publishing, 2013: 669-672, 291-298.

第四节　大学生完善人格之道

一、中国大学生的人格特征

近年来，多位研究者对中国大学生的人格特征进行了研究。北京师范大学田园等人（2017）对2004至2013年间65项中国大学生人格研究数据进行横断历史元分析，发现：这10年间，我国大学生神经质、外向性、开放性、严谨性和宜人性均有所提高（其中前四项提高了1个标准差以上，最后一项提高了0.57个标准差）；这10年间，男大学生五项大五人格因子得分均显著提高，女大学生在神经质、外向性、严谨性因子得分上显著提高，开放性因子得分上无显著变化、宜人性因子得分有所下降①。福建师范大学林晓帆（2019）对2007年至2018年间40项中国大学生人格研究数据进行横断历史元分析，发现：这10年间，我国大学生各人格维度分数有所下降，但不显著；这10年间，不同性别大学生的神经质、宜人性、外向性和开放性有所下降，但不显著；不同性别大学生的尽责性在这10年间显著下降②。鲁东大学辛素飞等人（2018）则着重分析了中国大学生的应对方式。他们发现中国大学生在2001至2015年间在“解决问题”“求助”这两个因子得分显著上升；男大学生在自责、求助、幻想、退避和合理化因子得分上显著上升，女生在解决问题、自责、幻想、退避和合理化因子得分上显著上升③。

也有学者指出，随着社会经济发展和跨文化交流的日益增多，中国大学生的人格特征也在逐渐发生变化。尤其是疫情之后，大学生们的心理健康和人格

---

①　田园，明桦，黄四林，等．2004至2013年中国大学生人格变迁的横断历史研究［J/OL］．心理发展与教育，2017，33（1）：30-36. DOI：10.16187/j.cnki.issn1001-4918.2017.01.04.

②　林晓帆．中国大学生人格变迁的横断历史研究［J］．潍坊工程职业学院学报，2019，32（4）：68-75.

③　辛素飞，刘丽君，辛自强，等．中国大学生应对方式变迁的横断历史研究［J］．心理与行为研究，2018，16（6）：779-785.

发展状况可能出现了新的变化。总的来说，中国大学生在开放、平等、自主等方面日趋增强。

二、健康人格的标准

（一）中国传统文化中的人格标准

我国的传统文化中将高道德修养、高素质的人才称为“君子”。这类人不仅个人能力拔群，有远见卓识，且道德素养极佳，是人们效仿和学习的对象。对于君子的描述，见诸各类经典。以下分享比较有代表性的名句。

“天行健，君子以自强不息。地势坤，君子以厚德载物。”——《易经》

这两句话的意思是：天的运行是强健的，君子要效法天，自强不息、折腾不止。大地的形势是宽厚的，君子要效法大地，包容万物、广积修为。

“君子泰而不骄，小人骄而不泰。”——《论语·子路》

这句话的意思是：君子坦然安定而不傲慢骄纵，小人傲慢骄纵而不坦然安定。

“质胜文则野，文胜质则史。文质彬彬，然后君子。”——《论语·雍也》

这两句话的意思是：一个人如果质朴胜于文雅，就显得粗野，但是文雅胜于质朴，又会显得虚浮。只有将两者恰如其分地平衡融合，才是君子。

“君子坦荡荡，小人长戚戚。”——《论语·述而》

这句话的意思是：君子为人光明磊落、坦坦荡荡，小人为人心胸狭隘、忧愁不安。

“小人专望人恩，恩过不感；君子不受人恩，受则难忘。”——曾国藩《冰鉴》

这两句话的意思是：小人专门希望得到他人的恩惠，得到后便不当一回事、不感恩了。君子不轻易接受他人的恩惠，得到后必会记挂并作报答。

“君子称人之善而非誉也，折人之过而非毁也，毁其劝善而改过也。小人不然，善则忌之，过则扬之。”——曾国藩

这两句话的意思是：君子称扬人的优点而不过誉，指斥别人的过失而不是

诋毁他，只想劝人弃恶从善罢了。小人却不是这样，见别人有长处就忌妒，见别人有缺点就张扬。

“君子怀德，小人怀土；君子怀刑，小人怀惠。”——《论语·里仁》

这两句话的意思是：君子心中所想的是修养道德，小人所想的则是安于现状。君子心中所想的是礼法原则，小人所想的则是小恩小惠。

“君子以见善则迁，有过则改。”——《易经》

这句话的意思是：君子见到善人善事，就会效仿，发现自己有过错，就会改正。

“君子周而不比，小人比而不周。”——《论语·为政》

这句话的意思是：君子会团结身边的人，但不勾结；小人结党营私，但不讲求道义。

“君子先择而后交，小人先交而后择。”——王通《中说·魏相篇》

这句话的意思是：君子先了解、选择后再结交朋友，小人则是先结交再选择。

“君子有九思：视思明，听思聪，色思温，貌思恭，言思忠，事思敬，疑思问，忿思难，见得思义。”——《论语·季氏篇》

这段话是指君子有九件要反思的事：思考眼睛是否看清楚，思考耳朵是否听明白，待人是否温良，举止是否恭敬，谈吐是否真诚，处事是否谨慎，有疑问是否询问，发怒是否带来灾祸，得到东西思考是否符合义理。

可见，中国传统文化对一个高尚的人的要求是多方面的，不仅有为人处世，也有学习发展、交朋结友、自我修养等方面的要求。

（二）奥尔波特健全人格的标准

奥尔波特将心理成熟描述为具备七项适应性功能：

1. 有自我扩展的能力，即个体能够真诚持久地参与重要的生活活动，如工作、家庭生活、社区服务等。

2. 有可靠的与他人建立融洽关系的方法，如宽容、共情、信任和真诚。

3. 自我接纳或情绪安全，即能够调控个人的情绪状态。

4. 现实的感知和评估，即看待世界的真实状况，而非为了符合个人意愿而采取防御性态度或扭曲事实。

5. 以问题为中心，积极采取多种方式解决问题。

6. 自我客体化，即有自我意识，能够有洞察力和幽默感地认识自我。

7. 具有统整性的人生哲学，使其能够理解并整合个人的理想目标。

（三）基于大五人格类型的健康人格标准

大五人格类型（Big Five Personality）是在研究中最为广泛使用的人格模型之一。相应的测量量表为 NEO-PI-R。这五类人格为开放性、尽责性、外向性、宜人性和神经质性（或称情绪不稳定性）。在实际应用中，研究者们发现，大五人格类型水平与个体健康息息相关。研究个体的健康行为时，神经质性在常被转为正向描述，即转述为情绪稳定性，以保持和其他指标的方向一致。

1. 开放性（Openness）

2. 尽责性（Conscientiousness）

3. 外向性（Extroversion）

4. 宜人性（Agreeableness）

5. 情绪稳定性（Emotional stability）

三、塑造健康人格的方法

（一）坚定自我发展的信心

人本主义的人格理论提示我们，人类具有自我完善、自我发展的潜能。也就是说，我们每个人，无论先天的禀赋、气质如何，无论当下的境况、能力如何，我们都能够发挥主观能动性，不断完善自己。我们应当坚定自我发展的信心。只有从认识上确立了完善人格的信念，我们才能更好地调动各种资源，发挥聪明才智，达成我们的目标。

（二）通过学习不断自我完善

行为主义的人格理论提示我们，我们可以通过学习、模仿来自我完善。子曰："三人行，必有我师焉；择其善者而从之，其不善者而改之。"这句话的意思是，我们要善于学习、借鉴他人。如果对方有做得好的地方，我们要将其视作榜样，要多加学习；如果对方有不好之处，则反省自身是否有同样的问题，如有，则需尽快改正。在实施过程中，我们可以借鉴行为主义理论的一些措施。例如，我们可以使用强化效应，对理想人格进行正向强化，对需要改变的施加惩戒性措施。我们还应将这种对理想人格的塑造落实到生活中的方方面面。人格是日常生活中行为习惯的总和。我们应"勿以善小而不为，勿以恶小而为之"。

（三）内省加强自我觉察

精神分析的人格理论提示我们，我们可以通过自我探索和反思，促进人格的完善。无论是弗洛伊德所描述的本我，还是荣格强调的个体潜意识和集体潜意识，都是需要我们深入思考、直面内心才能真正认识的。这些潜藏在我们意识深处的人格结构，有时涉及我们心灵深层的创伤和痛苦经验。这类经验造成人性复杂多变。一个平日温和善良的人，可能因为特定的事件诱发了深层的恐惧和创伤，并致使其做出极端行为。过往的创伤和痛苦需要疗愈，人性本身也可能具有需要完善之处，而每时每刻都尽善尽美几乎是不可能的。但当我们敢于直面内心还不够光明或值得称道之处，持之以恒地反思、批判、约束和修养，我们有可能借此成为一个不断趋向至善之人。

【挑战任务进程记录】

亲爱的挑战者：

欢迎加入本学期的生命意义挑战！本挑战旨在督促你通过阅读《活出生命的意义》一书，结合个人经历进行深入反思，追寻生命的意义。请撰写周记，记录你的生命意义挑战计划的实施情况。

祝各位有个愉快的挑战之旅！

第十四讲　自我意识与认识自我

知人者智，自知者明。胜人者有力，自胜者强。知足者富，强行者有志，不失其所者久，死而不亡者寿。

——《道德经》春秋·老子

这段话出自《道德经》第三十三章，前两句更是广为传颂。其含义是能够认清他人是有智慧的，但能够认识自己的人更是高明。能够战胜别人是有力的，但能战胜自己才算是刚强。老子认为，事物具有对立统一的两面性。如果我们一味关注他人，争强好胜，终将为自己招致不良的后果。我们应反求诸己，加强自我认知，自强不息，克己自制。唯有此，我们才能真正修炼出澄明本心，反而胜过一味争抢。

教学目标

了解自我意识的概念及其发展，理解影响自我意识发展的因素，了解大学生常见的自我意识偏差问题，掌握完善自我意识的方法。

关键词

自我意识；自我发展三阶段理论；心理社会发展理论

* * * 开篇 * * *

对自我的探索，古已有之。西方哲学三大问题即为我是谁，我从哪儿来，我到哪儿去。相传，古希腊德尔菲神庙的三句箴言之一，就是“认识你自己”。老子在《道德经》中有言：“知人者智，自知者明。”这句话说的就是能认识别人的人是聪明的，但能认识自己的人，才是真的有明德的。中西方对于探索自我的重视可见一斑。

课堂活动

请拿出一张纸，在纸上写下至少三句“我是……，我不是……。”

例如：

我是实践派，我不是“键盘侠”。

我是有辨别、有主见的大学生，我不是可以让人随便糊弄的小孩。

我是有责任、有担当的男子汉，我不是没有主意的妈宝男。

我是独立自主的现代女性，我不是只会听父母安排的乖乖女。

我是一个情感敏感丰富的人，我不是铁石心肠。

……

活动要求

请用 5 分钟时间在纸上写下至少三句“我是……，我不是……。”撰写完毕后，授课教师将随机选取个别同学分享所写并点评。

对自我的描述是多种多样的。撰写完毕后，我们可反思自己写的过程是快是慢，写的数量有多少，集中在什么方面，身边同学的反馈如何。

* * * 主体内容 * * *

第一节　自我意识及其发展

一、什么是自我意识?

(一) 自我意识的定义

自我意识（self-awareness）是个体对自身状况，以及自己与他人或环境互动状况的认识①。它是人格结构的核心部分，是一个复杂多维的心理系统。

(二) 自我意识的分类

1. 根据生成方式分类

(1) 倾向性自我意识

倾向性自我意识（dispositional self-awareness）是个体稳定的人格特征或要素，一般情况下不以情境为转移。

(2) 情境性自我意识

情境性自我意识（situational self-awareness）是个体受环境影响而出现的自我关注，有环境易感性和暂时性。例如，个体代表单位参加重大庆典活动时，可能尤为注意个人形象，时时提示自己要表现得体。

2. 根据生成背景分类

(1) 公共自我意识

公共自我意识是个体把自己作为社会公众关注的对象时而产生的自我关注，及即对公共形象的自我意识。例如，新闻发言人需要时刻关注自己的公众形象，不可将私人情绪带入工作，有较高的公共自我意识。

---

① TRAPNELL P D, CAMPBELL J D. Private self-consciousness and the five-factor model of personality: distinguishing rumination from reflection [J]. Journal of personality and social psychology, 1999, 76 (2): 284.

（2）私人自我意识

私人自我意识则是个体对自我各方面状态的关注，而不关心他人可能有的评价。例如，一位艺术家在从事艺术创作时可能高度沉浸在个人的艺术境界，对他人和环境都不大关注。

3. 根据认识内容分类

（1）生理自我

生理自我是指个人对自己的身高、体重、外貌、身体指标等生理特征的认识。

（2）社会自我

社会自我是指个人对自己的社会地位、权力、社会关系等社会属性的意识。

（3）心理自我

心理自我是指个人对自己的心理素质、兴趣爱好、性格气质等心理属性的觉知。

如果个体在生理、社会和心理上能够恰如其分地评价自我，并依此作出相应的行为或是行为的改变，那么，我们在与其互动时常常能产生对方为人处世十分得体、有分寸之感。但是，如果个体严重高估或者低看了自己，我们很可能产生对方不知天高地厚，或是自卑怯懦之感。

4. 根据认识形式分类

（1）自我认识

自我认识是指个体对自我的认知，是自我意识的认知成分。这一成分主要解答的是“我是个怎样的人”的问题。

（2）自我体验

自我体验是指个体对自我的感受，是自我意识的情感成分。这一成分主要解答的是“我对自己满意吗？我喜欢我自己吗？”的问题。

（3）自我调控

自我调控是指个体对自己的心理和行为进行调节的过程，是自我意识的意志成分。这一成分主要解答的是“我要如何改变自己，使自己变得更好？”的问题。

5. 根据表现形态分类

（1）现实自我

现实自我是指个体基于现实状况，对自我的认识。例如，一位认真勤奋的员工认为自己是个踏实上进的人。

（2）投射自我

投射自我是指个体对他人如何看待自己的判断，以及由此产生的对自我的认识。例如，上述员工独立完成了重要工作任务，他可能会认为自己得到了他人认可，并由此产生自己是个工作能力很强的人的自我意识。

（3）理想自我

理想自我是指个体对自己未来发展的期盼，带有未来指向性。例如，上述员工期待自己将有更好的发展，假以时日，将得到晋升。

二、自我意识的发生与发展

（一）威廉·詹姆斯的自我发展三阶段理论

威廉·詹姆斯是美国著名心理学家，他率先提出自我（self）的概念，并将其划分为纯粹的自我和经验的自我。纯粹的自我是一切经验、知觉、意识的主体；经验的自我则是被认识的客体，是被觉知的对象。经验的自我分为物质自我、社会自我和精神自我。物质自我是指个体自身及其周遭的附属物，如亲人、家、生活资料等。社会自我是指个体通过社会互动而产生的他人对自己看法的认识。精神自我是指个体的内在心理特征，如性格、气质、品性等。

詹姆斯还由此提出了自我发展三阶段理论。这一理论认为，人首先认识到物质自我，而后通过社会交往认识到社会自我，最后从个人经验的反思中认识到精神自我。

（二）埃里克森的心理社会发展理论

埃里克森认为，个体的心理发展划分为八个阶段（见表 4-1）。在这八个阶段中，个体发展会受到遗传因素和社会环境因素的影响。个体在每个发展阶段都会有不同的任务，任务如果能顺利解决，那么个体的人格将会健康发展，否则将出现发展障碍。

表 4-1　**埃里克森心理社会发展理论的八个阶段**

阶段顺序	年龄	发展任务	充分解决	不充分解决
1	婴儿前期（0~2）	信任 vs. 不信任	基本的信任感	基本不信任感
2	儿童期（2~4）	自主 vs. 羞怯和怀疑	感到自己有能力控制自己	依赖于别人、自我疑虑
3	学龄初期（4~7）	主动性 vs. 内疚	形成目标感	缺乏目标感、感到自己没有价值
4	学龄期（7~12）	勤奋 vs. 自卑	形成勤奋和对自己力量和能力的信任感	缺乏信心
5	青春期（12~18）	同一性 vs. 角色混乱	理解自己是怎样的人、接受并欣赏自己	不清楚自己是谁
6	成年早期（18~25）	亲密 vs. 孤独	有能力与其他人建立亲密感	感到孤独、否认需要亲密感
7	成年期（25~50）	繁殖 vs. 停滞	关注家庭、社会和后代	陷入空虚和对人生目标的怀疑
8	成熟期（50 以上）	自我完善 vs. 失望	完善感	感到无用、沮丧

（三）自我意识的发展模式

研究者认为，自我意识的发展经历了分化、矛盾和统一三个阶段。

1. 分化阶段

进入青年时期，儿童、少年时期笼统的“我”被一分为二，出现了作为观察者的“我”（I）和被观察的“我”（Me）。“I”也被称为“主我”，不断对客我“Me”进行观察和评估。此外，还出现了理想自我和现实自我的分化。也有人将主我对客我的观察视为基于对自己将来想要成为的状态的设想，对当下自身客观状态的认识判断。

2. 矛盾阶段

无疑，理想自我和现实自我往往存在差距，这种差距带来了主我和客我的矛盾冲突。例如，一位志向高远，想要冲刺985名校的学生，意外落榜，进入了一所普通大学。随之而来学习环境、学习条件的现实差异，让他的理想自我和现实自我间出现了鸿沟。那么，他出现情绪低落、焦虑、愤怒也就不足为奇了。

3. 统一阶段

这一阶段，矛盾冲突带来的痛苦、焦虑甚至是恐惧等情绪，促使个体积极作出改变，使现实自我更加趋近理想自我，以实现两者的统一。例如，上述例子中的学生，可能选择复读重考，或者在该校努力学习，争取研究生考入更好的学校。当他感受到自己正在朝理想自我发展时，其焦虑、愤怒等情绪自然得到消解，变得更正向积极了。

（四）大学生自我意识的发展特点

研究者对大学生自我意识的发展特点作了不同的归纳。例如，邱鸿钟等人（2018）认为此阶段的特点为：自我评价的标准被越来越快地更新发展；积极的和消极的自我体验并存；自我调控能力增强，但自我约束尚不成熟①。沈德立等人（2013）认为此阶段的特点为：自我意识发展存在年级差异；自我意识发展存在矛盾性②。蔺桂瑞、杨芝英等人（2009）则认为其特点为：自我认识不断拓宽和深化；自我评价能力得到显著提高；自我体验日益深刻而丰富；自我控制能力提高；自我意识水平存在年级差异③。

---

① 邱鸿钟．大学生心理健康教育（第三版）［M］．广州：广东高等教育出版社，2018：43-44.

② 沈德立．大学生心理健康［M］．北京：高等教育出版社，2013：90-92.

③ 蔺桂瑞，杨芷英．大学生心理健康与人生发展［M］．北京：高等教育出版社，2015：37-39.

总的来说，研究者普遍认为大学生在这一阶段，其自我认识、评价和调控能力均有所提升，自我体验日益丰富多样，而各年级间也因年龄、经历的不同存在较大的差异。我们在工作中，也发现了大学生的上述自我发展特点。此外，我们还注意到，个别学生因家庭、心理疾病等问题，加之社交媒体之影响，出现了明显的自我意识的矛盾冲突。

三、自我意识的影响因素

（一）亲子关系

家庭环境对自我发展有重要影响：早年的家庭环境对个体自信心有着持久的影响，甚至可以延续到成年之后；温暖的家庭氛围、家长监护、母亲较低的抑郁状态、家庭经济保障、以及父亲的存在对儿童自信心的建立有着显著的积极作用①②。此外，大学生生活中重要他人的评价，尤其是来自父母的评价，可能对大学生造成影响。

（二）社会环境的影响

社会环境对大学生自我意识的影响主要有两个方面。首当其冲的就是学校教育的影响。学校的师生关系、学校对学生的投入、学校氛围、学风、班风，等等，都对大学生自我意识发展有着重要影响。孟母三迁的故事，我们都不陌生。这个故事说明的就是环境对塑造人至关重要。一所好的学校，其师资条件固然重要，更重要的是其学习氛围，是学校中的学生。例如，北大倡导“思想自由，兼容并包”。我们可以预见的是，北大的学子将形成开放的心态，并注重自由探讨的精神。

---

① ORTH U, EROL R Y, LUCIANO E C. Development of self-esteem from age 4 to 94 years: A meta-analysis of longitudinal studies [J]. Psychological bulletin, 2018, 144 (10): 1045.

② KRAUSS S, ORTH U, & ROBINS R W. Family environment and self-esteem development: A longitudinal study from age 10 to 16 [J]. Journal of personality and social psychology, 2020, 119 (2): 457.

（三）大学生自身发展因素

大学生的自我意识发展也受其自身发展因素影响。首先，如前所述，大学生此阶段的自我认识、评价和调控能力均有所提升，自我体验日益丰富多样，而各年级间也因年龄、经历的不同存在较大的差异。其次，每位大学生因其先天的身心素质不一及后天经历的不同，在发展程度上存在显著差异。例如，一位有手部残疾的大学生，通过后天努力考入大学，其自我意识发展程度将与其他健全大学生有显著差异。

第二节　大学生自我意识偏差及其调适

一、自我评价不符合实际

（一）自我评价过低

在学校里，我们常常观察到这样一个现象。有的同学明明各方面表现都不错，但总是对自己不满意，甚至自认为表现较差。当老师或同学摆出他们表现优秀的“证据”时，他们往往矢口否认自己不过是运气，或者这并不算什么。一些同学为了“证明”自己并不优秀，甚至主动翘课、不参加考试等。

自我评价过低的原因有多种。第一，有研究者认为人类普遍存在内隐的自卑。这是和我们婴幼儿时期只能依靠父母或其他监护人的无力感有关联的。第二，个人基本条件的影响。例如，有的个体先天身材外貌方面并不突出，甚至存在一定缺陷。青春期后，这种差异更加显著，由此带来自卑感。第三，家庭环境和父母教养方式。一个充斥着争吵甚至暴力等不稳定因素的家庭环境将对个体的自我评价产生负面影响。此外，忽视型或是专制型的家庭教养方式都可能带来个体的自卑。第四，不正确地与他人比较。尺有所短寸有所长，每个人都有自己的长处和短处。如果将自己与先天条件在某方面远超自己的人相比较，由此受打击、自卑也就不足为奇了。第五，重大挫折和创伤。经历了重大挫折和创伤的个体，其自卑感尤为显著。例如，有的人经历了校园霸凌，即使到了大学，这段的经历也令其欠缺信心，自卑怯懦。

但是，上述的情况并不是不可以改变的。我们可以通过下列方法进行自我调适。第一，正确认识自我。我们首先就是需要改变对自己不客观的扭曲认知，正确地认识自我。我们需要依据实际证据，理性客观地分析自己，对自己得出恰如其分的评价。我们需要厘清哪些评价是情绪化的贬低，哪些是我们确实有所欠缺之处，并合理地承认和面对。第二，树立成长心态。我们需要树立成长心态，即关心关注自己的成长进步过程，而不是狭隘地把目光聚焦于一个特定的结果。这样做，一方面能够降低我们的压力感和焦虑感，让我们更专注于落实的过程。由此，其实更有利于达成理想的结果。另一方面，我们也得以转换视角，不再将视自己存在“缺陷”，而是将“缺陷”视为有待进步之处。这样，我们的大脑得到的暗示是积极寻找突破策略，而非消极地自怨自艾。第三，寻找帮助和鼓励。这些帮助和鼓励可以来自自己。我们可以发掘自己的优点，并理性地认识到各方面都达到完美并不现实。例如，一位资质中等的个体，可能异常勤奋。他可以鼓励自己“勤能补拙”。而现实中，确实许多天资聪颖的人因为怠惰，“小时了了大未必佳”。帮助和鼓励也可以来自他人。例如，我们可以结交良师益友，从他们处得到对自己中肯的评价和鼓励。这些都将有助于我们改变自我评价过低的不良局面。

（二）自我评价过高

研究者认为，个体自我评价过高可能存在多种原因。第一，个体与认知判断相关的区域，即额叶大脑皮层功能可能存在问题。如本书前面章节所述，这个区域受损的个体在情绪控制、行为表现上都会出现问题。第二，个体先天条件。与上述自卑个体相反，有的个体可能先天条件优异，致使他们从小受到了诸多他人优待。例如，一些天资聪颖的个体，学习过程中多得家人及师长偏爱。他们可能由此反而变得骄傲自负。第三，家庭环境和父母教养方式。同样与上述自卑个体情况相反，有的个体从小父母宠溺，家庭环境优越，使他们形成了以自我为中心、不可一世的状况。一些极端的个体，甚至作出了违法犯罪行为。例如，数年前，一位知名艺术家的孩子竟然残忍地性侵了他人。第四，极端自卑也有可能造成自负。这样的个体，往往先天条件、家庭环境或父母教养方式与他人有明显差异。为了弥补其匮乏和不足感，他们以自负的方式形成了虚假的自信，以此补足其内心的自卑。这样的个体，往往在自负的同时存在着焦虑和恐慌，且常常被嫉妒心折磨。

上述情况也可通过多种方式进行调适。第一，这样的个体要学会自我警示，给自己过度膨胀的自信心降温。古语有云，“生于忧患死于安乐”“福兮祸所伏，祸兮福所倚”。这些都是在提醒我们，事物是不断发展变化的，我们需要保持警惕，不可盲目乐观自信，危机随时可能发生。第二，这样的个体应积极反省自己仍然存在的不足。例如，他们可以借助他人的反馈检阅自己的不足，并进一步自我提高。第三，这样的个体也需要客观地分析自身条件。虽然在学校和工作中取得了成绩，但是，他们不能忽略达成这些成绩的条件。他们应该看到他们所能借助的资源和先天的条件，其实可能让他们较身边的人更容易达成一些工作目标。因着这些便利而沾沾自喜，就不可取了。他们追求的目标应当更加高远。第四，如果存在极端自卑的状况，应当勇于真正地相信自己和鼓励自己。虚假的自负和嫉妒，并不能让自己真正自信，而且将使他们错失真正自我提升的机会，最终导致令他们恐惧的结局。他们需要认识到，当放下自卑和对自己的苛责，去面对真实的也许并不优秀的自我，去想办法真正地自我提升，他们反而能消解恐慌和焦虑。

二、逆反心理

有逆反心理的个体，将故意违反社会公序良俗，以表达对现实生活的不满。他们当中很多的个体，在现实生活中过得并不如意。但是，他们错误地将应当用诸解决现实问题的精力花费在了恶意宣泄不良情绪，攻击他人上。这些年，甚至出现了网络流行语“杠精”一词，特指故意抬杠，不讲道理地攻击他人的网民。这些现象都值得我们反思。一方面，我们需要加强思想教育，正确引导。另一方面，我们也应积极营造更加风清气正、公平公正的社会生态。

我们可以通过以下几种方式对这些个体进行引导。第一，我们需要倾听，了解造成他们逆反心理的真正原因。例如，有的大学生是因为学业压力，感觉找不到出路；有的大学生是因为家庭矛盾，因而上网寻求发泄。我们需要找到原因，并有针对性地帮助他们解决实际问题。第二，我们需要引导这些个体反思自己。一方面，我们需要引导他们反思自己的言论是否真实客观，有条件的情况下可以通过实践去检验。另一方面，我们需要引导他们反思自己的思维和行为模式，鼓励他们科学地思辨、合理地行动。第三，我们也要鼓励大学生通过实际行动去获得成就感和认可感。当他们体验到通过合理合法、踏踏实实的努力能够给环境带来积极正向的改变，他们将更有可能改变自己的逆反心理和行为。

三、身份危机

身份危机也被翻译为自我同一性危机。这种危机是个体自我发展过程中，出现的对自我存在和价值的质疑。这种危机在青少年中十分常见。有研究者认为，许多学生群体中出现的压力反应、心理危机等现象，实则背后隐含的是他们的身份危机，即这些学生往往自我价值感缺失，对未来感到迷茫，欠缺目标。他们即便家庭条件、个人素质等方面均超出同龄人，但仍然不能体会到幸福感。他们甚至会出现自杀自伤的行为。

心理学家小传

埃里克·埃里克森

埃里克·埃里克森（Erik H. Erikson，1902—1994）出生于德国，是著名的德裔美国发展心理学家。他提出的八阶段的心理社会发展模式，是发展心理学的领域的经典理论之一。他一生著作颇丰，他在所著的Identity：Youth and Crisis一书中探讨了青年的身份危机，即自我同一性危机。近年来，这一现象受到了越来越多的学者和临床工作者关注。

知识链接

空心病

根据多年的临床工作经验，2016 年，原北京大学学生心理健康教育与咨询中心副教授徐凯文提出了“空心病”这一概念，即“价值观缺陷导致的心理障碍，症状为觉得人生毫无意义，对生活感到十分迷茫，不知道自己想要什么”。

对这类患者，徐凯文分享过这样的典型案例：

“我原来还站在一块极其不稳定、随时有可能四分五裂的小岛上，但是至少心里知道我在什么地方。现在是已经知道了，自己原来的地方是不对的。它就变成了茫茫大海上漂泊，看不到陆地，时不时感到恐惧。”

这是一位专业能力和性格都非常优秀的同学，在一次尝试自杀未遂后写下的感受。

又有一位同学这样描述自己的世界，

“我的世界是一个充满迷雾的草坪，草坪上有井，但不知道在何处，所以有可能走着路就不小心掉进去了，在漆黑的井底我摔断了腿拼命地喊，我觉得我完全没有自我。这一切好难。”

这样的例子还有很多很多，他们共同的特点是他们都会告诉我说，徐老师，我不知道我是谁，我不知道我到哪儿去了，我的自我在哪里，我觉得我从来没有来过这个世界，我过去 19 年、20 多年的日子都好像是为别人在活着，我不知道自己是要成为什么样的人。

课堂讨论

你如何看待大学生中出现的身份危机和“空心病”？

讨论要求

请与你前后的同学组成四人小组，讨论上述问题，并在讨论结束后向授课老师报告你们的讨论结果。讨论时间 3~5 分钟。

抑郁症患者更关注过去，对已经发生的事情过度悲哀自责，认定未来会比过去更差，毫无希望。

第三节　自我意识完善之道

一、树立正确的自我认识

想要完善自我意识，大学生首先要有正确的自我认识。上述的诸多自我评价有误的问题，也正是出在了自我认识不到位上。这就要求我们，平时要以理性客观的心态评价自己。我们需要辨别清楚，自己的认识是出于对情况的客观分析，还是自己情绪使然。当我们的情绪而非理性占主导时，我们得出的结论往往是偏离客观事实的，要么过高，要么过低。此外，我们也需要进一步探索自己不能理性客观评价自己的原因。有的大学生是因为担心失败、害怕他人对其失望，所以索性自我贬低。有的大学生则是担心被他人看不起，所以要强装强大。这些想法背后其实都是对现实自我的不满和自卑。我们需要认识到，现实自我是一个客观存在着的事实。虽然显示自我并不尽如人意，但勇敢承认和面对，反而是我们提高的契机。我们也要相信这个自我是具备发展的潜力的，并努力通过后续的学习和工作提高自己。最后，想要树立正确的自我认识，我们还需要丰富自己的阅历。从行为主义的角度而言，人是其行为和经历的产物。也就是说，我们的自我认识很大程度上取决于我们经历过的事物和自己的行动。坐井观天不可取，坐井观己同样不可取。我们需要见识更广阔的天地，由此站在更高的维度，正确地评价自我。

二、理性面对他人评价

现实生活中，部分大学生往往过于敏感不自信。他人的一点点风吹草动，就让他们以为受到了批判和攻击，进而因此更加不自信。

A 同学在一次课堂发言时看到班上的同学在下面小声议论和窃笑，以为同学是在议论和笑话自己，进而更加紧张，甚至脸红气喘，语无伦次，最后发言也不了了之，老师只得让他就座。这次经历后，他再也不敢当众发言了。

上述例子中的 A 同学就是很典型的例子。其实，他的同学也许根本没有关注他，甚至是在议论和窃笑与课堂无关的事情。即使他们是在议论 A 同学，且 A 同学确实是表现得不好，他也大可不必紧张，坦然完成即可。我们应该理性地看待他人的评价。古语云，“有则改之无则加勉”。说的就是一种恰如其分地面对他人评价的态度。我们切不可盲目接受他人给予我们的评价，而应积极思考对方的评价是否恰当，是否真实反映了自己的问题。如果不能确认，甚至可以寻求值得信任的长辈的帮助。如果对方的评价不合理，我们可视情况进行反驳。此外，他人的评价有时是让我们不舒服的。如果对方是毫无根据的恶意攻击，我们大可由此判断出其对我们的敌意，并给予相应的反击。如果对方是无意的，甚至是善意的批评，我们应虚心接纳。一个人的进步，往往是从改善自己被人识别出的不足开始。我们不妨感谢能够客观指出自己不足的人。他们冒着“得罪人”的风险，帮助我们提高。最后，我们也要警醒让我们自我膨胀的夸赞。“批评使人进步，骄傲使人落后。”一些与事实不符，让我们盲目乐观自信的夸赞，实则会为我们的未来埋下隐患。

三、积极进取自我提高

接下来，我们还需要通过个人真实的努力提高自己，以此趋向理想的自我。有的大学生在高考中并没有发挥出自己的实力，意外去了并不理想的学校。这样的大学生往往面临更严重的自我意识问题。他们理想自我和现实自我的巨大差距，常常致使他们沉浸在过往的失利中。一位山东学子（化名：南有乔木）在知乎平台上分享了她的故事。请登录网站查看她的经历：https：//www.zhihu.com/question/355671031/answer/908153111。

这个故事中的主人公“终于用一场重塑，换来了自己的新生；终于用一次真实的努力，让我能够重新认可自己”。我们需要认识到，当现实给了我们意外的打击，我们不应气馁，也不应怨天尤人，而是应该冷静下来，沉着应对，积极寻求解决之道。当我们终于凭借自己真实的努力渡过了难关，我们也将真正地认可自己。我们将认识到，即使没有本科名校等外部光环，我们凭借个人的实力，也能走出属于自己的道路，因为我们本人就是一束光。

☞ 课后思考

相传印度圣雄甘地有次在登上火车之际，有记者遥遥询问他，“甘地先生，您想给世人传达的信息是什么？”甘地回首答道，“我的人生就是我想传达的信息”。My life is my message，这句话后来被雕刻在印度甘地纪念馆的门廊上。

甘地的话提醒我们，如何度过每一天，决定了我们人生的高度。我们应该反思自己是否真正做到了健康饮食，规律作息，与他人友好相处，有端正的学习、工作和生活态度。比起所谓丰功伟绩，这些日常更值得我们关注。也许，我们不必刻意追求高尚，因为高尚蕴含在每一天的持之以恒的踏实生活之中。

请思考你想给世人传达的信息是什么？What is your message？

【挑战任务进程记录】

亲爱的挑战者：

欢迎加入本学期的生命意义挑战！本挑战旨在督促你通过阅读《活出生命的意义》一书，结合个人经历进行深入反思，追寻生命的意义。请撰写周记，记录你的生命意义挑战计划的实施情况。

祝各位有个愉快的挑战之旅!

第十五讲　理解家庭、学会关爱

独在异乡为异客，每逢佳节倍思亲。
遥知兄弟登高处，遍插茱萸少一人。
——《九月九日忆山东兄弟》唐·王维

我国素有重阳节登高，和家人团聚的风俗。唐代诗人王维的这首诗表达了对家人的思念。

教学目标

了解家庭对大学生自我成长的影响，理解亲子关系与自我发展相关的理论，了解大学生面临的亲子关系问题，掌握如何与家庭成员和谐相处的技巧。

关键词

依恋理论；恒河猴实验；心理社会发展理论；自我同一性危机

* * * 开篇 * * *

对于很多人来说，家是心灵的港湾，是精神的避风港。无论在外遭遇了多么大的挫折或打击，温馨和谐的家庭总能够给予我们最深的抚慰和支持。但是，对于有的人来说，家庭可能本身是引发情绪困扰的源头，潜藏着不足为外人道的伤痛。家庭中的悲欢离合，总能牵动我们的心。无论我们走到哪里，我们身上都带着家庭的烙印。

课堂活动

请同学们拿出一张纸和一支笔，写一写你的身上有哪些父母和家庭的烙印。例如，“我的鼻子长得像爸爸”；“我的性格很开朗，这点很像妈妈”。

活动要求

请用5分钟时间在纸上写下至少三句你的身上有哪些父母和家庭的烙印。撰写完毕后，授课教师将随机选取个别同学分享所写并点评。

父母和家庭的烙印是多种多样的。看看你刚才写下的内容，你发现家庭对你的影响，有什么特点？

我们可能不难发现，家庭对我们的影响是多方面的：既影响了生理特点，也影响心理特点；影响可能是积极的，也可能是消极的。

* * * 主体内容 * * *

第一节　家庭对大学生的塑造

一、依恋与心理发展理论

（一）依恋理论

依恋是孩子与母亲（或其他看护者）之间的一种亲密关系。这种关系是在婴儿和母亲之间的互动中建立起来的。亲子依恋分为三种类型：

安全型（securely attached type）：母亲离开时焦虑、哭，母亲回来时很高兴；母亲在场时，以母亲为探索外界基点，时不时回到母亲身边；比较合作，很少生气，对陌生人友善。国外研究者发现，安全型依恋婴儿在普通人群中占比约 60%①。

逃避型（avoidant type）：母亲离开时很少哭泣，母亲回来时不大高兴并设法逃避母亲，时不时寻求帮助，经常愤怒，对陌生人不在意。

矛盾型（ambivalent type）：在母亲离开前就焦虑，紧张地关注母亲的行为，生怕母亲离开，因此不能尽兴地玩游戏；母亲离开后更加不安；母亲回来后，一方面想亲近，一方面又尖叫、踢打拒绝。很少探索周围环境，很难安抚，对陌生人不友好。

知识链接

恒河猴实验

发展心理学家 Harry F. Harlow 通过恒河猴实验验证了幼猴对接触安慰的需求。

首先，实验员制作了两只外形相似，都具备喂奶功能的代理母猴：一只用光滑的木头制作，并用棉毛包裹，体内还安装了能发热的灯泡；另一只则用铁丝网制成。接下来，研究者把 8 只幼猴与两只代理母猴放在同一间观察室里。这些幼猴被随机分为两组，一组被分配至木制母猴喂养，另一半则被分配至铁丝网制母猴喂养。

研究者发现，所有的实验幼猴都更喜欢棉毛包裹的木制母猴，喜欢依偎着它。即使是被铁丝网制母猴喂养的幼猴，也更喜欢木制母猴，且只在不得不吃奶的情况下离开，进食完毕马上回到木制母猴身边。此外，由铁丝网制母猴喂养的幼猴相较于被木制母猴喂养的幼猴更容易出消化不良等症状。而在幼猴遇

① ANDREASSEN C, WEST J. Measuring socioemotional functioning in a national birth cohort study [J]. Infant Ment Health J, 2007, 28: 627-646.

到危险或害怕的事物时，无一例外地会跑向木制母猴寻求安慰。

心理学家小传

哈里·F. 哈洛是美国著名发展心理学家（Harry F. Harlow，1905 年 10 月 31 日—1981 年 12 月 6 日）。他通过恒河猴实验验证了爱和接触的需求的重要性，并不是只提供食物就够了。他的研究促进了育儿理论的发展，使人们认识到了向婴儿提供爱和安抚的重要性。

（二）埃里克森的心理社会发展理论

个体的心理发展划分为八个阶段。在这八个阶段中，个体发展会受到遗传因素和社会环境因素的影响。个体在每个发展阶段都会有不同的任务，任务如果能顺利解决，那么个体的人格将会健康发展，否则将出现发展障碍。

表 4-2　**埃里克森心理社会发展理论的八个阶段**

阶段顺序	年龄	发展任务	充分解决	不充分解决
1	婴儿前期（0~2）	信任 vs. 不信任	基本的信任感	基本不信任感
2	儿童期（2~4）	自主 vs. 羞怯和怀疑	感到自己有能力控制自己	依赖于别人、自我疑虑
3	学龄初期（4~7）	主动性 vs. 内疚	形成目标感	缺乏目标感、感到自己没有价值
4	学龄期（7~12）	勤奋 vs. 自卑	形成勤奋和对自己力量和能力的信任感	缺乏信心

续表

阶段顺序	年龄	发展任务	充分解决	不充分解决
5	青春期（12~18）	同一性 vs. 角色混乱	理解自己是怎样的人、接受并欣赏自己	不清楚自己是谁
6	成年早期（18~25）	亲密 vs. 孤独	有能力与其他人建立亲密感	感到孤独、否认需要亲密感
7	成年期（25~50）	繁殖 vs. 停滞	关注家庭、社会和后代	陷入空虚和对人生目标的怀疑
8	成熟期（50 以上）	自我完善 vs. 失望	完善感	感到无用、沮丧

二、家庭对人的塑造

（一）家庭塑造自我价值感

自我价值感是一个人基于对自身价值的认识而形成的对自己的态度和情感。

如果一个人对自身价值的判断较高，他就会自信、乐观、积极。反之，如果一个人对自身价值的判断较低，他就会自卑、消极、无主见、害怕失败。

一个人自我价值感的形成，与其父母在其成长过程中对他的态度直接相关。父母的接纳、欣赏、喜欢和尊重会使得孩子形成高的自我价值感；父母的批评、指责、嘲笑和漠视会导致孩子形成低的自我价值感。

被父母严厉惩罚的孩子，一般自尊感较低。而接受民主教育的孩子，则自尊感较高。这样的家庭，多采用关心、接纳的态度对待孩子。虽然也会提要求，但也给予支持和鼓励。即使孩子犯错了，也不会用打击或强制性的措施，如辱骂孩子或体罚。对待孩子多采用民主自决的态度，让孩子有自我决定的权利。

（二）家庭塑造沟通方式

萨提亚认为，人们在面对压力时，常采用四种方式进行沟通，分别是：讨好、指责、超理智和打岔。

讨好的人只顾他人，不顾自己，常常压抑自己，也需要别人赞同，但不知道他们对任何事情逆来顺受的态度并不能赢得别人的赞同。他们的这种做派往往源于他们的父母不允许他们表达意见和情感。

指责的人经常只顾自己，不顾他人，常常指责其他人。他们指责别人，是为了树立自己的权威。他们的这种做派往往源于期待在家中不能得到满足。

超理智的人看起来非常理性，行为处世非常单调呆板，和人有距离感。他们看起来仿佛没有情绪情感体验，表面平静，实则内心脆弱敏感。这也是源于他们的父母不允许他们表达意见和情感

打岔的人常常采用插话的方式和人沟通，给人感觉心不在焉，漫无目的之感。这是源于他们在家庭中常常被忽略。

一致的人则既顾及自己又顾及他人，也考虑所处环境。他们内心和外表一致，趋于稳定成熟和协调的状态。这是源于他们在家庭中可以自由地表达自己的情感和期待，家庭氛围和谐。

（三）家庭塑造情感表达方式

肌肤的亲近。我们和爱人之间相依相偎，拥抱牵手等肢体的接触。

赞美。我们愿意欣赏赞美所爱之人，向对方表达喜爱之情。

陪伴。我们和爱人共同经历、承担一些事情。如对方生病、住院了，放下手中的工作去陪伴对方。

礼物。我们给对方买礼物，或者自制礼物给对方。

服务。我们为对方提供无条件的帮助，不求回报。

三、先天因素与后天因素

先天还是后天因素对人的影响更大？这是心理学中非常经典的议题。1979

年，研究者们针对这一议题开展了著名的明尼苏达双生子研究。研究者们找到了200多对双胞胎，他们自出生起就被分离，父母各带一个孩子在大相径庭的环境中生活。追踪研究发现，这些孩子在气质类型上表现出了高度的相似性，这证明了遗传的重要性。而他们的性格则呈现出不一致，这又体现出后天环境对人的塑造十分重要。

纪录片《孪生陌生人》记录了同卵的三胞胎在被不同的家庭收养后，大相径庭的结局。被富裕家庭收养的Bobby长大后性格平和稳重，有良好的工作和教养。被蓝领家庭收养的David虽然收入普通，但开朗自信。这是因为他有一位性格开朗乐观，风趣幽默的父亲。被中产家庭收养的Eddy，其养父严苛保守，对其强迫控制，最终Eddy患上了躁郁症英年早逝了。

上述案例告诉我们，先天和后天因素对人的影响都很大。在人的成长和发展过程中，我们受到两种因素的交互作用。简单剥离其中的一种因素去分析另一种因素，单强调先天遗传或是后天环境，都是不科学的。

第二节　常见的家庭心理问题

一、过高的家庭期待

（一）学业的压力

家长对孩子学业的期待常常给他们带来非常大的压力。例如，一些家长要求孩子必须考到班上的前几名，否则就对孩子体罚。还有一些家长则是热衷于给孩子报各种补习班，早早地安排孩子学完后续学段的课程，希望他们能在学业上有长足的进步。在某些地区，这种现象甚至出现了倒挂——孩子们主要依靠校外补习学习新知识，学校教学变成了辅助。有的孩子因为承受不了家长给他们的压力，焦虑情绪严重，甚至无法正常学习和生活。一些考试成绩长期不过关的学生，也因此被学校退学。

（二）望子成龙、望女成凤的压力

“鸡娃”是近几年热议的一个现象。家长为了让孩子快人一步，未来有更好的发展，便层层加码，给孩子报名各种特长培训班，如钢琴、小提琴等。但是，这种“漫灌式”“拔苗式”的培养方式，让孩子失去了自由探索和发展的空间。他们小小年纪便奔波于各种培训班之间，甚至连和小伙伴玩耍游戏的时间都没有。此外，家长隐藏在“鸡娃”做法之后的深深焦虑感，也影响着孩子。例如，近些年火爆的计算机行业，让不少家长趋之若鹜地督促孩子往这个方向发展，以期他们毕业后能找到待遇可观的工作。一些对这个专业并不感兴趣的孩子，也被家长逼着报考这个专业。我们在学校里发现不少这样的学生。他们学着最热门、家长最看好的计算机专业，却完全提不起兴趣，甚至长期缺课。

在父母的眼中，孩子常常是自我的一部分，子女是他理想自我再来一次的机会。有的父母在求学时未能考入理想的学府，于是，他们将这种期待寄托到了子女身上。“望子成龙、望女成凤”的心态屡见不鲜。一些孩子为了实现父母的心愿，小小年纪就离开家出国留学，而他们并不完全清楚自己想要什么。加之独自在外求学可能遇到诸多成长困难，这些小留学生们常常出现各类心理问题。

知识链接

2019 年，一本《虎妈战歌》横空出世，引起了各界广泛关注。“虎妈”蔡美儿是耶鲁大学法学院的教授。她给两个女儿定下了非常严格的要求。两个女儿目前已经相继从哈佛大学毕业，并在音乐上有着瞩目的表现。

1. 不准在外面过夜。
2. 不准参加玩伴聚会。
3. 不准在学校里卖弄琴艺。
4. 不准抱怨不能在学校里演奏。
5. 不准经常看电视或玩电脑游戏。

6. 不准选择自己喜欢的课外活动。

7. 不准任何一门功课的学习成绩低于“A”。

8. 不准在体育和文艺方面拔尖，其他科目平平。

9. 不准演奏其他乐器而不是钢琴和小提琴。

10. 不准在某一天没有练习钢琴或小提琴。

——摘自《虎妈战歌》

二、严重的家庭矛盾

（一）离异家庭

民政局的统计数据显示，我国离婚率近年来逐步上升，从0.96‰（2000年）上升至3.1‰（2020年）。后受离婚冷静期的政策影响，离婚率有所下降（2.0‰，2021年），但疫情以来又有所上升（2022年，2023年）。

研究显示，父母离婚对家中的儿童，可能产生复杂的影响，包括但不限于儿童的行为表现、身心健康、学业表现、社会发展等。父母离异将显著增加青少年的偏差行为，并显著促使他们的偏差行为升级①。凌辉等人（2019）发现，与完整家庭儿童相比，单亲家庭儿童在自立行为总分、自我决断、自我行动、自我负责、学业自立和道德自立上的得分显著降低②。周慧敏等人（2016）研究了2014年北京市海淀区未成年人犯罪的案例，发现不完整的家庭结构对于未成年人犯罪可能存在间接影响③。国外研究者发现

---

① 乐章，高旭瑶．父母离异、情绪控制力与青少年偏差行为——基于2014~2015学年CEPS数据的潜在剖面分析［J/OL］．西北人口，2022，43（5）：78-88. DOI：10. 15884/j. cnki. issn. 1007-0672. 2022. 05. 007.

② 凌辉，黄涛，李光程，等．离异型单亲家庭儿童自立行为的现状与特点研究［J/OL］．中国临床心理学杂志，2019，27（5）：1045-1048. DOI：10. 16128/j. cnki. 1005-3611. 2019. 05. 039.

③ 周慧敏，刘昕，游涛．家庭因素对犯罪未成年人成长过程的影响及介入对策——以2014年北京市海淀区未成年人犯罪情况为例［J］．预防青少年犯罪研究，2016（4）：32-43，25.

离异家庭儿童成年后，结婚的时间显著晚于完整家庭长大的成年人，或更可能不结婚①，即使结婚其离婚率更高②。而他们最新的调查也显示，离异家庭长大的孩子更可能选择同居而回避婚姻③。近期一项中国的离异家庭调查则显示，与完整家庭的孩子相比，与单亲母亲生活的孩子在学业表现和主观幸福感上无显著差异；与单亲父亲生活、在重组家庭中生活的孩子的两项表现显著降低④。

（二）家庭暴力

家庭暴力，或家庭虐待，是指：任何关系中用于获得或维持对亲密伴侣强力压制和控制的一种行为模式。虐待是指以身体、性、情感、经济或心理等方式影响他人的行为或威胁采取此类行为。其中包括任何恫吓、胁迫、恐吓、操纵、制造痛苦、羞辱、责骂、伤害他人或致人受伤的行为。家庭虐待可发生在任何人身上而不论其种族、年龄、性取向、宗教或性别。它可能出现在各种关系中，包括夫妇、同居伴侣或约会情人，家庭暴力会影响所有人而无论其社会经济背景好坏或教育水平高低⑤。在特殊情况下，父母之间可能存在暴力行为。家庭暴力对儿童可能造成创伤性影响，严重影响他们的身心健康、学业表现、行为表现和个人发展。因帮助家暴的儿童和青少年，英国政府支付了高达

---

① WOLFINGER N H. Family structure homogamy：The effects of parental divorce on partner selection and marital stability ［J］. Social Science Research，2003，32 （1）：80-97.

② DRONKERS J，& HÄRKÖNEN J. The intergenerational transmission of divorce in cross-national perspective：Results from the Fertility and Family Surveys ［J］. Population studies，2008，62 （3）：273-288.

③ HÄRKÖNEN J，BRONS M D，DRONKERS J. Family forerunners? Parental separation and partnership formation in 16 countries ［J］. Journal of Marriage and Family，2021，83 （1）：119-136.

④ ZHANG C. Are children from divorced single-parent families disadvantaged? New evidence from the China family panel studies ［J］. Chinese Sociological Review，2020，52 （1）：84-114.

⑤ United Nations. What Is Domestic Abuse? ［EB/OL］. ［2024-08-29］. https：//www. un. org/en/coronavirus/what-is-domestic-abuse.

14 亿英镑①。

在美国，家暴带来的预计支出高达 7 万美元每位受害者②。2014 年中华人民共和国最高人民法院统计，24.7%的我国家庭存在家庭暴力，每年妇联系统受理 4 万~5 万件家暴投诉，且涉及严重暴力情况并不罕见——近 10%的故意杀人案件与家庭暴力相关。2015 年 12 月 27 日第十二届全国人民代表大会常务委员会第十八次会议通过《中华人民共和国反家庭暴力法》。自此，我国在反家暴方面作了大量的工作。国务院妇女儿童工作委员会办公室主任黄晓薇在 2023 年国务院关于反家庭暴力工作情况的报告中指出，“2021 年，第四期中国妇女社会地位调查主要数据显示，在婚姻生活中女性遭受过配偶身体暴力和精神暴力的比例为 8.6%，比 2010 年下降了 5.2 个百分点”。

三、亲子冲突

（一）控制与反控制

中国传统的家庭教育往往以父母对子女的高控制为代表。前文的虎妈蔡美儿是其中的典型。父母常常对子女有着极高的要求和约束。在子女求学阶段，他们不仅对孩子的在校学业表现有高要求，还往往给孩子报各种补习和兴趣班，期待孩子快人一步地发展。这种焦虑情绪往往给孩子带来极大的压力。一些父母在方式方法上甚至走了极端。有的对孩子进行严重的体罚和打骂，有的甚至在孩子的卧室偷偷安装监控。在这种境况下，有的孩子选择了抵抗。他们可能通过故意违背家长意愿，偏差行为等方式表达自己的不满。有的孩子不敢公然违背，选择消极抵抗，例如不断拖拉、报告生病等。此种情况下，父母需要正视个人的焦虑状况，更理性地看待孩子的成长和发展，

① Pro Bono Economics. The economic cost from childhood exposure to severe domestic violence [EB/OL]. [2024-08-29]. https://www.probonoeconomics.com/Handlers/Download.ashx?IDMF=66051a01-d3f6-4fe2-9712-9a442b8a1910.

② HOLMES M R, YOON S, BERG K A. Maternal depression and intimate partner violence exposure: Longitudinal analyses of the development of aggressive behavior in an at-risk sample [J/OL]. Aggressive Behavior, 2017, 43 (4): 375-385. https://doi.org/10.1002/ab.21696.

不可拔苗助长。孩子也应学会从父母的角度思考，客观地分析判断自己的状况，积极解决问题。

（二）成长与拒绝成长

孩子年幼时，离不开父母的关爱照顾，是十足的家中“宝贝”。这种情况随着年龄的增长应逐渐减弱。在大学阶段，我们将进一步学会独立生活，进而照顾他人。可惜的是，有的人并未如此，而是一味地充当“妈宝”“爹宝”“家宝”，不愿走出家门面对社会。究其根本，是他们拒绝成长，欠缺成长的勇气，还可能欠缺进入社会的基本技能。而他们的父母往往也十分溺爱孩子，不断推迟孩子离家的时间，凡事倾向于帮孩子作决定。这种做法反而剥夺了孩子承担责任、磨砺自己的计划。此种情况下，父母需要放手，鼓励孩子担当，独立面对，并适时地给予支持。

（三）自我同一性危机

进入青少年时期，我将面临 Erikson 所说的身份危机（identity crisis），也有人翻译为自我同一性危机。也就是说，我们开始探索自己是个什么样的人，想要成为什么样的人。很显然，我们对自我身份的探索以及与之伴随的不良情绪，有可能引发与亲子矛盾。例如，一位对未来感到十分压抑迷茫的青少年，可能通过在父母看来离经叛道的行为表达和宣泄，如翘课出去闲逛、与“坏孩子”交朋结友等。父母不问究竟地进行惩罚，甚至言语贬低，无疑加剧了他们的内心冲突。有的孩子则可能在前述父母的高压控制下变得毫无主见，凡事只依赖父母或权威作判断，无法独立。此种情况下，父母应该加强对孩子的引导，鼓励他们以健康的方式进行自我探索和化解内心的冲突，给予他们关心和支持，允许孩子犯错，但及时加以帮扶。

亲子关系是一个永恒的话题，也是一门艺术。我们既要和孩子讲道理，也要和孩子讲感情，其关键在于把握好分寸。作为父母，要不断提高，修炼和孩子相处的艺术。作为子女，要不断成长，学习父母的优点，但仍可超越父母。

第三节　理解家庭学会关爱

一、学会对自己负责

（一）认识自我

如前所述，大学阶段我们需要进一步解决自我同一性危机，探索自我、发现自我、确认自我。我们需要掌握自己的能力、兴趣爱好、价值观，并找到自己独有的社会化的方式。对自我的探索和认识不应是空想，而需落到实处。我们需要在广泛的社会实践中体验自我、认识自我。例如，大学阶段不少同学在学习之余，积极地参与公益服务、实践实习。这些经历能够拓宽我们的眼界，帮助我们更好地认识世界。

（二）发展自我

除了认识自我，我们也须承担责任，发展自我。发展在此不仅仅是指在身心素质和工作技能上的提高，还尤其指我们有过好独立生活的能力。现在很多大学生从小受家人照顾，欠缺基本的生活能力。当他们来到大学，如无宿管督促，经常连日常清洁卫生都做不好。有的大学生离了家长的监督，放飞自我，沉迷于游戏加外卖的生活，日夜颠倒。长此以往，他们的身心健康都无法保证。有健康的生活习惯，能够照顾好自己的日常生活，是我们在大学期间需要重点锻炼的能力。

二、学会理解家庭

（一）家庭是什么？

“家”的甲骨文是会意字。其中，“宀”表示与房屋，“豕”代表猪。古人在房屋里养猪，代表有人的住所。由此，引申出现在大家所熟悉的家庭的概念。家庭作为最小的社会单元，是链接个体与社会的重要纽带。有人说，中华民族是最为重视家庭的民族。“天下之本在家”。家庭不仅能够提供给我们基本的生存条件，也是我们最初接受教育的课堂。在家里，我们要学习基本的生活技能，养成好的生活习惯；要学习伦理道德，树立正确的价值观；要学习和父母兄弟姐妹相处，学会如何为人处世。可以说，没有了家，一个人就成了无源之水、无本之木。

（二）父爱与母爱

人们常说，父爱如山，父亲的爱是深沉刚毅的。父亲通过严厉教导，督促我们改变不良习惯，向好的方向发展和进步。母爱如海，母亲的爱是温柔细腻的。母亲通过关心关爱，让我们在受挫、低落的时候能够得到抚慰，助我们重新鼓起勇气。简单用父爱和母爱来标识两种不同的爱，也许并不完全符合现实。但是我们从家中常常能实实在在地得到这两种不同的爱。当我们怠惰时，前者催我们奋进；当我们受伤时，后者助我们痊愈。

（三）接纳父母

家庭中发生矛盾冲突是十分常见的，亲子之间出现矛盾也实属正常，并不是不可能之事。有的时候，父母的言行并不恰当，甚至伤害到了孩子。诚然，严重的家庭暴力等问题，涉事的父母应受到相应的惩罚。但是，有些伤害也许我们不必要长久地纠结于心。虽然我们非常希望父母无所不能、至善至美，但是，那是不现实的。父母也是人，他们甚至可能在日常生活中有很多解决不了的问题。虽然他们主观意愿上非常愿意子女面前维持正面形象，但他们不是“神”，也会犯错。有的时候，作为大学生，我们也需要学会接纳父母，包容他们的不足之处。如果相处中出了矛盾，多一些耐心和理解，也许能让我们的亲子关系更融洽，而我们也将受益于此。与此同时，父母也在发展和进步。

【冥想活动：与父母相遇】

准备：找一个自己舒服的姿势坐着，灯光调暗，请选择播放一曲舒缓的颂钵冥想音乐。然后，闭上眼睛，深呼吸，让呼吸逐渐变得均匀，让自己获得一种放松的感觉。在舒缓的音乐里，想想下面的情景。

现在你开始想象：

你的妈妈慢慢走过来，她轻轻地、轻轻地坐在你的面前，她曾经清澈的眼睛变得有些浑浊了。她深情地望着你、凝视着你，当她看你的时候，她的眼睛变得湿润了，泪水从她的眼睛里慢慢地流出了。这个时候，你突然发现她头上的白发多了，她慢慢地变老了，无论你对她爱也好，埋怨也好，她都不再像以前那样年轻了。现在，她就坐在你的面前，你想对她说什么，心中有什么一直没有对她讲，请在这一刻告诉她。请你拉起你面前的手，将你对妈妈的情感传递出去，把你对她的爱和怨都传递出去，让她感觉到。

妈妈听到了你的话，她平静地站了起来，你还有什么想对她表达的？她就要走了。这些年，你对妈妈的感情怎么样呢？如果你很爱你的妈妈，如果你有话对她讲，就请让她了解你对她的感受。让她感受到你内心深处的波澜，感受到你的心情。她已经感受到了，感受到你内心深处多年来那种深深的情感，她带着你的爱慢慢地离去，她带着你的情感慢慢地走远了。

远处，你的爸爸也慢慢地走来，你看到他的皱纹也越来越多，他正用渐渐浑浊的眼睛看着你。这些年，也许你和他在一起，也许很长时间都不能在一起，可是你多想用手去抚摸他的脸。你多想对他说你内心深处的那些话。在你小的时候，你的爸爸也许打过你，也许你还恨过他，但是你也知道，他对你还是有很深的感情的，而你对他除了埋怨、除了恨，还有很多难以言传的感觉，那就是爱，那是一种深深的情感。现在他就坐在你的面前，请你拉起你面前的手，把这种感觉告诉他，把你心中多年来想对他说的话告诉他，让他感受到你内心深处的那种情感，你爱他也好恨他也好，他都是你的爸爸，是你生命中最重要一个人。他感觉到了你内心深处的那些话，那是你不曾轻易表达的情感，那是你深深的眷恋，他带着一丝丝欣慰慢慢地站起来，离开。你知道他也传递给你他的爱，他内心深处的爱，男人那种深沉的爱。

你的爸爸妈妈都慢慢地走远了，但是在你的记忆深处他们却越发重要、越发高大。有时候，我们可能感受不到父母的爱，但是父母却每时每刻、每分每秒都在深深地爱着我们。父母的爱是永恒的，无论我们有多少埋怨、多少错误，他们都无条件地爱我们，他们慢慢地变老，而我们慢慢地长大。无论如何，这份情感是我们永远离不开也丢不掉的。

好，现在你睁开眼睛回到现实，回到你所在的地方，请你伸出双手搓搓你的脸，让你的脸放松，不要说话，静静思考一下你和父母的关系①。

三、关爱父母

（一）尝试宽恕

如前所述，亲子之间出现矛盾是十分常见的。有的大学生因为小事，与父母吵得不可开交，亲子关系长期剑拔弩张。长此以往，这对家中的每个人都不利。我们首先需要从心态上有所改变。委屈、生气乃至怨恨，这些情绪退去之后，我们需要理性地思考与父母发生矛盾的本质。例如，前述在孩子房间偷偷安装监控的父母，其行为极大地伤害了孩子。但是，如果这位同学接下来一直揪着父母的这个行为不放，与父母势不两立，甚至自暴自弃，就不可取了。宽恕不仅仅意味着我们不再为某件特定的事情生气，还意味着我们用积极正向的心态，尝试用更新更好的方式去解决问题。此外，我们需要认识到什么是真正地对自己好。有的父母言语行为伤人，但其内容是为子女好，是良药苦口。进入社会后，我们会发现有的人话说得非常好听，实则口蜜腹剑。两相对比，我们是不是更能认识到什么是真正的好？所以，大学生应该以更理性的态度来面对父母带来的伤害。而我们在宽恕对方的同时，也将从这个事件的伤害中真正走出来。

（二）感恩父母

唐诗中有一句用来形容父母的爱十分贴切：随风潜入夜，润物细无声。我们常常接受到了父母的关爱，但并没有什么特别的感受，反而甚至习以为常。

---

① 蔺桂瑞，杨芷英．大学生心理健康与人生发展［M］．北京：高等教育出版社，2015：143-144.

例如，餐桌上永远准备好的爱吃的饭菜，永远被收拾得整整齐齐的床铺，衣服换掉后被洗得干干净净地叠放在床上。这些日常的小事其实都凝结了父母、家人给我们的爱。不少同学离家上大学后，才突然意识到每周打扫卫生、整理个人内务需要花费如此多时间精力。而以往，这些都由家人代劳了。作为大学生，应该更清楚地认识到我们的各种生活、学习条件来之不易，我们要用感恩的心态来面对父母给我们创造的条件。

（三）照顾父母

随着父母年龄增长，他们不可避免地将迎来各项身体机能的衰退。你会发现以往精神矍铄的父亲开始时不时打盹，以往心灵手巧的母亲戴着老花镜还无法穿针引线。当我们成年，父母也将老去。我们需要学会照顾父母。一方面，我们要学会力所能及地承担家庭责任。例如，我们可以帮父母完成家务等。另一方面，我们也要学会关心父母，给予他们精神上的鼓励。例如，我们需时不时问候父母，了解他们的健康和生活状况。而非自己需要什么了，才想起联系父母。有条件的同学，还应督促他们定期体检、带他们看诊，等等。而当我们学会发自内心地关爱照顾父母，我们也将为未来自己的家庭生活奠定良好的基础。

【挑战任务进程记录】

亲爱的挑战者：

欢迎加入本学期的生命意义挑战！本挑战旨在督促你通过阅读《活出生命的意义》一书，结合个人经历进行深入反思，追寻生命的意义。请撰写周记，记录你的生命意义挑战计划的实施情况。

祝各位有个愉快的挑战之旅！

第十六讲　活出生命的意义

逝者如斯，而未尝往也；盈虚者如彼，而卒莫消长也。盖将自其变者而观之，则天地曾不能以一瞬；自其不变者而观之，则物与我皆无尽也，而又何羡乎？

——《赤壁赋》宋·苏轼

苏轼的这首赋写作于他因“乌台诗案”被贬谪黄州（今湖北黄冈）期间。后人评论他的这首赋用辩证主义观点认识了时间流逝、探讨了人生的意义。以“变化”的观点来看，万事万物不过沧海一粟，是宇宙间的倏忽星子，人生无常、空虚虚无。但是，若以“不变”的观点来看，事物流动更迭、循环发展，又是永恒无尽的。而今活着的人，不必过分为以往伤怀，也不必对未来过分忧虑。应立足当下，以豁达洒脱的态度，顺应当下的态势过好自己的人生。

教学目标

了解生命与死亡的定义，理解大学生的生命困惑，学会珍爱生命、实现生命的意义与价值。

关键词

生命；死亡；意义

＊ ＊ ＊ 开篇 ＊ ＊ ＊

【视频】

“我本事有限，但是尽心尽力了”这段视频记录了中国工程院院士、“两弹一星”的重要开拓者林俊德院士在身体状况极度不佳的情况下，仍然坚持工作的感人场景。弥留之际，林院士在病房坚持工作，整理科研资料。

歌手赵英俊在他的告别视频中分享了他对死亡的看法，他认为真正的死亡是被遗忘。他还鼓励大家在他离开后继续享受生活，也记住他。

案例分析

“人固有一死，或重于泰山，或轻于鸿毛。”有的人直至在弥留之际，还在为社会作力所能及的贡献。有的人，则辜负了国家和人民的殷切期盼，走上了违法犯罪的道路。死亡随时有可能降临在任何年龄段、任何职业、任何国家的人身上，我们无法抵抗。年轻生命的离去，总让人唏嘘不已。惊才绝艳的英才，也可能早早陨落。如何度过有意义的一生，是我们每个人都面临着的重大议题。

＊ ＊ ＊ 主体内容 ＊ ＊ ＊

第一节　认识生命与死亡

一、认识生命

（一）生命的定义

人们对于生命的探讨由来已久，涉及多个学科，如生物学、物理学、哲学，等等。生命的定义也有很多。从生物学的角度来说，生命体是指所有能够新陈代谢、繁殖、生长、适应环境的机体。物理学家薛定谔在《生命是什么》一书中提出：有机体从环境中不断吸取负熵，以此抵消不断增长正熵的状态，即为生命。当正熵积累到最大值，有机体将面临死亡①。

恩格斯在《自然辩证法》一书中指出："生命是蛋白体的存在方式，这个存在方式的基本因素在于和它周围的外部自然界的不断的新陈代谢，而且这种新陈代谢一停止，生命就随之停止，结果便是蛋白质的分解。"而在我们日常的语境下，生命常常特指人的生命。

（二）生命的结构

1. 生理的生命。生理的生命即我们的身体及其各项机能。生理的生命是我们赖以存活的基础。我们的饮食、运动、睡眠、繁育后代等都离不开生理的生命。随着时间推移，生理的生命将自然走向衰老和死亡。

2. 心理的生命。心理的生命是人与环境不断互动中产生的心理体验和历程。例如，翻越了雪山的红军，如蛟龙入海，重新获得了生存和发展的空间。虽然历经险阻，但他们更坚定了解放全中国的信念，他们的革命精神得到了空前强化。可以说，他们的心理生命得到了极大的发展。

3. 社会的生命。社会的生命则有着社会文化属性，包含人的社会关系、社会形象、社会地位等。人是社会性的动物，需要在生活、工作中与他人协作。在这过程中，产生了人的社会生命。

（三）生命的特征

1. 独特性。我们每个人的生命都是独一无二的。由于先天的遗传和后天的经历存在差异，世界上没有两个生命是一模一样的。即使是面临相同的境遇，每个人会因其过往的经历和先天的素质条件等不同，作出不同的判断和行为反应。而这些各式各样的反应，造就了我们独特的生命。

2. 不可逆性。生命的不可逆不仅体现在生命的发生、发展至衰老死亡是

① 埃尔温·薛定谔．生命是什么——活细胞的物理观［M］．张卜天，译．香港：商务印书社，2018.

单向的。生命终结后，其物质基础将随着时间推移消解，转化为其他存在形式。有的人则可能因其作出了巨大贡献，被人长久地纪念。

3. 有限性。人的生命是有限的，长生不老存在于人类的浪漫想象。这种有限性一方面给我们带来深植于心的焦虑和压力，另一方面也促使我们在有限的生命中不断创造和延续。从某种意义上来说，生命的有限性促使了人们不断探索生命的深度、广度和维度，而非仅仅是生命的长度。

二、认识死亡

（一）死亡的定义

如前所述，死亡的定义也可以从生物学、物理学、哲学等方面理解。传统医学定义死亡为心肺功能的停止，如无器械维持，随之而来的是各个身体器官的停摆，新陈代谢停止，进入生物学死亡。目前医学界广泛应用的是脑死亡的定义，即包括脑干在内的全脑功能不可逆转的丧失。大多数人在脑死亡发生后，短期内身体其他器官也会衰竭，即使提供呼吸支持。

（二）死亡的特征

1. 不可逆性。人死不可复生。当个体的生命结束，其一切身心活动都将终结。

2. 不可抗拒性。在文学作品和神话中，死神降临时，人类是无法抵抗的。诚然，当生命面临终结，我们每个人都毫无办法。现代医学和营养等方面的进步在很大程度上延长了人类的寿命，但是，自然衰老和死亡不可避免。

3. 不可预测性。没有人能够预料自己死亡的原因和时间。一位志得意满的企业家，可能一夕之间罹患重病，危在旦夕。一位久病不治的重病患，可能因为医学突破，重获新生，得以延续生命。生命的每一天都如此宝贵，我们应当善待每一瞬间的自己，爱护自己的生命。

◎ 视听推荐

请观看 2005 年乔布斯在斯坦福大学毕业典礼的演讲。

课堂讨论

乔布斯提出，要把每天当成自己人生中最后一天来对待，以此评估自己当天所做的事是否真的重要。你如何看待这个做法？你认同吗？你如何看待生命与死亡呢？

讨论要求

请与你前后的同学组成四人小组，讨论上述问题，并在讨论结束后向授课老师报告你们的讨论结果。讨论时间 5~8 分钟。

第二节　大学生的生命追问

当代大学生对生命的追问，主要有三个主题：人生的目标与方向、人生的价值与意义、生活的热情与动力。

一、人生的目标与方向

有一部分大学生出现了对人生的迷茫感，希望寻找到人生的目标与方向。他们不知道为谁而活，为什么活。我们发现这种状况在两类学生上比较突出。第一类学生是一些家庭经济状况较好的学生。由于欠缺人生信仰和追求，自控力也不强，他们不愿学习进步，遇到挫折就逃避。加上家庭条件优渥，客观上让他们没有改变生存环境的紧迫感和压力，甚至不工作也有家庭兜底，他们“贪玩”“不学无术”“生活无意义”也就不足为奇了。另一类学生是在家长严格管束下成长起来的“好学生”和“乖孩子”。这类学生从小非常听从父母师长的教导，一切重要选择几乎都是家长作出的。进入大学后，他们突然有了更多的自由，接触到了多元化的发展道路，反观自己过往的经历，无疑会产生巨大的落差感。而由于从未积极思考过自己的想要什么，想过什么样的生活，他们对人生充满了迷茫。他们一方面感到受困于父母的规定和要求，对此不满；另一方面，又发现脱离了父母的自己没有独立思考能力，并不知道自己想要什么样的生活，进而更加迷茫。

二、人生的价值与意义

有一部分大学生出现了价值、意义感缺失的现象。他们不知道自己人生的价值能从什么事务上得以体现。有的学生执着于好的成绩，高 GPA。由此，他们陷入了不断内卷，为了获得更好的分数、更耀眼的奖项。有的学生沉迷于爱情和关系。由此，他们成为了朋友圈中的“恋爱达人”。在众人都在努力奋斗的时光，选择游山玩水、吃喝玩乐。还有的学生，则已然开始琢磨如何一夜暴富、一鸣惊人。他们不愿踏实努力，以正当的方式获得成就和认可，已经开始学习走捷径、拉关系、通过不当竞争达成自己的目的，错把勤奋认真等积极品质当成了不知变通。

三、生活的热情与动力

有一部分大学生出现了心态倦怠的现象，找不到生活的热情与动力所在。有的同学过着“混一天是一天”的生活。他们甚至不去上课，天天在宿舍打游戏，每日无所事事的状况。辅导员、班主任劝其上课，还被嘲笑“思想僵化”，自认为可以通过“混社会”来挣钱，实在不行就啃老，学历根本无意义，现在只想躺平。有的则正相反，一门心思投入在学习中，各种考试、考证都不在话下，但本人“高分低能”，思维僵化，也不知道自己未来能干什么工作，只是机械地刷分。有的学生有相处没交往，和同学、朋友只是浮于表面地相处，并没有投入真情实感。他们不能真正重视友谊，只是在有需要时才和人互动，功利性太强。还有的同学有面容没笑容。他们成天垂头丧气，却不寻找方法解决其沮丧无目标的现状。究其根本，这些学生用消极倦怠的态度面对学习和生活，不愿思考突破，总想着由别的人或是“天上掉馅饼”帮他解决。

课堂讨论

1. 你认为人生的意义和价值体现在什么地方呢？
2. 在现有生活学习条件的基础上，怎样可以让你的生活更加精彩？

讨论要求

请与你前后的同学组成四人小组，讨论上述问题，并在讨论结束后向授课老师报告你们的讨论结果。讨论时间为 5~8 分钟。

第三节　珍爱生命

一、关爱自己

（一）悦纳自我

爱自己不是一句空话，我们应该从悦纳自我开始。例如，我们应健康生活、照顾好自己的饮食起居、积极参加体育锻炼；乐观地看待事物的发展、对未来保有希望；我们还应理性客观地认识自己，了解自身的优缺点，接纳自身的基本状况，积极扬长避短，不断提高。

（二）活在当下

英文中有句话叫“Live in the present”，也就是“活在当下”。人们常说，总是活在过去的人，容易在抑郁悲伤的情绪中度日；活在未来的人，则容易紧张焦虑，一刻不得停歇。而“活在当下”才是我们应有的态度。“活在当下”并不意味着沉迷于及时行乐，其含义是顺应事物发展的规律，踏踏实实、认认真真地沉下心来，完成自己应该完成的，享受当下可以享受的，不瞻前顾后，也不好高骛远，坦然地面对生活。

◎ **视听推荐**

请观看电影《泰坦尼克号》中男主角应邀参加富人的晚宴片段。

（三）勇敢生活

我们在生活中难免遇到困难，甚至是苦难，很多人因此裹足不前，终日沉溺于悲伤绝望的情绪之中。但是，一个真正爱自己的人，将敢于直面困难和苦难，并通过日复一日的实际行动，去帮助自己脱离困境。即使我们身边的人和环境都对自己不利，我们也不应自我放弃。如果我们能一直与困境抗争，终将锻炼出强壮的意志和力量，终将不负自己，为自己开拓出一片新的天地。

知识链接

“上天在我生命中有个计划，通过我的故事给予他人希望”

尼克·胡哲是澳大利亚著名演讲家、慈善家。他自出生起就有残疾，四肢发育不健全。但是，他并没有因为身体残疾、被他人嘲笑而自暴自弃。依靠帮助，他不仅学会了独立生活，甚至完成了本科学业。他对演讲十分感兴趣，认为他可以通过自己的经历去鼓舞更多的人。于是，他放弃了原本可以安稳度日的会计工作机会，改为投身演讲事业。最终，他不仅获得了事业的成功，还收获了美满的爱情和幸福的家庭。胡哲的不幸最终转化成了幸福的生活。对此，他说“上天在我生命中有个计划，通过我的故事给予他人希望”。

◎ **视听推荐**

请观看尼克·胡哲的演讲：*Learn More on Bad Days*。

二、感恩他人

（一）感恩身边的人

我们要感恩身边的人。诚然，他人可能会带给我们伤痛和磨难。但很多时候，我们身边也会出现一些人，带给我们鼓励和希望。我们如果一味执着于周围人带来的伤害，可能就会让我们错过身边人可能带来的善意和美好。而当我们收获了真正的善意，我们也将学会用这种善意来对待自己，放下过去的伤害，去开启人生更美好的篇章。

（二）感恩生命

我们也要感恩生命。生命对每个人来说都来之不易。正是因为有了生命，我们的生活才有了万千可能性。如果失去生命，我们的一切都将结束。有人这样说过，虽然困难让人感到担心害怕，但是有的人，连遇到困难的机会都没有了。念及此，生活中出现一些困难又何足挂齿呢？生命给了我们每个人独特的挑战，我们要做的，是尽力完成挑战，实现自己应尽的责任。

三、创造价值

（一）经营事业或工作

我们可以通过经营事业或工作创造价值。例如，本章开篇中身患重疾的林院士，并未因此意志消沉，而是坚持完成研究，直至生命的最后，都在为人类作贡献。他的工作也为人类的发展开拓了新的空间。这是他回馈社会的独特方式，而历史也将永远铭记他的功绩。

（二）体验人事物

我们也可以通过体验人和事物创造价值。人和人之间的真情实意、大自然的奇美壮丽，总能让人生发出万千感慨，而我们也能从这些体验中认识到比个人生活际遇更广阔的天地。在这种体验之中，我们也能更明白生活的真谛。如同开篇《赤壁赋》中苏轼所言，“而又何羡乎？”万事万物更迭循环，我们要做的是把握好当下的体验，过好当下的每一分每一秒。

（三）采取积极的人生态度

最后，我们也可以通过采取积极的人生态度创造价值。一位退休老人，他可以选择终日沉溺于孤独感中，但也可以选择去发挥余热，在迟暮之年依然履行他的使命。林俊德院士临终之际，仍然在整理电脑中的科研数据，真正做到了奋斗到生命的最后一刻。如果我们每一个人，在任何状况下，都能以这种积极向上、不抱怨、不气馁、坚持奋斗的态度来面对生活，那么我们作为一个整体，将收获卓越的成就。

◎ **视听推荐**

为生命干杯

请观看五月天乐队歌曲《干杯》MV。

短短的心理课旅程就要结束了。祝愿每位同学在接下来的人生道路中都能收获自己独特的意义和价值，成为有利于社会和国家的、值得尊重的人。希望每位同学，都能走出一条自己的路，并在这个过程中，获得快乐，收获成长！

【挑战任务进程记录】

亲爱的挑战者：

本学期的挑战结束了，很高兴和各位共同经历了这段旅程。接下来，你将面对更多的挑战。我们后会有期！

祝各位有个愉快的挑战之旅！

生命意义挑战总结

亲爱的挑战者，历时一个学期的生命意义挑战终于要落下帷幕了。你是否发现追寻生命意义并不那么容易？本学期的生命意义挑战计划，你完成情况如何？你的不可替代之处何在？十年之后，你将成为一个什么样的人呢？

参考文献

中文文献：

[1] 埃尔温·薛定谔著．张卜天译．生命是什么——活细胞的物理观［M］．香港：商务印书社，2018：67-79.

[2] 北京安定医院．抑郁障碍出院健康处方［EB/OL］．［2024-08-28］．https：//www.bjad.com.cn/Html/News/Articles/918.html.

[3] 布尔斯廷．美国人：殖民地历程［M］．纽约：文泰奇出版社，1958：315.

[4] 蔡亚兰，蔡飞亚，苏华龙．情感障碍及非药物治疗的研究进展［J］．心理月刊，2022，17（06）：230-233.

[5] 崔剑海．自我扩张与调节定向对亲密关系影响的研究［D］．西南大学，2013.

[6] 杜克·丁，刘依诺．制霸与湮灭，奈飞与百视达的“十年商战”［EB/OL］．（2024-06-10）［2024-08-28］．https：//finance.sina.cn/tech/2024-06-10/detail-inayfzca4774836.d.html？fromtech = 1&vt = 4&cid = 76524&node_id = 76524.

[7] 弗洛姆．爱的艺术［M］．刘福堂，译．上海：上海译文出版社，2008：29-36，45.

[8] 傅一笑，蒙华庆，李涛，等．遗传与家庭环境对儿童个性影响的双生子研究［J］．中国心理卫生杂志，2009，23（01）：34-39.

[9] 樊富珉，徐凯．危机干预的技术规范与示范［M］//张亚林，曹玉萍．心理咨询与心理治疗技术操作规范．第八章．北京：科学出版社，2014

(3)：219.

[10] 共情团中央.（2018）. 当代青年群体婚恋观调查报告［EB/OL］.（2018-05-22）［2024-09-02］. https：//mp. weixin. qq. com/s/OZI9 _ LDoUdIxJgVXQBqMRA.

[11] 故宫博物院. 伏羲女娲像页［EB/OL］.［2024-08-29］. https：//www. dpm. org. cn/collection/paint/230797. html.

[12] 光明网. 高校毕业生就业意向呈现三多趋势［N/OL］.（2021-06-15）［2024-08-29］. https：//m. gmw. cn/2021-06/15/content_1302358813. htm.

[13] 郭崧，李冰. AA与戒酒的十二个步骤——访美国嗜酒者互诫协会札记［J］. 中国药物依赖性杂志，2003，（01）：63-67.

[14] 郭永玉. 人格心理学导论［M］. 武汉：武汉大学出版社，2007：2-3.

[15] 国际劳公组织. 世界就业和社会展望：2021年趋势［EB/OL］.（2021-06-02）［2024-08-29］. https：//www. ilo. org/beijing/what-we-do/publications/WCMS_797422/lang--zh/index. htm.

[16] 国际劳公组织. 世界就业和社会展望：2024年趋势［EB/OL］.（2024-01-10）［2024-08-29］. https：//www. ilo. org/global/research/global-reports/weso/WCMS_908142/lang--en/index. htm.

[17] 国务院办公厅. 国务院办公厅关于支持多渠道灵活就业的意见［EB/OL］.（2020-07-28）［2024-08-29］. https：//www. gov. cn/zhengce/content/2020-07/31/content_5531613. htm.

[18] 季建林，赵静波. 自杀预防与危机干预［M］. 上海：华东师范大学出版社，2007：40-50.

[19] 贾凤翔，石伟. 自我扩张模型的研究述评［J］. 心理科学进展，2012，20（01）：140-141.

[20] 江开达. 精神病学高级教程［M］. 北京：人民军医出版社，2009：1-390.

[21] 凯利·麦格尼格尔. 自控力［M］. 王岑卉，译. 北京：文化发展出版社，2013：1-263.

[22] 李水兰，张遂辉，廖院平，等. 以家庭为中心的延伸护理方案对双相情

感障碍患者治疗依从性及生活质量的影响［J］. 临床护理杂志，2019，18（04）：23-25.

［23］联合国. 全球三分之一的女性受到暴力侵害，年轻女性属高风险人群［EB/OL］.（2021-03-09）［2024-08-29］. https：//news. un. org/zh/story/2021/03/1079892.

［24］蔺桂瑞，杨芷英. 大学生心理健康与人生发展［M］. 北京：高等教育出版社，2015：37-39，143-144.

［25］林晓帆. 中国大学生人格变迁的横断历史研究［J］. 潍坊工程职业学院学报，2019，32（04）：68-75.

［26］凌辉，黄涛，李光程，等. 离异型单亲家庭儿童自立行为的现状与特点研究［J/OL］. 中国临床心理学杂志，2019，27（05）：1045-1048. DOI：10. 16128/j. cnki. 1005-3611. 2019. 05. 039.

［27］刘珊珊，房萌，朱虹，等. 2010 年和 2019 年双相情感障碍住院患者的临床特征和未治疗持续时间的因素分析［J］. 首都医科大学学报，2022，43（03）：415-420.

［28］刘婉婷，况利，艾明，等. 大学生自杀行为相关因素比较分析［J］. 中华流行病学杂志，2010，31（5）：517-520.

［29］卢家楣. 对情感教学心理研究的思考与探索［J/OL］. 心理发展与教育，2015，31（01）：78-84. DOI：10. 16187/j. cnki. issn1001-4918. 2015. 01. 11.

［30］罗晓峰. 一根直径三厘米的铁棍，穿过了他的脑袋［EB/OL］. 科普中国.（2021-09-14）［2024-08-28］. https：//www. kepuchina. cn/article/articleinfo?business_type = 100&classify = 0&ar_id = 76445.

［31］美国精神医学学会. 精神障碍诊断与统计手册（第五版）［M］. 张道龙，等译. 北京：北京大学出版社，2015：55-62，119-137，154-161，161-165，181-182，194-200，214-218，278-281，285-290，639-642，649-652，659-662.

［32］孟苓苓，王斌，王晓明，等. 青少年双相情感障碍发病与家庭环境和父母教养方式的关系分析［J］. 河北医药，2023，45（18）：2802-2806.

[33] 南方周末．过度加工食物可能成瘾并严重影响健康［EB/OL］.（2023-11-05）［2024-09-01］. https：//static. nfapp. southcn. com/content/202311/05/c8267957. html.

[34] 欧阳娟．大学新生适应性量表（SACQ）的修订与应用研究［D］. 湖南师范大学，2012：75-76.

[35] 彭聃龄．普通心理学（第4版）［M］. 北京：北京师范大学出版社，2002：364.

[36] 邱鸿钟．大学生心理健康教育-第三版［M］. 广州：广东高等教育出版社，2018：43-44.

[37] 全国妇联和国家统计局．第三期中国妇女社会地位调查全国主要数据报告［R/OL］.（2019-10-23）［2024-08-29］. https：//www. wsic. ac. cn/uploadfile/2019/1023/20191023691202. pdf.

[38] 全国人民代表大会常务委员会．中华人民共和国未成年人保护法［Z］. 北京：中国法制出版社，2021.

[39] 人民日报海外版．2022年，城镇新增就业累计实现1206万人——全国就业局势总体稳定［N/OL］.（2023-01-28）［2024-08-29］. https：//www. gov. cn/xinwen/2023-01/28/content_5738879. htm.

[40] 世界卫生组织．国际疾病分类（ICD）［EB/OL］.（2024-01）［2024-08-29］. https：//icd. who. int/browse11/l-m/en #/http：//id. who. int/icd/entity/1630268048.

[41] 沈德立．大学生心理健康［M］. 北京：高等教育出版社，2013：90-92.

[42] 师文浩，朱显峰，刀伟，等．皮亚杰认知发展理论对《计算机程序设计》课程教学的启示［J］. 大理学院学报，2013，12（04）：69-73.

[43] 司天梅，舒良，于欣，等．10省市双相情感障碍患者药物治疗的现况调查［J］. 中华精神科杂志，2005，（03）：165-169.

[44] 田园，明桦，黄四林，等．2004至2013年中国大学生人格变迁的横断历史研究［J/OL］. 心理发展与教育，2017，33（01）：30-36.

[45] 王茜，张延龙，赵仁林，等．四种校园绿地景观对大学生生理和心理指标

的影响研究［J/OL］. 中国园林，2020，36（09）：92-97. DOI：10. 19775/j. cla. 2020. 09. 0092.

［46］王淑芬，毕燕琪，房伯南，等. 促进人群压力缓解的绿色空间研究重要进展［J］. 北京工业大学学报，2023，49（09）：1025-1038.

［47］吴怀安，邓小敏，阎小华，等. 情感障碍高发家系遗传学初步研究［J］. 中国神经精神疾病杂志，2004，（02）：92-94.

［48］闻庆云，周香云，吴远雄. AKT1 基因多态性与中国汉族人群双相情感障碍遗传易感性的关系探讨［J］. 中国实验诊断学，2021，25（05）：645-649.

［49］肖旭曼，黄炜，黄史青，等. 家庭干预辅助碳酸锂治疗康复期双相情感障碍的效果［J］. 四川精神卫生，2019，32（06）：514-517.

［50］新京报. 前 9 个月检察机关起诉性侵妇女儿童犯罪 3.9 万余人［N/OL］.（2023-10-25）［2024-08-29］. https://www.bjnews.com.cn/detail/1698223107168191.html.

［51］辛素飞，刘丽君，辛自强，等. 中国大学生应对方式变迁的横断历史研究［J］. 心理与行为研究，2018，16（06）：779-785.

［52］许小玲. 从择偶观的变迁看择偶标准的时代性——论中国女性建国至今50 多年的配偶选择［J］. 武汉理工大学学报（社会科学版），2004，（05）：631-635.

［53］羊城晚报. 大学生防沉迷机制 能否成为成长助推器？［EB/OL］.（2024-04-03）［2024-09-01］. https：//news. cctv. com/2024/04/03/ARTIrApXL3v4syeLNSbnKvZi240403. shtml.

［54］央广网. 人社部：2021 年就业局势总体稳定 全国城镇新增就业 1269 万人［N/OL］.（2022-02-22）［2024-08-29］. https：//baijiahao. baidu. com/s？id=1725436834191241571&wfr=spider&for=pc.

［55］央广网. 2023 年高校毕业生 1158 万人“六个着力”促进就业［N/OL］.（2023-07-06）［2024-08-29］. http：//edu. cnr. cn/sy/sytjB/20230706/t20230706_526317529. shtml.

［56］杨皓丹，马建武．后疫情时代城市绿色空间对双相情感障碍影响的文献研究［J］．建筑与文化，2023（08）：106-109．DOI：10.19875/j.cnki.jzywh.2023.08.036.

［57］杨雪梅，刘芳，齐红梅，宋亚曼，等．GRIN1 基因 rs2301363 SNP 位点与双相情感障碍的关联研究［J］．实用医学杂志，2013，29（19）：3154-3156.

［58］杨扬．杏仁核：大脑的“恐惧中心”．中科院之声．［EB/OL］．（2017-01-19）［2024-08-28］．https：//zhuanlan.zhihu.com/p/24952507.

［59］乐章，高旭瑶．父母离异、情绪控制力与青少年偏差行为——基于 2014~2015 学年 CEPS 数据的潜在剖面分析［J/OL］．西北人口，2022，43（05）：78-88．DOI：10.15884/j.cnki.issn.1007-0672.2022.05.007.

［60］张春兴．张氏心理学辞典［M］．台北：东华书局，1989：1-863.

［61］张莉，李月娥，李霞，等．淀粉样前体蛋白基因多态性与汉族儿童青少年双相情感障碍的关联研究［J］．中华行为医学与脑科学杂志，2020，29（6）：517-522.

［62］张蓉，顾丽琴，吴奕珉．多家庭团体治疗对康复期双相情感障碍患者社会功能的影响［J］．上海护理，2022，22（10）：11-15.

［63］赵丽宁，李君轶．疫情期间居住环境对城市居民焦虑情绪的影响［J］．浙江大学学报（理学版），2021，48（05）：642-650.

［64］中国妇女报．（2022）．第四期中国妇女社会地位调查主要数据情况［R/OL］．（2021-12-27）［2024-08-29］．http：//www.bjwomen.gov.cn/fnw_2nd_web/static/articles/catalog_14/article_ff8080817dd8361c017df9a572710302/ff8080817dd8361c017df9a572710302.html.

［65］中国教育报．如何打好毕业生就业攻坚战——代表委员热议促进高校毕业生就业［N/OL］．（2021-03-11）［2024-08-29］．http：//www.jyb.cn/rmtzgjyb/202103/t20210311_440680.html.

［66］中国日报双语新闻．相亲必胜秘籍：36 个让陌生人坠入爱河的问题（‘Fall in love with anyone’）［EB/OL］．（2015-01-20）［2024-08-28］．

https：//mp. weixin. qq. com/s？ __biz = MzU1NTcxODQ0OQ = = &mid = 2247543098&idx = 3&sn = 713a405676f25e7d2b156d46f4779c06&chksm = fbd26b64cca5e272f586c63e213091ab167fd55714b28bd98902b953089600f00d0c3f7059ae&scene=27.

[67] 中华人民共和国卫生健康委办公厅．精神障碍诊疗规范（2020 年版）[EB/OL].（2020-12-07）［2024-10-20］. http：//www. nhc. gov. cn/yzygj/s7653p/202012/a1c4397dbf504e1393b3d2f6c263d782/files/9944cdd142574ea59c541d552fe345a9. pdf.

[68] 中华医学会精神科分会．CCMD-3 中国精神障碍分类与诊断标准［M］. 山东科学技术出版社，2001：54.

[69] 周慧敏，刘昕，游涛．家庭因素对犯罪未成年人成长过程的影响及介入对策——以 2014 年北京市海淀区未成年人犯罪情况为例［J］. 预防青少年犯罪研究，2016，（04）：32-43+25.

[70] 邹泓，曾荣，王娟．创造力与精神障碍：实证心理学的探讨［J］. 北京师范大学学报（社会科学版），2015，2：38-49.

[71] 最高人民法院．最高人民法院、最高人民检察院、公安部、司法部关于办理性侵害未成年人刑事案件的意见［Z/OL］.（2023-05-25）［2024-08-29］. http：//gongbao. court. gov. cn/Details/9590dbbad02dfb224d45b19492c3f3. html.

[72] 最高人民法院新闻局．“毒”必严、涉“瘾”必惩、涉“未”必重！最高法发布 10 件典型案例［EB/OL］.（2024-06-25）［2024-09-01］. https：//www. court. gov. cn/zixun/xiangqing/435861. html.

[73] 最高人民检察院．未成年人检察工作白皮书（2022）［R/OL］.（2023-06-01）［2024-08-29］. https：//www. spp. gov. cn/spp/xwfbh/wsfbt/202306/t20230601_615967. shtml#1.

英文文献：

[1] ADAMSON S J，DOHERTY N，VINEY C. The meanings of career revisited：

Implications for theory and practice [J]. British Journal of Management, 1998, 9 (4): 251-259.

[2] AFSHIN A et al. Health effects of dietary risks in 195 countries, 1990-2017: A systematic analysis for the global burden of disease study 2017 [J]. The Lancet, 2019, 393: 1958-1972.

[3] AKISKAL H S et al. Switching from 'unipolar' to bipolar II: an 11-year prospective study of clinical and temperamental predictors in 559 patients [J]. Archives of general psychiatry, 1995, 52 (2): 114-123.

[4] American Psychiatric Association. Diagnostic and Statistical Manual of Mental Disorders-5th Edition [M]. Washington, DC: American Psychiatric Publishing, 2013: 280-289.

[5] ANDREASSEN C, WEST J. Measuring socioemotional functioning in a national birth cohort study [J]. Infant Ment Health J, 2007, 28: 627-646.

[6] ANGST J et al. Recurrence of bipolar disorders and major depression: a life-long perspective [J]. European archives of psychiatry and clinical neuroscience, 2003, 253: 236-240.

[7] ARON A, ARON E N. Love and the expansion of self: Understanding attraction and satisfaction [M]. New York: Hemisphere, 1986.

[8] BAKER R W, & SIRYK B. Student adaptation to college questionnaire [M]. Los Angeles, CA: Western Psychological Services, 1989.

[9] BARON-COHEN S et al. Another advanced test of theory of mind: Evidence from very high functioning adults with autism or Asperger syndrome [J]. Journal of Child psychology and Psychiatry, 1997, 38 (7): 813-822.

[10] BARON-COHEN S et al. The "Reading the Mind in the Eyes" Test revised version: a study with normal adults, and adults with Asperger syndrome or high-functioning autism [J]. The Journal of Child Psychology and Psychiatry and Allied Disciplines, 2001, 42 (2): 241-251.

[11] BAUMEISTER R F, HEATHERTON T F, TICE D M. Losing control: How

and why people fail at self-regulation [M]. San Diego, CA: Academic Press, 1994.

[12] BAUMRIND D. Different Typologies of Parenting Styles [J]. Genetic Psychology Monographs, 1967, 75: 1.

[13] BECK A T. Cognitive therapy and the emotional disorders [M]. New York: Penguin Books USA Inc., 1979: 1-368.

[14] BECKER K, SCHMIDT M H. When kids seek help on-line: chat rooms and suicide [J]. Journal of the American Academy of Child and Adolescent Psychiatry, 2005, 43 (3): 246-247.

[15] BLAU P M. Exchange and power in social life [M]. New York: John Wiley & Sons. 1964: 1-372.

[16] BRENT D A, MANN J J. Family genetic studies, suicide, and suicidal behavior [J]. American Journal of Medical Genetics Part C: Seminars in Medical Genetics, 2005, 133C (1): 13-24.

[17] BRAMMER L M, MCDONALD G. The helping relationship: Process and skills-7th Edition [M]. Massachusetts: Allyn and Bacon, 1998: 103.

[18] BRENT D A, MELHEM N. Familial transmission of suicidal behavior [J]. Psychiatric Clinics of North America, 2008, 31 (2): 157-177.

[19] BRONFENBRENNER U. The ecology of human development: Experiments by nature and design [M]. Cambridge, MA: Harvard University Press, 1979: 1-352.

[20] BRONFENBRENNER U. The bioecological model from a life course perspective: Reflections of a participant observer [G] //MOEN P, ELDER JR G H, LUSCHER K. Examining lives in context: Perspectives on the ecology of human development, 1995: 599-618.

[21] BRONFENBRENNER U. Developmental ecology through space and time: A future perspective [G]. //MOEN P, Elder G H Jr, LÜSCHER K (Eds.). Examining lives in context: Perspectives on the ecology of human

development, 1995: 619-647.

[22] BUSS D M. The evolution of love in humans [G] //The new psychology of love. Cambridge, United Kingdom: Cambridge University Press, 2018: 42-63.

[23] CAPLAN G. Principles of preventive psychiatry [M]. New York: Basic Books, 1964: 18.

[24] CASTANEDA R. Volumetrics Diet Recipes [EB/OL]. (2024-01-03) [2024-08-28]. https: //health. usnews. com/best-diet/volumetrics-diet/recipe.

[25] Center for Disease Control and Prevention. Suicide prevention: Risk and protective factors [EB/OL]. (2024-04-25) [2024-08-28]. https: //www. cdc. gov/suicide/risk-factors/index. html.

[26] CRYAN J F, O'MAHONY S M. The microbiome-gut-brain axis: from bowel to behavior [J]. Neurogastroenterology & Motility, 2011, 23 (3): 187-192.

[27] DIENER E, SELIGMAN M E P. Very happy people [J]. Psychological Science, 2002, 13: 81-84.

[28] DIENER E, SELIGMAN M E, CHOI H, OISHI S. Happiest people revisited [J]. Perspectives on Psychological Science, 2018, 13 (2): 176-184.

[29] DRONKERS J, & HÄRKÖNEN J. The intergenerational transmission of divorce in cross-national perspective: Results from the Fertility and Family Surveys [J]. Population studies, 2008, 62 (3): 273-288.

[30] DUCKWORTH A L, & SELIGMAN M E. Self-discipline outdoes IQ in predicting academic performance of adolescents [J]. Psychological science, 2005, 16 (12): 939-944.

[31] DUCKWORTH A L, TSUKAYAMA, E & GEIER, A B. Self-controlled children stay leaner in the transition to adolescence [J]. Appetite, 2010, 54 (2): 304-308.

[32] EKMAN P. Are there basic emotions? [J]. Psychological Review, 1992, 99: 550-553.

[33] ELLIS A. Reason and emotion in psychotherapy [M]. New Jersey: Lyle Stuart, 1962: 1-442.

[34] FISHER H. Lust, attraction, and attachment in mammalian reproduction [J]. Human Nature, 1998, 9 (1): 23-52.

[35] FISHER H, ARON A, BROWN L L. Romantic love: an fMRI study of a neural mechanism for mate choice [J]. Journal of Comparative Neurology, 2005, 493 (1): 58-62.

[36] FIEDOROWICZ J G. Course of illness and the development of vascular disease in individuals with bipolar disorder [D]. The University of Iowa, 2011.

[37] FIRDAUS G. Built environment and health outcomes: Identification of contextual risk factors for mental well-being of older adults [J]. Ageing International, 2017, 42: 62-77.

[38] FREDRICKSON B L. The role of positive emotions in positive psychology: The broaden-and-build theory of positive emotions [J]. American psychologist, 2001, 56 (3): 218.

[39] FREDRICKSON B L, MANCUSO R A, BRANIGAN C, & TUGADE, M M. The undoing effect of positive emotions [J]. Motivation and Emotion, 2000, 24 (4): 237-258.

[40] FUNDER D C. The personality puzzle [M]. New York: WW Norton & Co, 1997: 1-2.

[41] GABLE P A, HARMON-JONES E. Approach-motivated positive affect reduces breadth of attention [J]. Psychological science, 2008, 19 (5): 476-482.

[42] GOTTMAN J, SILVER N. The seven principles for making marriage work: A practical guide from the country's foremost relationship expert [M]. New York: Harmony Books, 2015.

[43] GREENWOOD T A et al. Bipolar spectrum traits and the space between madness and genius: The muse is in the dose [J]. Journal of Psychiatric

Research, 2022, 153: 149-158.

[44] HÄRKÖNEN J, BRONS M D, DRONKERS J. Family forerunners? Parental separation and partnership formation in 16 countries [J]. Journal of Marriage and Family, 2021, 83 (1): 119-136.

[45] HIRSCHFELD R M, LEWIS L, VORNIK L A. Perceptions and impact of bipolar disorder: how far have we really come? Results of the national depressive and manic-depressive association 2000 survey of individuals with bipolar disorder [J]. Journal of Clinical Psychiatry, 2003, 64 (2): 161-174.

[46] HOLLAND J L. (1958) . A personality inventory employing occupational titles [J]. Journal of Applied Psychology, 1958, 42: 336-342.

[47] HOLLAND J L. Manual for the vocational preference inventory [M]. Odessa, FL: Psychological Assessment Resources, Inc. , 1985: 1-33.

[48] HOLLAND J L. The self-directed search [M]. Odessa, FL: Psychological Assessment Resources, Inc. , 1994: 1-101.

[49] HOLLAND J L. Exploring careers with a typology: What we have learned and some new directions [J]. American Psychologist, 1996, 51: 397-406.

[50] HOLLAND J L. Making vocational choices (3rd ed.) [M]. Odessa, FL: Psychological Assessment Resources, Inc. , 1997: 1-397.

[51] HOLMES M R, YOON S, BERG K A. Maternal depression and intimate partner violence exposure: Longitudinal analyses of the development of aggressive behavior in an at-risk sample [J/OL]. Aggressive Behavior, 2017, 43 (4): 375-385.

[52] HOLT-LUNSTAD J, SMITH T B, LAYTON J B. Social relationships and mortality risk: a meta-analytic review [J]. PLoS medicine, 2010, 7 (7): e1000316.

[53] HU S et al. Gut microbiota changes in patients with bipolar depression [J]. Adv Sci (Weinh), 2019, 6 (14): 1900752.

[54] HUANG Y et al. Prevalence of mental disorders in China: a cross-sectional epidemiological study [J]. The Lancet Psychiatry, 2019, 6 (3): 211-224.

[55] IZARD C E. Differential emotions theory [G] //IZARD C E. Human emotions. New York: Plenum Press, 1997: 43-66.

[56] JAMISON K R. Touched with fire: Manic-depressive illness and the artistic temperament [M]. New York: Simon and Schuster, 1993: 1-325.

[57] KRAUSS S, ORTH U, & ROBINS R W. Family environment and self-esteem development: A longitudinal study from age 10 to 16 [J]. Journal of personality and social psychology, 2020, 119 (2): 457.

[58] LAZARUS R S. Cognitive and personality factors underlying threat and coping [J]. Social stress, 1970, 10 (3): 143-164.

[59] LEIS A, SATO R, SATO N, OGASAWARA R, NISHIOKA S. JALS 2 Learning difficulties in English Education: The case of dyslexia [J]. 日本言語音声学会論文集 第2号, 2021: 71-91.

[60] LEWINSOHN P M, KLEIN D N, SEELEY J R. Bipolar disorders in a community sample of older adolescents: prevalence, phenomenology, comorbidity, and course [J]. Journal of the American Academy of Child & Adolescent Psychiatry, 1995, 34 (4): 454-463.

[61] LISH J D et al. The National Depressive and Manic-depressive Association (DMDA) survey of bipolar members [J]. Journal of affective disorders, 1994, 31 (4): 281-294.

[62] LLOYD-EVANS R, BATEY M, FURNHAM A. Bipolar disorder and creativity: Investigating a possible link [J]. Advances in psychology research, 2006, 40: 111-142.

[63] MPFFITT T E et al A gradient of childhood self-control predicts health, wealth, and public safety [J]. Proceedings of the National Academy of Sciences, 2011, 108 (7): 2693-2698.

[64] ORTH U, EROL R Y, LUCIANO E C. Development of self-esteem from age 4

to 94 years: A meta-analysis of longitudinal studies [J]. Psychological bulletin, 2018, 144 (10): 1045.

[65] PARKER-POPE T. Is marriage good for your health [EB/OL]. New York Times, (2010-04-15) [2024-08-29]. https://www.nytimes.com/2010/04/18/magazine/18marriage-t.html.

[66] PARSONS F. Choosing a vocation [M]. Boston: Houghton Mifflin, 1909: 1-165.

[67] PLANS et al. Association between completed suicide and bipolar disorder: A systematic review of the literature [J]. Journal of affective disorders, 2019, 242: 111-122.

[68] Pro Bono Economics. The economic cost from childhood exposure to severe domestic violence [EB/OL]. [2024-08-29]. https://www.probonoeconomics.com/Handlers/Download.ashx? IDMF=66051a01-d3f6-4fe2-9712-9a442b8a1910.

[69] PRYOR R G, BRIGHT J E. Applying chaos theory to careers: Attraction and attractors [J]. Journal of Vocational Behavior, 2007, 71 (3): 375-400.

[70] RUSBULT C E. Commitment and satisfaction in romantic associations: A test of the investment model [J]. Journal of experimental social psychology, 1980, 16 (2): 172-186.

[71] RUSBULT C E. A longitudinal test of the investment model: The development (and deterioration) of satisfaction and commitment in heterosexual involvements [J]. Journal of personality and social psychology, 1983, 45 (1): 101-117.

[72] SCHUTZ W. The interpersonal underworld [M]. Palo Alto, CA: Science and Behavior Books, 1966: 1-242.

[73] SEARS S. A definition of career guidance terms: A National Vocational Guidance Association perspective [J]. Vocational guidance quarterly, 1982, 31 (2): 137-143.

[74] SHAVER P, HAZAN C. Being lonely, falling in love [J]. Journal of Social

Behavior and Personality, 1987, 2 (2): 105.

[75] STERNBERG R J, STERNBERG K. The new psychology of love [M]. Cambridge, United Kingdom: Cambridge University Press, 2019: 184-199.

[76] SUPER D E. The psychology of careers: an introduction to vocational development [M]. New York: Harper, 1957: 1-362.

[77] SWAIN J E, LECKMAN J F, VOLKMAR F R. The wolf boy: reactive attachment disorder in an adolescent boy [J]. Psychiatry (Edgmont), 2005, 2 (11): 55.

[78] TAMBS K et al. Pedigree analysis of Eysenck Personality Questionnaire (EPQ) scores in monozygotic (MZ) twin families [J]. Behavior Genetics, 1991, 21 (4): 369-382.

[79] TANGNEY J P, BAUMEISTER R F, BOONE A L. High self-control predicts good adjustment, less pathology, better grades, and interpersonal success [J/OL]. Journal of Personality, 2004, 72 (2): 271-324.

[80] TIDEMALM D et al. Familial clustering of suicide risk: a total population study of 11.4 million individuals [J]. Psychological medicine, 2011, 41 (12): 2527-2534.

[81] TRAPNELL P D, CAMPBELL J D. Private self-consciousness and the five-factor model of personality: distinguishing rumination from reflection [J]. Journal of personality and social psychology, 1999, 76 (2): 284.

[82] United Nations. What Is Domestic Abuse? [EB/OL]. [2024-08-29]. https://www.un.org/en/coronavirus/what-is-domestic-abuse.

[83] VALTORTA N K et al. Loneliness, social isolation and risk of cardiovascular disease in the English Longitudinal Study of Ageing [J]. European journal of preventive cardiology, 2018, 25 (13): 1387-1396.

[84] WOLFINGER N H. Family structure homogamy: The effects of parental divorce on partner selection and marital stability [J]. Social Science Research, 2003, 32 (1): 80-97.

[85] World Health Organization. Defining sexual health: report of a technical consultation on sexual health [R/OL]. [2024-08-29]. https://www.who.int/zh/health-topics/sexual-health#tab=tab_2.

[86] World Health Organization. Measuring sexual health: conceptual and practical considerations and related indicators [EB/OL]. (2010-10-12) [2024-08-29]. https://iris.who.int/bitstream/handle/10665/70434/who_rhr_10.12_eng.pdf.

[87] World Health Organization. Preventing suicide: a resource for media professionals: update 2017. Geneva: [87] World Health Organization, 2017; 2017 (WHO/MSD/MER/17.5). Licence: CC BY-NC-SA 3.0 IGO.

[88] YIN S, YANG Q, XIONG J, LI T, ZHU X. Social support and the incidence of cognitive impairment among older adults in China: findings from the Chinese longitudinal healthy longevity survey study [J]. Frontiers in Psychiatry, 2020, 11: 254.

[89] ZAJONC R B. Feeling and thinking: Preferences need no inferences [J]. American psychologist, 1980, 35 (2): 151.

[90] ZHANG C. Are children from divorced single-parent families disadvantaged? New evidence from the China family panel studies [J]. Chinese Sociological Review, 2020, 52 (1): 84-114.